Kohlhammer

Die Autorin

Prof. Dr. Simone Pfeffer lehrt seit 2010 Soziologie in der Sozialen Arbeit an der Fakultät Sozialwissenschaften der Technischen Hochschule Nürnberg Georg Simon Ohm. Die Schwerpunkte ihrer Forschungs- und Lehrtätigkeit liegen in den Themenfeldern Bildung, Gesundheit und Krankheit, Prävention, Resilienz, Identität und Zeitdiagnosen.

Simone Pfeffer

Identitätsbildung in der Gegenwartsgesellschaft

Grundlagen für soziale Berufe

Verlag W. Kohlhammer

1. Auflage 2026

Gesamtherstellung: W. Kohlhammer GmbH, Heßbrühlstr. 69, 70565 Stuttgart
produktsicherheit@kohlhammer.de

Print:
ISBN 978-3-17-041915-5

E-Book-Formate:
pdf: ISBN 978-3-17-041916-2
epub: ISBN 978-3-17-041917-9

Danksagung

Das Kapitel zu Identität ist unter anderem aus einem Forschungsprojekt an der Technischen Hochschule Nürnberg Georg Simon Ohm hervorgegangen, das Frau Prof. Dr. Christina Storck und ich gemeinsam geleitet haben. Für die Zusammenarbeit und inhaltlichen Anknüpfungspunkte sowie die hilfreichen Anregungen bei der Fertigstellung des Manuskripts möchte ich mich ausdrücklich bei ihr bedanken.

Ebenso bedanke ich mich sehr herzlich bei den verschiedenen Personen aus meinem Freundes- und Familienkreis, die mich bei diesem Buchprojekt in vielfältiger Weise unterstützt haben.

Mein letzter Dank gilt Dir, Michel, für den liebevollen Blick, die unterstützende Haltung und all die inspirierenden Diskussionen, die mich so lange und auch bei diesem Projekt begleitet haben.

Inhalt

1 Einleitung

Unter den gegenwärtigen zeitgeschichtlichen Bedingungen ist Identität ein veränderlicher Prozess. Sie ist fließend und nicht als ein Ergebnis zu verstehen, das einmalig zu erreichen wäre. Identität ist mit einem Schiff auf hoher See vergleichbar, das während der Fahrt fortlaufend umgebaut wird (Keupp et al. 1999). In dem Bild wird die Arbeit deutlich, die bei der Herstellung, Aufrechterhaltung und Veränderung der Identität zu leisten ist. Identitätsarbeit ist eine permanente Passungsarbeit zwischen innerer und äußerer Welt und damit ein offener, alltäglicher und lebenslanger Prozess.

Im Kontakt mit einzelnen Menschen, mit Familien oder mit Gruppen begegnet man Personen und ihren Vorstellungen über sich selbst und über die Welt, die ihr Denken begründen und ihr Handeln leiten. In der jeweils individuellen Identität begegnet man zugleich den gesellschaftlichen und zeitgeschichtlichen Bedingungen, denn diese bilden den Hintergrund, vor dem Individuen ihre Identität in ihrer Vergangenheit entwickelt haben und es gegenwärtig tun. Identitätsarbeit findet auf der Basis der jeweils herrschenden Rahmenbedingungen statt, die sich im Zeitverlauf wandeln können. Damit können sich auch die Möglichkeiten und Anforderungen an Identitätsbildung und Lebensgestaltung wandeln. Für alle Altersgruppen, aber insbesondere für die hinsichtlich Identitätsentwicklung und Lebensplanung besonders herausgeforderte Gruppe der Jugendlichen und jungen Erwachsenen, unterschieden sich beispielsweise die Bedingungen in den 1950er Jahren, in denen in Deutschland der Wiederaufbau und die Herstellung von Ordnung zentral war, erheblich von nachfolgenden Jahrzehnten. Auf der Basis eines relativen Wohlstandes durch das Wirtschaftswunder rückten in den 1970er Jahren die Befreiung von einengenden Ordnungsvorstellungen und Autoritäten sowie die Orientierung an Werten der Gleichheit, Ökologie und Frieden in den Vordergrund. Heute wiederum erfordert die fortgeschrittene Individualisierung und Schnelllebigkeit der Zeit eher Flexibilität und ein ›unternehmerisches Selbst‹ (Bröckling 2007) sowie die Bewältigung von Unsicherheiten und Unbestimmtheiten insbesondere hinsichtlich einer längerfristigen Orientierung in Bezug auf Lebensentwürfe in der Zukunft. Diese von Flüchtigkeit und Unbestimmtheit geprägten Bedingungen der Spätmoderne können mit Unsicherheit und Angst einhergehen und haben sich seit den 1990er Jahren herausgebildet, sind also keine plötzlich entstandenen Bedingungen. Aktuelle globale, politische und gesellschaftliche Ereignisse können diese Unbestimmtheit und Veränderlichkeit der Verhältnisse deutlicher ins Bewusstsein rufen, sichtbarer und Unsicherheiten spürbarer machen. Die grundlegenden Lebensbedingungen werden in der Regel jedoch von längeren gesellschaftlichen Prozessen geformt. Eine Ausnahme bilden einschneidende Ereignisse wie Kriege, Umweltkatastrophen, Revolutionen oder eine andere massive Veränderung der politischen Verhältnisse, die mit plötzlichen umfassenden Veränderungen von aktuellen Lebensbedingungen einhergehen.

Die Popularität einiger politischer Strömungen, die eine Zerstörung der bestehenden Strukturen und damit disruptive Visionen vertreten, sind vor dem Hintergrund von Unsicherheit und Angst zumindest in Teilen erklärbar. Der Wunsch nach einer Veränderung hin zu Sicherheit und Berechenbarkeit und damit Kontinuität speist sich aus vielfältigen Unsicherheiten und Ängsten. In paradoxer Weise wird diese Lage von einigen Parteien und Personen aufgegriffen, die durch eine Zerstörung bestehender Strukturen die Wiederherstellung von Kontrolle, Sicherheit und deren Kontinuität versprechen. Versinnbildlicht wird das zumeist in einem ›Zurück zu früheren, vemeintlich besseren, sichereren Zeiten‹, in denen es klare und überdauernde Orientierungen gab. Armin Nassehi verdeutlicht dieses Paradox am Beispiel des im Jahr 2025 wiedergewählten amerikanischen Präsidenten: »Er macht eine deutliche Ansage für klare Kontinuitäten. Er gibt ein Autonomieversprechen und ein Kontrollversprechen ab. Wenn wir jetzt endlich mal disruptiv vorgehen, dann wird die Welt wieder kalkulierbar sein« (2025, S. 23).

Lebensbedingungen sind jedoch überwiegend von längerfristigen und vor allem komplexen Prozessen beeinflusst. Dennoch lassen sich scheinbar mit diesen Versprechen Unsicherheitsgefühle kanalisieren und die Vorstellung erwecken, dass es nur ›entschiedenes Handeln‹ bräuchte, um Ordnung und Sicherheit wiederherzustellen, Komplexität also einfach reduziert werden kann.

Aus meiner Sicht bleibt es dem Menschen nicht erspart, die Herausforderungen einer komplexen Welt fortlaufend zu bewältigen. In Bezug auf Identitätsarbeit bedeutet dies, sich jeden Tag von Neuem mit den gegebenen Lebensbedingungen auseinanderzusetzen, Vorstellungen über sich selbst und andere, Orientierungen und Lebenspläne zu entwickeln und auf dieser Basis zu handeln. Das beinhaltet auch den Umgang mit Unsicherheit und Mehrdeutigkeit in einer schnelllebigen und pluralen Welt.

Die enge Verwobenheit von Gesellschaft und Individuum findet sich ebenfalls in dem Konzept des Habitus von Pierre Bourdieu (1987) wieder. In diesem Konzept stehen sich Gesellschaft und Individuum nicht gegenüber, sondern sind immer schon verbunden, das Individuum entwickelt Denken, Wahrnehmen, Bewerten, Handeln, Geschmack, Haltung und Körperausdruck in dem ihm gegebenen gesellschaftlichen Rahmen und bringt auf Basis dieses Habitus in der Interaktion mit anderen wieder Gesellschaft hervor. Gesellschaft und Individuum erzeugen sich gegenseitig, eine Person ist in dieser Sicht nicht der Gegenpol oder das Gegenüber von Gesellschaft, sondern eine ihrer Erscheinungsformen.

Die Begriffe Habitus und Identität beinhalten beide die enge Verflochtenheit von Gesellschaft und individueller Entwicklung. Das Habitus-Konzept richtet stärker den Blick auf die Gesellschaft im Individuum. Im Konzept der Identität steht das Individuum mit seinen Entwicklungs- und Konstruktionsprozessen im Zentrum, was gute Ansatzpunkte für die sozialpädagogische und psychosoziale Arbeit ermöglicht. Daher wird hier im Weiteren das Konzept der Identität verwendet, auch wenn Habitus und Identität viele Gemeinsamkeiten aufweisen.

Charakteristisch für die Arbeit in psychosozialen und sozialpädagogischen Feldern ist ein enger Kontakt zu Menschen. In Beratungs-, Betreuungs- und Bildungskontexten geht es in verschiedenen thematischen Schattierungen um Entwicklung, Lernen und Identität mit dem Ziel, Menschen bei der Alltags- und Lebensbewältigung zu unterstützen. Eine Säule der professionellen Arbeit der Fachkräfte ist dabei Hintergrundwissen in verschiedenen thematischen Feldern, das in die Einschätzung und Bewertung von Situationen, in die Hypothesenbildung und Zielentwicklung und schließlich in die Handlungsplanung einfließt.

Das Buch zielt darauf ab, mit einer komprimierten Darstellung von Identitätstheorien und von ausgewählten soziologischen Zeitdiagnosen einen Beitrag dazu zu leisten, dass Professionelle diese Wissensbestände erweitern und vertiefen. Das Wissen zu unterschiedlichen Aspekten von Identität und die Sicht auf verschiedene Erklärungsstränge von gesellschaftlichen Entwicklungen sollen als ›Denkwerkzeuge‹ dienen, um das komplexe Bedingungsgefüge des täglichen Lebens leichter verstehen zu können. Ziel ist es darüber hinaus, der Individualisierung von gesellschaftlich begründeten Problemen entgegenzuwirken und die Spannungsverhältnisse aufzuzeigen, unter denen beim Individuum problematische Situationen entstehen können. Auch wenn das nichts daran ändert, dass der einzelne Mensch weiterhin viele Situationen individuell bewältigen muss, macht es dennoch einen Unterschied, ob diese Herausforderungen als Ergebnis der verschiedenen gesellschaftlichen Rahmenbedingungen gesehen werden können oder als eigenes Defizit (oder das des anderen) interpretiert werden. Mit einer so erweiterten Sicht können zudem neue Ansatzpunkte für professionelles Handeln und gegenseitige Unterstützung entstehen.

In den folgenden Ausführungen werden daher in Kapitel 2 zunächst Konzeptionen von Identität vorgestellt. Anschließend folgt in Kapitel 3 die Darstellung ausgewählter zeitdiagnostischer Ansätze, die die derzeitigen Lebensbedingungen und deren Entwicklungshintergründe in unserer Gesellschaft beschreiben und erklären. Neben der Limitation durch die Auswahl von hier zentral scheinenden Perspektiven muss ein solches gegenwartsbezogenes Vorhaben auch notwendigerweise unabgeschlossen bleiben, denn gesellschaftliche Entwicklungen laufen in der Zeit weiter. In Kapitel 4 werden die zentralen Linien, die – derzeit absehbar – unsere gegenwärtige Gesellschaft prägen, zusammengefasst, Herausforderungen für die Identitätsarbeit markiert und Ansatzpunkte auf der Ebene der Einzelperson und aus professioneller Perspektive überlegt.

Im abschließenden Kapitel 5 finden sich dazu konkrete Vorschläge in Form von Reflexionsfragen und Übungen, die für die praktische Anwendung ausgearbeitet sind. Diese Vorschläge sollen Anregungen für die Reflexion und Begleitung alltäglicher Identitätsarbeit in unserer (westlichen) Gesellschaft bieten und sind für sich selbst als persönliche Reflexion oder im Rahmen passender beruflicher Situationen einsetzbar. Sie sind dabei keinesfalls als individualisierte Lösungs- und Bearbeitungsvorschläge für gesellschaftliche Probleme zu verstehen. Zugleich wäre es wünschenswert, wenn sie für Einzelne und in professionellen Kontexten hilfreich bei der Bewältigung von identitätsbezogenen Herausforderungen wären.

2 Identität

2.1 Einführend zum Begriff Identität

Der Begriff der Identität ist in der alltäglichen Sprache geläufig und scheint zunächst unmittelbar verständlich, solange man nicht versucht, ihn genauer zu definieren. Die wissenschaftliche Auseinandersetzung mit dem Begriff ist äußerst vielfältig und füllt Bücher verschiedenster Fachrichtungen. Um das Thema als Hintergrundwissen für psychosoziale Berufsfelder handhabbar zu gestalten, wurde eine Auswahl aus dieser umfassenden ›Identitätsbibliothek‹ getroffen, die überwiegend sozialpsychologische und soziologische Ansätze beinhaltet und den Blick auf eine personenbezogene Identität richtet (und nicht etwa auf die Identität einer Nation, eines Kollektivs oder einer Sache). In den folgenden Ausführungen geht es zunächst überblicksartig um eine begriffliche Einführung und eine historisch-gesellschaftliche Perspektive auf Identität und anschließend um ausgewählte identitätstheoretische Aspekte.

Was ist unter Identität zu verstehen? Der Begriff ›Identität‹ thematisiert das Verhältnis eines Subjekts zu sich selbst und zu seiner Umwelt. Heinz Abels beschreibt Identität als

> »das Bewusstsein, ein unverwechselbares Individuum mit einer spezifischen Lebensgeschichte zu sein, in seinem Handeln und Denken eine gewisse Konsequenz zu zeigen, in der Auseinandersetzung mit den Anderen eine Balance zwischen eigenen Ansprüchen und sozialen Erwartungen gefunden zu haben und in dieser individuellen Besonderheit (persönliche Identität) auch von Anderen wahrgenommen zu werden (soziale Identität)« (2014, S. 172).

Aus der Sicht einer Person ist der Identitätsbegriff verbunden mit den Fragen »Wer bin ich?« und in die Zukunft gedacht »Wer will ich sein?«. Ernst Tugendhat bezeichnet diese Fragestellungen als qualitative Identitätsfrage, die sich aus der Innenperspektive eines Subjekts auf umfassende Inhalte und Orientierungen richtet. Er unterscheidet sie von der numerischen Identität, welche Individualität im Sinne einer Eindeutigkeit beispielsweise in Form eines eindeutig zuordenbaren Personaldokuments meint. Bei der numerischen Identität geht es um die eindeutige Identifizierung eines Individuums anhand bestimmter begrenzter Kriterien aus einer Außenperspektive. Die qualitative Identitätsfrage ist dagegen komplex und bezieht sich auf subjektiv bedeutsame Inhalte wie Ideale, Rollenvorstellungen, Werte, Erfahrungen, Gewohnheiten, Wissensbestände usw. (Straub 2019c, Tugendhat 1979). Die folgenden Ausführungen schließen an das qualitative Identitätsverständnis an.

Auf der individuellen Ebene kann Identität als Selbst- und Weltverhältnis eines Menschen beschrieben werden, das grundlegende Orientierungen für das Handeln in einem zeitgeschichtlichen, gesellschaftlichen und kulturellen Umfeld beinhaltet. Identität ist damit die Basis der Auseinandersetzung mit den aktuellen Gegebenheiten und den sich wandelnden Lebensbedingungen und ist zugleich von ihnen beeinflusst.

Es besteht ein breiter Konsens darüber, dass Identität als Selbst- und Weltverhältnis eines Subjekts die drei folgenden zentralen Elemente beinhaltet (Erikson 1979, Keupp et al. 1999, Kraus 2000, Marcia 1993, Nunner-Winkler 1989, Straub 2019c):

- Kontinuität im Selbsterleben in der biografischen Zeit, also die Erfahrung, mit sich selbst identisch zu bleiben und auch bei Veränderungen im Zeitverlauf prinzipiell dieselbe Person zu sein
- Die Erfahrung von Kohärenz, also die Erfahrung eines übergeordneten Zusammenhangs, einer psychischen Einheit, die auch widersprüchliche Aspekte beinhalten kann
- Die Erfahrung von Autonomie, also das Vermögen, Entscheidungen treffen, handeln und gestalten zu können

Identitätsbezogene Probleme können entstehen, wenn die Identität (zu) diffus wird, wenn Erfahrungen von Kontinuität, Kohärenz und Autonomie zu gering sind oder (zu lange) ausbleiben. Wenn das Gefühl, autonom handeln zu können, das Erleben eines sinnstiftenden Zusammenhangs und eine biografische Kontinuität im Selbst- und Weltverhältnis fehlen oder verloren gehen, können Orientierungslosigkeit, Unsicherheit, Vertrauensverlust und Gefühle der Ohnmacht die Folge sein.

Gegenwärtig sind die Festlegung und Sicherung der Identität Aufgaben, die in hohem Maße vom Individuum zu bewerkstelligen sind. Das war nicht immer so. In historischer Perspektive wurde Identität in unterschiedlichen Phasen in verschiedener Weise festgelegt und stabilisiert (Nunner-Winkler 1989). In traditionellen, agrarisch geprägten Gesellschaften wurde die Identität durch sozialstrukturelle Arrangements in Form von gesellschaftlichen Positionen und Beziehungen bestimmt. In der mittelalterlichen Ständegesellschaft entschied die Geburt lebenslang über die Zugehörigkeit zu einem Stand, den Platz in der Welt und die entsprechenden Arbeits- und Lebensverhältnisse. Der Sohn eines Bauern wurde wieder ein Bauer, der soziale Status vererbt. Das damit verbundene Selbstverständnis wurde als gottgegeben angesehen und in der Regel nicht infrage gestellt.

Im Verlauf der Modernisierung und Industrialisierung und der damit verbundenen Herauslösung aus traditionellen Festlegungen konnten die Einzelnen zunehmend über zentrale Rollenfestlegungen bestimmen. Das Recht auf freie Berufs- und Partnerwahl und ebenso das Recht auf eine eigene politische Meinung und die Möglichkeit der Wahl einer religiösen Zugehörigkeit sind Freiheitsrechte des Individuums in der Moderne. Wesentliche identitätsrelevante Festlegungen wie die Ausbildungs- und Berufswahl fallen in die Phase der Adoleszenz. Sie werden im weiteren Lebensverlauf über das sozialstrukturelle Konstrukt des Normallebenslaufs und damit verbundene Arbeits- und Lebensformen inklusive traditioneller Geschlechterrollen und Arbeitsteilung in ihrer Kontinuität gesichert. In der Spätmoderne nimmt die Pluralisierung der Lebens- und Erwerbsformen und die Revidierbarkeit von Entscheidungen zu, Entwicklungen im Lebensverlauf werden flexibler, die Folge ist eine Destandardisierung des Lebenslaufs (ebd.). Der einzelne Mensch ist verstärkt auf sein individuelles Arbeitsmarktschicksal verwiesen und dazu gezwungen, »sich selbst als Handlungszentrum, als Planungsbüro in bezug auf seinen eigenen Lebenslauf, seine Fähigkeiten, Orientierungen, Partnerschaften usw. zu begreifen« (Beck 1986, S. 217). Identität wird also nicht mehr durch traditionelle Zugehörigkeiten zu einer Familie oder einer Gemeinde oder durch den Normallebenslauf mit dem Modell einer lebenslangen Arbeit und der damit verbundenen Berufsrolle getragen, sondern muss zunehmend immer wieder neu entworfen und aufrechterhalten werden.

In der folgenden Tabelle sind die beschriebenen gesellschaftlichen Bedingungen und Anforderungen für die Festlegung und Stabilisierung von personenbezogener Identität in verschiedenen historischen Phasen schematisch zusammengefasst (▶ Tab. 1).

Tab. 1: Festlegung und Stabilisierung von Identität in verschiedenen historischen Phasen nach Nunner-Winkler 1989

	Traditionelle Gesellschaften	Moderne	Spätmoderne
Festlegung	Sozialstrukturelle Arrangements	Individuelle Aufgabe	Individuelle Aufgabe
Stabilisierung/Kontinuität	Sozialstrukturelle Arrangements	Sozialstrukturell gesichert durch Normallebenslauf	Individuelle Aufgabe

In traditionellen Gesellschaften war die Identität also weitgehend über den Geburtsstand festgelegt und wurde daher auch wenig thematisiert. In der Moderne und noch weitreichender in der Spätmoderne wird die Festlegung und Stabilisierung von Identität nun zur Aufgabe, die der Einzelne vor dem Hintergrund der gesellschaftlichen Bedingungen bewältigen muss, und rückt daher zunehmend in den Fokus der Aufmerksamkeit.

2.2 Ausgewählte Aspekte der Identitätsforschung

In den folgenden Ausführungen werden ausgewählte Aspekte der Identitätsforschung dargestellt, die vor dem Hintergrund der hier verfolgten Themensetzung besonders relevant erscheinen. Für eine weiterführende Auseinandersetzung mit verschiedenen Identitätskonzeptionen und deren kritischer Diskussion möchte ich auf die umfangreiche Literatur verweisen (z. B. Abels 2017, Eickelpasch & Rademacher 2004, Haußer 1995, Jörissen 2000, Jörissen & Zirfas 2010, Keupp & Höfer 1997, Keupp et al. 1999, Kraus 2000, Pirker 2013, Straub 2019a, 2019b, 2019c). Eine differenzierte Beschäftigung mit spezifischen Teilidentitäten, wie beispielsweise der Geschlechtsidentität, und mit identitätspolitischen Positionen ist hier ebenfalls nicht das Ziel, im Vordergrund stehen vielmehr allgemeine identitätstheoretische Ansätze und deren zeitgeschichtliche Entwicklungen und Einflüsse.

2.2.1 Identität und Identitätsdiffusion

Nach Erik H. Erikson beruht das Gefühl der Identität »auf zwei gleichzeitigen Beobachtungen: der unmittelbaren Wahrnehmung der eigenen Gleichheit und Kontinuität in der Zeit, und der damit verbundenen Wahrnehmung, daß auch andere diese Gleichheit und Kontinuität erkennen« (1979, S. 18). Er versteht die Identitätsentwicklung als psychosoziale Entwicklung und betont damit die Wechselwirkung von inneren Prozessen und umgebenden Einflüssen. Erikson entwickelt ein Phasenmodell, in dem verschiedene Themenbereiche zu bestimmten Zeitpunkten im Lebensverlauf als Krise im Sinne einer zu lösenden Aufgabe hervortreten und entweder gelöst werden können oder problematisch bleiben. Er siedelt den Prozess, in dem ein Mensch die für sein Leben wichtigsten Rollen wählt und übernimmt, überwiegend in der Adoleszenz an. Wenn diese Aufgabe in dieser Lebensphase nicht gelöst wird, kann es zu Rollenkonfusion und Identitätsdiffusion bzw. Identitätsverwirrung kommen, z. B. durch die Überforderung, sich für eine berufliche Richtung, einen Partner oder eine Partnerin entscheiden zu müssen oder eine politische Position zu beziehen, ohne die langfristigen Folgen oder Alternativen übersehen zu können. Eine Identitätsdiffusion kann sich auf das gesamte weitere Leben auswirken.

James E. Marcia (1993) knüpft in seinen Arbeiten an das Modell von Erikson an und untersucht Identität bei jungen Erwachsenen anhand der Merkmale der Selbstverpflichtung im Sinne einer inneren Haltung (Commitment) und der Krise, die häufig mit einer Suche nach Alternativen verbunden ist (Exploration). Im Ergebnis unterscheidet er vier Identitätszustände: die übernommene Identität (Foreclosure), die diffuse Identität (Identity Diffusion), das Moratorium und die erarbeitete Identität (Identity Achievement). Im Zustand der übernommenen Identität orientiert sich eine Person an bestehenden Vorstellungen und Verpflichtungen und übernimmt beispielsweise Auffassungen der Eltern. Identitätsbezogene Krisen und Explorationen fanden in diesem Zustand bis dahin nicht statt. Im diffusen Identitätszustand verspürt eine Person keine innere Selbstverpflichtung in verschiedenen Identitätsbereichen. Häufig besteht eine Desorientierung, zum Teil verbunden mit Entscheidungsunfähigkeit. Das Gefühl einer diffusen Identität kann den Anstoß geben, Alternativen zu explorieren. Im Zustand des Moratoriums befindet sich die Person in einer Krise in dem Sinne, dass ihr bewusst ist, dass Entscheidungen anstehen. Es findet eine Exploration von Alternativen statt. Ein Verpflichtungsgefühl ist im Ansatz in der Weise vorhanden, dass die Situation als

Anlass zu Reflexionen angesehen wird. Im Zustand einer erarbeiteten Identität wurde zuvor eine Krise erfahren und bearbeitet, Alternativen exploriert und geprüft sowie schließlich eine eigene innere Haltung, ein Identitätsstandpunkt in einem bestimmten Bereich entwickelt.

Marcia geht nicht davon aus, dass diese vier Zustände als Phasen automatisch aufeinander folgen. Ebenso relativiert er den zeitlich begrenzten Fokus der Identitätsentwicklung auf die Adoleszenz. Die initiale Herausbildung einer Ich-Identität im Sinne einer innerpsychischen Kohärenz und biografischen Kontinuität siedelt er zwar weiterhin als bedeutsames Ereignis der Persönlichkeitsentwicklung in der Adoleszenz und dem jungen Erwachsenenalter an, betont aber zugleich, dass die Identität über die Lebensspanne hinweg beständig reformuliert und weiterentwickelt wird (ebd., Pirker 2013).

Als weiteres Ergebnis seiner Arbeiten unterscheidet Marcia den Identitätszustand der diffusen Identität in fünf unterschiedlich ausgeprägten Formen von Identitätsdiffusion, die im Folgenden aufgelistet sind (▶ Tab. 2).

Tab. 2: Ausdifferenzierung der diffusen Identität nach Marcia 1993, leicht modifiziert nach Haußer (1995, S. 84) und Pirker (2013, S. 91)

Formen der Identitätsdiffusion	Beschreibung
1. Selbstfragmentierung	Pathologisches Ausmaß an Diffusion; mangelnde Integrationsarbeit, fehlende Kohärenz
2. Gestörte Identitätsdiffusion	Leichtere Identitätsstörung, z. B. Größenwahnphantasien
3. Sorglose Identitätsdiffusion	Sozial gewandte aber eher oberflächliche Personen, die nur spontane und wenig tiefgreifende innere Verpflichtungen eingehen (Abenteurer)
4. Sozial angepasste Identitätsdiffusion	Wechselnde, jeweils adäquate Angepasstheit an soziale Situationen, was Neugier und exploratives Interesse fördert, aber innere Verpflichtung verhindert
5. Entwicklungsbezogene Identitätsdiffusion	Zustand persönlicher Ungewissheit mit Reflexionen und Explorationen, Vorstufe zu den Zuständen des Moratoriums oder der erarbeiteten Identität, nach Marcia die gesündeste, da vorübergehende Form der Identitätsdiffusion

Mit dieser Ausdifferenzierung der Identitätsdiffusion werden nur noch die erste und in etwas leichterer Ausprägung die zweite Form der Identitätsdiffusion als ›Störung‹ und damit als pathologisch bewertet, die anderen drei Formen sind der ›Sorglosigkeit‹ geschuldet oder werden als Übergangs- oder Entwicklungsphänomene vor dem Hintergrund gesellschaftlicher Rahmenbedingungen angesehen. Marcia beschreibt also den diffusen Identitätszustand in Teilen als normal und als Anpassungsleistung und spricht von kulturell adaptiver Diffusion, wenn gesellschaftliche Bedingungen Unverbindlichkeit und Indifferenz nahelegen, weil beispielsweise durch (zu) frühes Festlegen und sich Verpflichten weitere Optionen begrenzt würden (Haußer 1995, Marcia 1993, Pirker 2013).

2.2.2 Balancierte Identität

In der Auseinandersetzung mit soziologischen Dimensionen der Identität und in Abgrenzung zum psychoanalytischen Identitätsbegriff entwickelt Lothar Krappmann (1978) das Konzept der balancierten Identität. Zentrale Basis bilden hierbei die Arbeiten von George Herbert Mead (1975) zum Symbolischen Interaktionismus, der das Zusammenwirken von ›I‹, dem impulsiven Ich, und ›me‹, dem reflektierten Ich, als Komponenten des Selbst beschreibt, sowie Ansätze von Erving Goffman (1973), der das Thema Identität unter der Perspektive der Präsentation behandelt.

Nach Krappmann entwickelt sich Identität in der Interaktion mit anderen:

> »Identität ist nicht mit einem starren Selbstbild, das das Individuum für sich entworfen hat, zu verwechseln; vielmehr stellt sie eine immer wieder neue Verknüpfung früherer und anderer Interaktionsbeteiligungen des Individuums mit den Erwartungen und Bedürfnissen, die in der aktuellen Situation auftreten, dar« (1978, S. 9).

In jeder Situation muss die Identitätsbalance daher neu hergestellt werden. Krappmann entwirft Identität als eine Balance von persönlicher und sozialer Identität, also als permanente Leistung, die eigenen Bedürfnisse und die Anforderungen der sozialen Umwelt auszubalancieren.

> »Erst die Interpretation der situations- und rollenbezogenen Erwartungen auf der Folie der eigenen biografischen Vorerfahrungen, und unter Berücksichtigung anderweitiger sozialer Einbindungen und Beziehungsverhältnisse, ermöglicht es dem Einzelnen sich überhaupt an sozialen Interaktionen zu beteiligen und dabei eine eigene Identität zu präsentieren, zu entwickeln, zu behaupten oder zu revidieren. In diesem Sinn begreift Krappmann Identität gleichermaßen als Bedingung und Produkt der Beteiligung des Individuums an sozialen Interaktionsprozessen« (Veith 2010, S. 187).

Krappmann formuliert als Eckpunkte des Balancierens einerseits die Bewahrung einer persönlichen, einzigartigen Identität und andererseits die Notwendigkeit, auf die – möglicherweise verschiedenen – Erwartungen der anderen einzugehen (► Abb. 1).

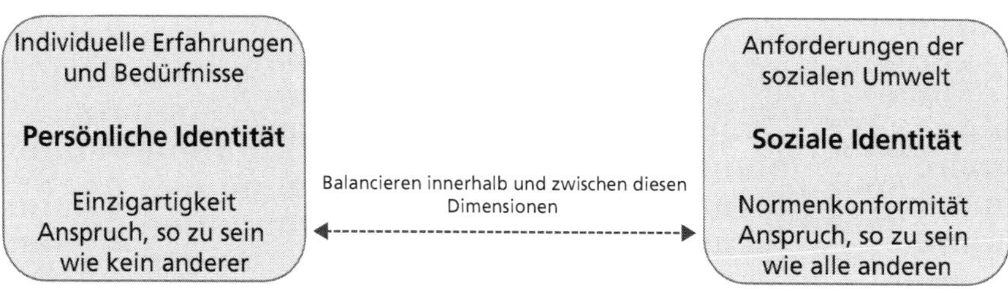

Abb. 1: Konzept der balancierten Identität nach Krappmann 1978

Der Prozess des Balancierens beinhaltet das ›Role taking‹ (Erwartungen der sozialen Umwelt übernehmen, individuelle Bedürfnisse negieren) und das ›Role making‹ (Erwartungen von außen zurückweisen, Rollen, Handlungen individuell ausgestalten).

Krappmann beschreibt dabei drohende Gefahren des Balancierens an den Rändern: Wenn sich ein Individuum zu stark in Richtung der Einzigartigkeit orientiert, scheidet es aus dem Prozess der Interaktion aus, weil es sozialen Erwartungen nicht entspricht. In der Folge kann es z. B. zu Stigmatisierungen kommen. Am anderen Pol besteht die Gefahr des vollkommenen Eingehens auf die vielen unterschiedlichen anderen. Bei der Anpassung an verschiedene Anforderungen muss sich das Individuum von den eigenen Bedürfnissen distanzieren und teilen, womit Entfremdungsgefühle und verschiedenartige Verhaltensweisen verbunden sein können. In dem Fall wird der Mensch für andere durch sein chamäleonhaftes Verhalten gesichtslos, seine Identität ist dann nicht erkennbar und dadurch wird er als Interaktionspartner suspekt. Die Interaktion mit einem Partner, der über seine eigenen Erwartungen und Bedürfnisse sowie über Konflikte und Lösungsstrategien nichts zu erkennen gibt, ist unberechenbar und riskant (Krappmann 1978, Abels 2001).

In der Identität eines Menschen wird also sichtbar, in welcher Weise er in verschiedenen Situationen Erwartungen von außen und eigene Erwartungen und Bedürfnisse ausbalanciert, ebenso wie die Wünsche, sich einerseits von anderen zu unterscheiden und andererseits so zu sein wie die anderen. Bei einer gelungenen Identitätsbildung, so Krappmann (1978), wird die gegenwärtige Handlungssituation in ein Verhältnis zu einer Biografie gesetzt, in der ein Zusammenhang zwischen verschiedenen Lebensereignissen hergestellt wurde. Die Situation kann in den biografischen Zusammenhang eingeordnet und Verhalten daran orientiert werden. So besteht ein gewisses Maß an Konsistenz für die Interaktion mit anderen und für die eigene Handlungsorientierung.

Damit Individuen in der Lage sind, eine balancierte Identität im Interaktionsprozess zu entwickeln, müssen bestimmte gesellschaftliche und individuelle Bedingungen erfüllt sein. Auf der gesellschaftlichen Seite nennt Krappmann flexible Normensysteme, die Raum für subjektive Interpretation lassen und individuelle Gestaltungsmöglichkeiten erlauben, sowie die Abwesenheit von negativen Sanktionen für die Um- und Neuinterpretation von Rollen. Auf der Seite des Individuums beschreibt er die in der Tabelle dargestellten Fähigkeiten (ebd., S. 132 ff. ► Tab. 3).

Krappmann bezieht in sein Konzept die gesellschaftlichen Bedingungen kritisch mit ein. Sein Identitätsmodell beinhaltet, dass Normen kreativ verändert werden können, die Veränderungsspielräume allerdings auch durch die Verhältnisse begrenzt sind.

> »Tatsächlich kann das Individuum nicht jede ihm erwünschte Neuinterpretation vorgegebener Normen bei seinen Interaktionspartnern durchsetzen, denn es stößt auf widerstrebende Interessen der anderen. Auch sind die Chancen, einer Identitätsbehauptung Anerkennung zu sichern, ungleich, weil von den verschiedenen Positionen eines sozialen Systems aus unterschiedliche Einflussmöglichkeiten bestehen. Nur eine Analyse der jeweiligen sozialen Verhältnisse kann zeigen, welche Interpretationsmöglichkeiten dem

Individuum offen stehen und welche Grenzen seiner Bemühung um Identität in einem gegebenen System sozialer Ungleichheit gesetzt sind« (ebd., S. 209).

Krappmann hebt hier die Relationalität des Prozesses und die Bedeutung von Machtverhältnissen hervor. Identitätsentwürfe und die (Neu-)Interpretation von Normen müssen auch Anerkennung von anderen erfahren, um realisiert werden zu können. Die Ressourcenausstattung und Machtposition eines Menschen haben entscheidenden Einfluss darauf, ob eigene Identitätsbehauptungen oder -entwürfe von anderen anerkannt und bestätigt werden und so durchgesetzt werden können.

Hinsichtlich des Begriffs ›Normeninterpretation‹ macht Hermann Veith (2010) den Vorschlag, vor dem Hintergrund der spätmodernen gesellschaftlichen Bedingungen eher von Co-Konstruktionsprozessen zu sprechen, um hier die gemeinsame Konstruktionsleistung in weniger eindeutigen oder berechenbaren Situationen und Interaktionen stärker hervorzuheben.

Tab. 3: Identitätsfördernde Fähigkeiten in Anlehnung an Krappmann 1978, S. 132 ff.

Fähigkeiten	Beschreibung
Empathie und ›Role taking‹	Fähigkeit zur Rollen- und Perspektivenübernahme, d. h., die Erwartungen und das Verhalten von Interaktionspartnern antizipieren zu können, Einfühlungsvermögen
Rollendistanz und ›Role making‹	Fähigkeit, Rollen und Normen distanziert wahrzunehmen, sie reflektieren, interpretieren und entsprechend eigener Bedürfnisse modifizieren zu können
Ambiguitätstoleranz und Abwehrmechanismen	Fähigkeit, auch mehrdeutige und widersprüchliche Rollen und Motive sowie Diskrepanzen und Ambivalenzen aushalten und trotzdem weiterhin handeln zu können; Fähigkeit, die Identitätsbalance zu wahren auch bei divergierenden Erwartungen Abwehr der von Ambiguität und Konflikten hervorgerufenen Unsicherheiten, Ängste oder Frustrationen, z. B. wenn Bedürfnisse nicht erfüllt werden
Identitätsdarstellung	Fähigkeit, anderen die eigene Identität(sdefinition) zu präsentieren, sie sichtbar zu machen und zu behaupten

2.2.3 Narrative Identität, relationale Identität, Identitätsarbeit

Seit den 1990er Jahren tritt der Konstruktionsaspekt in den theoretischen Ansätzen stärker hervor. Dies zeigt sich sowohl in dem Konzept der narrativen Identität, das die Herstellung von Kohärenz und Kontinuität im Selbsterleben und in der Biografie durch Erzählprozesse betont, wie auch im Konzept der relationalen Identität, das die gemeinsame Herstellung von Identität in Beziehungen in den Blick nimmt.

Wolfgang Kraus beschreibt die narrative Konstruktion von Identität als eine Möglichkeit, um die Herausforderungen der Identitätsbildung in der Spätmoderne zu bewältigen. Da die Gesellschaft die Herstellung von Kohärenz zunehmend ins

Subjekt verlagert, muss es diese Aufgabe übernehmen. »Kohärenz bleibt als Aufgabe bestehen, aber sie wird nicht mehr gesellschaftlich abgesichert, sondern muss individuell realisiert werden« (2000, S. 183). Kraus versteht Kohärenz als »ein Empfinden der situationsübergreifenden Selbigkeit« (ebd., S. 91). Zur Herstellung von Kohärenz und Kontinuität können Menschen auf Selbstnarrationen zurückgreifen, um durch Erzählungen der eigenen Lebensgeschichte Identität herzustellen. Mit der Auswahl bedeutsamer Geschichten aus einer Vielzahl von Ereignissen und Erfahrungen im Lebensverlauf erfolgt in einer biografischen Erzählung durch diese Relevanzsetzung auch eine Beantwortung der Frage nach der eigenen unverwechselbaren Identität. Die narrative Psychologie geht davon aus, dass Menschen ihrem Leben Bedeutung geben, indem sie Geschichten und Erzählungen entwickeln und dabei im Prozess des Erzählens Zusammenhänge und Nachvollziehbarkeit konstruieren. Sie verwenden Narrationen, um ihr Leben und die Beziehung zur Welt sinnhaft zu gestalten und zu organisieren. Da das Individuum immer wieder verschiedene Erfahrungen macht und unterschiedliche Kontexte erlebt, wird die Herstellung von Kohärenz zu einer Aufgabe, die nicht abschließbar ist und situativ bestimmt wird (Kraus 2000). Mit dem Konzept der narrativen Identität ist die permanente Herstellungsleistung verbunden, es findet eine ständige Identitätsarbeit statt.

Gertrud Nunner-Winkler hebt die Autonomie als wichtiges Element bei dieser Herstellungsleistung hervor und beschreibt Identität als

> »Einheit, die das Ich aus Einzelentscheidungen und Meinungen stets erneut herstellt, indem sie diese als eigene, das heißt als selbstgewollte, selbst zu vertretende und in ihren Konsequenzen auszuhaltende begreift und in den Zusammenhang eines umfassenderen Lebensentwurfs stellt. Wer sich nur als Objekt begreift, kann Identität nicht gewinnen« (1989, S. 101).

Eine Vorstellung von Identität als Kernselbst impliziert, dass es ein ›wahres Selbst‹ gibt, einen angelegten Kern, der entwickelt (im Sinne von herausgeschält) werden kann. Im Kontrast zu einer solchen eher essenzialistischen Vorstellung wird im Konzept der relationalen Identität die gemeinsame situative Herstellung von Identität und damit auch deren Variabilität betont. Die Beziehungen zu Einzelnen oder Gruppen rücken in den Fokus. Dieses Konzept kann das Verständnis von gesellschaftlichen Einflüssen und individuellen Ausprägungen von Identität unterstützen. Darüber hinaus kann es sehr konkret die Entstehung von Problemlagen durch Etikettierungsprozesse erklären, die in der sozialpädagogischen Arbeit vielfach anzutreffen sind.

Dies sei an folgendem Beispiel aus dem Setting der Schule kurz erläutert: Wird ein Schulkind von einer Lehrkraft als für Mathematik nicht talentiert und unbegabt angesehen und schlägt sich dies wiederholt in entsprechenden Bemerkungen, Kommentaren und Verhaltensweisen der Lehrkraft nieder, wird es für das Kind zunehmend schwierig, ein positives Selbstkonzept in Bezug auf mathematische Fähigkeiten zu entwickeln, insbesondere dann, wenn schlechte Noten im Spiel sind. Das Kind wird so als unbegabt und schwach in Mathematik etikettiert. Das Problem wird noch verstärkt, wenn die Kommentare und Notenverkündungen vor anderen erfolgen, diese also zu Zeugen der Bewertung der mit Deutungsmacht ausgestatteten Lehrkraft werden. Möglicherweise sinkt bei dem so etikettierten Kind die Motivation, Hausaufgaben in Mathematik zu machen oder sich anderweitig mit Rechnen zu beschäftigen. Das Thema ist mit unangenehmen Gefühlen verbunden und wird eher gemieden. In der Folge kann ein negativer Kreislauf entstehen, das negative Bild der fehlenden Begabung wird zunehmend als Persönlichkeitsmerkmal akzeptiert, es werden weniger Kompetenzen aufgebaut, weil die Übung und die Motivation fehlen, dementsprechend sinkt die Leistung, wenn das Kind nicht von anderer Seite Unterstützung beim Aufbau eines positiven Selbstbildes erfährt. Auf diese Weise kann ein negatives Selbstkonzept in diesem Fähigkeitsbereich entstehen.

Ein Wissen um diese Zusammenhänge eröffnet für die sozialpädagogische Arbeit über eine bloße mathematische oder andere fachbezogene Förderung hinaus weitere Zugänge bei der Unterstützung von Menschen. Dazu zählen beispielsweise die Arbeit an positiven Selbstkonzepten, die Orientierung an vorhandenen Ressourcen in anderen Bereichen, der gezielte Aufbau neuer Ressourcen, die situationsspezifische Betrachtung von Misserfolgen statt deren Generalisierung oder auch die Unterstützung bei der Identifizierung von Etikettierungen und deren Zurückweisung, also die ›Nicht-Hineinnahme‹ dieser negativen Zuschreibungen in eigene Identitätsvorstellungen.

Heiner Keupp und Kolleg:innen (1999) beschreiben Identitätsarbeit als relationale Verknüpfungsarbeit, als Konfliktaushandlung und als Narrationsarbeit, für die entsprechende Fähigkeiten vorhanden sein müssen und in deren Zusammenhang Orientierung und Sinn eine bedeutende Rolle spielen. Mit der Metapher der Patchwork-Identität bezeichnet Keupp sowohl das Ergebnis der Identitätsarbeit als auch den Prozess der Herstellung von Identität in der alltäglichen Identitätsarbeit.

Der Ansatz stützt sich auf die gesellschaftlichen Prozesse der Individualisierung, des Disembedding (Entbettung) und der Enttraditionalisierung vor dem Hintergrund des Konzepts der fluiden Gesellschaft (Bauman 2000).

> »Dieser Prozess lässt sich einerseits als tiefgreifende Individualisierung und als explosive Pluralisierung andererseits beschreiben. Diese Trends hängen natürlich zusammen. In dem Maße, wie sich Menschen herauslösen aus vorgegebenen Schnittmustern der Lebensgestaltung und eher ein Stück eigenes Leben gestalten können, aber auch müssen, wächst die Zahl möglicher Lebensformen und damit die möglichen Vorstellungen von Normalität und Identität« (Keupp 2012, S. 43).

Identitätsarbeit wird dabei als permanente Passungsarbeit zwischen innerer und äußerer Welt gesehen und als offener, lebenslanger und alltäglicher Prozess verstanden. Keupp und Kolleg:innen vergleichen das Identitätsprojekt mit »dem Umbau eines Schiffes auf hoher See« (1999, S. 83), bei dem Prozesse von alltäglichem Leben, Entwerfen und Umbauen eng verwoben sind.

Konzept der alltäglichen Identitätsarbeit nach Keupp

In der Abbildung sind die verschiedenen Aspekte im Prozess der Identitätsarbeit dargestellt (► Abb. 2). Auf der Ebene der situativen Selbstthematisierungen versammeln sich viele einzelne Situationen, in denen das Subjekt handelt und sich

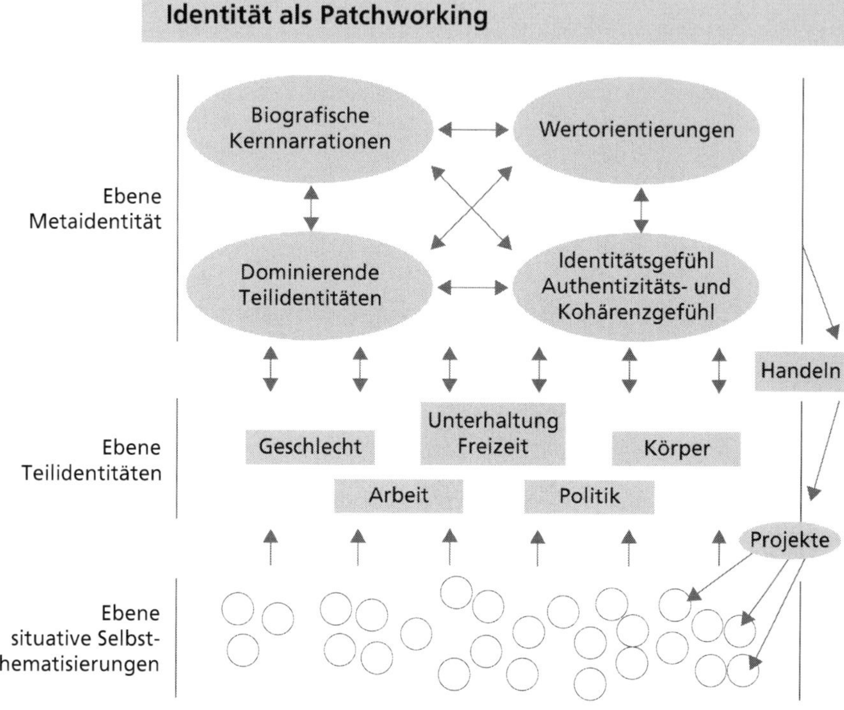

Abb. 2: Konzept der alltäglichen Identitätsarbeit aus Keupp 2009 (S. 64)

erfährt. Identitätsrelevante Projekte werden entworfen, umgesetzt, angepasst oder verworfen. Auf der nächsten Ebene sind die Teilidentitäten angesiedelt, die sich durch Reflexion, Integration und Verdichtung der einzelnen Selbsterfahrungen bilden. Teilidentitäten weisen übersituative Konturen auf und können verschiedenen thematischen Bereichen zugeordnet werden. Auf der Ebene der Metaidentität werden die dominierenden Teilidentitäten, das Identitätsgefühl, Wertorientierungen und Kernnarrationen als übergeordnete Aspekte dargestellt.

Das Identitätsgefühl entsteht aus der Verdichtung sämtlicher biografischer Erfahrungen und Bewertungen der eigenen Person sowie durch die Generalisierung der situativen Selbstthematisierungen und Teilidentitäten. Das Identitätsgefühl lässt sich dabei als ein Muster von überdauernden und integrierten grundlegenden Überzeugungen, Prinzipien und Entscheidungen verstehen, das zwei Aspekte umfasst: das Selbstgefühl und das Kohärenzgefühl. Das Selbstgefühl beinhaltet die Bewertung über die Art und Qualität der Beziehung zu sich selbst. Das Kohärenzgefühl beschreibt die Bewertung darüber, wie eine Person die Herausforderungen des Alltags bewältigen kann und umfasst ein Gefühl von Sinnhaftigkeit, Machbarkeit und Verstehbarkeit. Im Konzept der Salutogenese von Aaron Antonovsky (1997), auf das Keupp sich hier bezieht, wird das Kohärenzgefühl als

Grundhaltung oder globale Orientierung beschrieben, die Welt als zusammenhängend und sinnvoll zu erleben.

Teilidentitäten und das Identitätsgefühl sind komplexe Konstruktionen und dem Subjekt nur teilweise bewusst. Die biografischen Kernnarrationen hingegen sind dem Subjekt bewusst. Sie beinhalten Aspekte, die ein Mensch in Form von Narrationen für sich selbst definieren oder anderen mitteilen will. Sie stellen also eine narrative Verdichtung der Selbstdarstellung dar. Durch die Entwicklung von Teilidentitäten, Identitätsgefühl und Kernnarrationen kann letztlich Handlungsfähigkeit hergestellt werden. Besonderen Einfluss auf die Handlungsfähigkeit hat vor allem auch das Kohärenzgefühl, dem hierdurch auch eine wichtige Bedeutung im Modell zukommt. Kohärenz sollte dabei nicht (mehr) als innere Harmonie oder Einheit verstanden werden, sondern als prozessuales Ergebnis, bei dem durch die Verknüpfung auch von widersprüchlichen Erfahrungen eine authentische Gestalt geschaffen wird (Keupp et al. 1999, Keupp 2009).

Keupp und Kolleg:innen arbeiten personen- und umfeldbezogene Ressourcen heraus, die die Herstellungsleistung von Identität unterstützen. Für eine gelingende Identitätsarbeit werden unter anderem die folgenden Ressourcen benannt (Keupp 2009):

- Im Bereich der Fähigkeiten:
  - die Fähigkeit zur Herstellung eines kohärenten Sinnzusammenhangs
  - die Fähigkeit zum Boundary-Management, also die Fähigkeit, mit Grenzen und Entgrenzungen konstruktiv umgehen und Grenzen setzen zu können
  - zivilgesellschaftliche Kompetenzen – Beteiligung an einer demokratischen Alltagskultur
- Im Bereich der Umfeldbedingungen:
  - materielle Basissicherung
  - einbettende Kulturen – Einbettung in soziale Netzwerke
  - Erfahrungen der Zugehörigkeit
  - Kontexte der Anerkennung

Der Aspekt der Handlungsfähigkeit betont die aktive Mitgestaltung des Subjekts bei der Entwicklung der Identität. Im Anschluss an das oben skizzierte Konzept der Identitätsarbeit von Keupp et al. und der Salutogenese nach Antonovsky erarbeiteten Renate Höfer und Florian Straus (2019) ein sechsdimensionales Modell der Handlungsbefähigung. Ergänzend beziehen sie sich dabei auf die Konzepte der Selbstwirksamkeit und der Resilienz sowie auf eigene Studien zur Identitätsentwicklung und dem Einfluss sozialer Netzwerke. Sie beschreiben Handlungsbefähigung als ein andauerndes und zugleich dynamisches Gefühl der Zuversicht, das die sechs Dimensionen der Sinnhaftigkeit, Verstehbarkeit, Handhabbarkeit/Selbstwirksamkeit, Perspektivität/Interesse, Akzeptanz des eigenen Selbst sowie der sozialen Zugehörigkeit beinhaltet, die in der nachstehenden Tabelle ausgeführt werden (► Tab. 4).

Tab. 4: Sechs Dimensionen der Handlungsbefähigung in Anlehnung an Höfer und Straus (2019, S. 220)

Dimensionen	Handlungsbefähigung als andauerndes und dynamisches Gefühl der Zuversicht, das darauf basiert, dass ...
Sinnhaftigkeit	... alltägliche Anforderungen als Herausforderungen wahrgenommen werden, für die es lohnt, sich zu engagieren und anzustrengen
Verstehbarkeit	... Dinge und Erlebnisse als strukturiert, erklärbar und verstehbar erfahren werden
Handhabbarkeit/ Selbstwirksamkeit	... man über Ressourcen und Zutrauen verfügt, um Situationen aktiv gestalten, eigene Absichten und Ziele verfolgen und Probleme aus eigener Kraft lösen zu können
Perspektivität/ Interesse	... vielseitiges Interesse sowie die Fähigkeit vorhanden ist, Situationen aus verschiedenen Perspektiven zu betrachten
Akzeptanz des eigenen Selbst	... man sich selbst mag und positiv nach vorne schauen kann
Soziale Zugehörigkeit	... man Teil eines sozialen Netzwerkes mit sicheren unterstützenden Beziehungen und fähig ist, sich, wenn nötig, dort Hilfe zu holen

Das Modell der Handlungsbefähigung bietet für die Soziale Arbeit und die psychosoziale Praxis direkte Anknüpfungspunkte. Einzelne Dimensionen können gezielt angesteuert und unterstützt werden. Ebenso liefern die oben von Keupp et al. skizzierten personen- und umfeldbezogenen Ressourcen diverse Anknüpfungspunkte für die Unterstützung der im alltäglichen Leben zu leistenden Identitätsarbeit.

Im Konzept der alltäglichen Identitätsarbeit steht also der permanente Prozess der Herstellung von Identität im Vordergrund, die damit verbundene Arbeit und die Bedingungen, die dabei eine Rolle spielen und die eine gelingende Herstellung unterstützen oder erschweren können. Eine weitere Perspektive auf Identität und ihre Grenzen eröffnet die Einordnung des Begriffs in ein Begriffskontinuum, das Grenzen bzw. Übergänge zu Selbst- und Weltverhältnissen aufzeigt, die nicht mehr als Identität im Sinne eines durch Kontinuität, Kohärenz und Autonomie charakterisierten Selbst- und Weltverhältnisses bezeichnet werden können.

2.2.4 Begriffskontinuum: Totalität – Identität – Multiplizität

Jürgen Straub (2019a, 2019b) kritisiert eine dualistische Konstruktion von Identität und Differenz bzw. von Identität und Nichtidentischem, denn diese Definition würde zu Widersprüchen führen, da im Zeitverlauf und ebenso im selben Moment immer verschiedene Aspekte von Identität vorhanden sind. »In den Subjekt- und Sozialwissenschaften meint Identität als Struktur oder Form der kommunikativen Selbstbeziehung einer Person just die Einheit ihrer Differenzen. Identität schließt (diachrone und synchrone) Differenzen mithin nicht aus, sondern ein« (2019b, S. 243).

Straub geht davon aus, dass zum begrifflichen Verständnis der Identität zwei alternative Strukturen von Selbst- und Weltverhältnissen miteinbezogen werden müssen: ein starres, unveränderliches Selbst- und Weltverhältnis, das er »Totalität« nennt, sowie ein fragmentiertes, unverbundenes Selbst- und Weltverhältnis, die sogenannte »Multiplizität«. Identität liegt in dieser dreigliedrigen Struktur, die als Kontinuum zu verstehen ist, zwischen diesen beiden Polen (▶ Abb. 3).

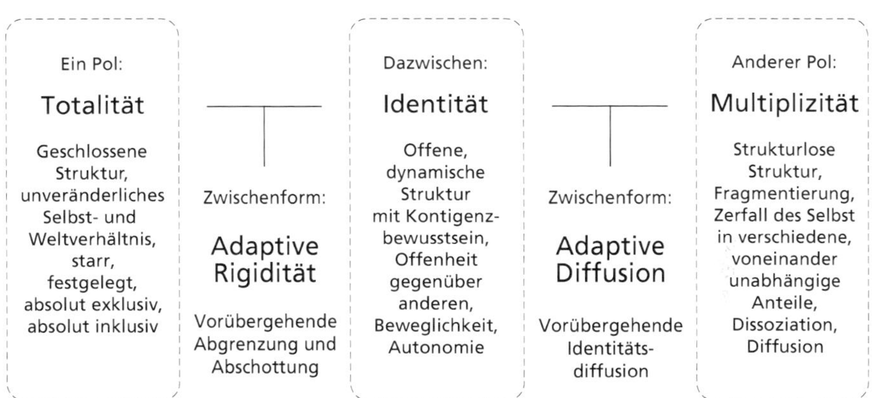

Abb. 3: Begriffskontinuum: Varianten möglicher Selbst- und Weltverhältnisse nach Straub 2019b

Totalität bezeichnet hierbei eine geschlossene, starre Struktur, bei der Anderes und Fremdes aus dem eigenen Selbst ausgeschlossen werden und kein Austausch möglich ist, der wechselseitige Veränderungen beinhaltet. Diese Form ist »absolut exklusiv« (ebd., S. 246), schließt also alle aus, die anders sind und potentiell Gefährder des eigenen Weltverständnisses sein können, sowie »absolut inklusiv« (ebd.), das heißt, sie schließt jene Menschen ein, die dem eigenen Selbst stark gleichen.

> »Wo ego und/oder alter in der personalen Gestalt der Totalität aufeinandertreffen, dichten sie sich gegeneinander ab und sperren einander aus. Sie verschließen sich und das Ihre, verbarrikadieren und hüten die Selbst-Grenzen in angespannter Rigidität, notfalls mit Gewalt. Totalität steht für Veränderungsresistenz und Abwehr des Neuen« (ebd.).

Multiplizität am anderen Pol ist durch Diffusion, Dissoziation und Fragmentierung oder Zerfall des Selbst gekennzeichnet und kann sich beispielsweise in fehlendem Kohärenzgefühl, Fremdheitsgefühlen, Spaltungen oder multiplen Persönlichkeiten ausdrücken. Die verschiedenen Anteile des Selbst sind nicht mehr in der Lage, zusammen zu agieren. Als Folge einer Multiplizität können das Orientierungsvermögen und Handlungspotential massiv eingeschränkt sein oder verloren gehen. Multiplizität wird im Extrem als mögliches Resultat misslingender Identitätsbildung beschrieben (ebd., S. 248).

Der Begriff der Identität ist in der Mitte zwischen den Polen verortet und dadurch von den beiden extremen Formen abgegrenzt, die Grenzen sind jedoch fließend. Mit dem Begriff der Identität ist hier eine flexible Struktur bezeichnet, die die Fähigkeit der Selbstdistanzierung sowie Beweglichkeit, Autonomie und Handlungsfähigkeit beinhaltet. Sie verschließt sich dem Anderen nicht, sondern begegnet ihm mit Offenheit.

> »Eine um Offenheit gegenüber Anderen und Fremden bemühte Praxis erleben Subjekte meistens als bereichernd, aber auch als anstrengend. Das Anregende ist bekanntlich nicht selten ein wenig mühsam und mitunter sogar etwas beängstigend. Dennoch fliehen Personen, denen wir eine Identität im skizzierten Sinne zuschreiben, gerade nicht vor dieser Herausforderung und Zumutung (im Unterschied zu totalitär strukturierten Subjekten)« (ebd., S. 247).

Mit dieser offenen Struktur ist also auch die Anforderung verbunden, sich ständig neu auszubalancieren.

Weiterhin gibt es in diesem Kontinuum Übergangsstufen der adaptiven Rigidität und der adaptiven Diffusion, also angepasste Formen in beide Richtungen, die unter bestimmten Umständen funktional sein können. In Zeiten vielfältiger Anforderungen und Ansprüche kann es hilfreich sein, sich teilweise zu verschließen und abzuschotten, um bestimmte Aufgaben bewältigen zu können, wie beispielsweise die Fertigstellung einer Bachelor- oder Masterarbeit. Ebenso gibt es Zeiten und Phasen, in denen es günstig ist, sich viele Möglichkeiten offenzuhalten und zwischen Optionen zu wechseln, um sich in verschiedenen Rollen und Kontexten auszuprobieren, z. B. im Zusammenhang mit Ausbildungswahl und Berufsfindung.

Das Modell von Straub hat (wie auch schon bei Erikson) normativen Charakter, in dem bei dem Pol der Totalität eine Persönlichkeitsstruktur zugrunde gelegt wird, die eher aus totalitären Gesellschaften erwächst oder einen starken Zwangscharakter aufweist und auf der anderen Seite mit Multiplizität der Aspekt der Identitätsdiffusion bei Erikson umrissen ist, der ebenfalls als eine kritische Persönlichkeitsentwicklung angesehen werden kann. Identität als offene Struktur, die einerseits wandelbar ist und andererseits auch eine gewisse Stabilität sowie autonome Handlungsfähigkeit aufweist, wäre die wünschenswerte ›gesunde‹ Variante mit noch im Rahmen des ›Normalen‹ liegenden Abweichungen in Richtung der Übergangsstufen.

Die Betrachtung von Identität auf einem Kontinuum mit fließenden Grenzen zu Totalität oder Multiplizität bietet gute Anschlussmöglichkeiten für eine Bestimmung von gesunder, gelungener oder wünschenswerter Identität. Einerseits sind die Grenzen nicht zu scharf oder absolut gesetzt, wodurch wechselhafte Phasen und Veränderungen im Bereich des ›Normalen‹ abgebildet werden können, andererseits werden Grenzen durch die Pole auch deutlich und können den Übergang zu nicht mehr gesunden oder gelingenden Identitätskonzeptionen aufzeigen. Aktuell kann insbesondere der Pol der Totalität in Bezug auf Radikalisierungsprozesse ein hilfreiches Denkwerkzeug zur Orientierung und Erklärung darstellen. In den Jahrzehnten seit 1990 standen eher die Beschreibungen von Zersplitterungs- und Auflösungstendenzen der Multiplexität als Problemstellung in einer vielgestaltigen Welt im Zentrum der Aufmerksamkeit.

2.2.5 Identität und die Zugehörigkeit zu Gruppen, kollektive Identität

Amartya Sen beleuchtet die Identität des Menschen in Hinblick auf seine Zugehörigkeit zu Gruppen. Eine Person gehört üblicherweise vielen Gruppen an und kann daher gleichzeitig in zahlreichen Kategorien verortet werden. Sen beschreibt sich selbst beispielsweise folgendermaßen:

> »Was mich betrifft, so kann man mich zur gleichen Zeit bezeichnen als Asiaten, Bürger Indiens, Bengalen mit bangladeshischen Vorfahren, Einwohner der Vereinigten Staaten oder Englands, Ökonomen, Dilettanten auf philosophischem Gebiet, Autor, Sanskritisten, entschiedenen Anhänger des Laizismus und der Demokratie, Mann, Feministen, Heterosexuellen, Verfechter der Rechte von Schwulen und Lesben, Menschen mit einem areligiösen Lebensstil und hinduistischer Vorgeschichte, Nicht-Bramahnen und Ungläubigen, was das Leben nach dem Tode (und, falls es jemanden interessiert, auch ein ›Leben vor der Geburt‹) angeht. Dies ist nur eine kleine Auswahl der unterschiedlichen Kategorien, denen ich gleichzeitig angehören kann – daneben gibt es natürlich noch eine Vielzahl von Zugehörigkeitskategorien, die mich je nach den Umständen bewegen und fesseln können« (2020, S. 33 f.).

Mit den vielfältigen Zugehörigkeiten sind plurale Identitäten verbunden. Der Mensch entscheidet über die Bedeutung der einzelnen Identitätsaspekte und deren Priorisierung, so kann z. B. ein Mann Einwohner Deutschlands mit einem italienischen Elternteil, katholischer Religionszugehörigkeit, Student, Partner, Vater von zwei Kindern, Mitglied im Ruderclub usw. sein und sich dabei besonders stark mit dem Partner- und Vatersein und der Rolle des Ruderers und der dazugehörigen Gruppe identifizieren und diese drei Aspekte damit als sehr bedeutsam für seine Identität bewerten. Zugleich kann er die Religionszugehörigkeit für die Taufe der Kinder zwar als relevant bewerten, aber sie sonst wenig im Vordergrund sehen, die Priorisierung von Identitätsanteilen ist also auch kontext- und zeitabhängig verschieden.

Die Wahlmöglichkeiten sind innerhalb bestimmter Grenzen zu verstehen, die von den Umgebungsbedingungen, z. B. des Aufenthaltslandes, der Familie, in die man hineingeboren ist, vom Geschlecht usw. mitbestimmt werden. Bestimmte Bedingungen und Verhältnisse können die Wahl und Mitbestimmung auch massiv einschränken. Wenn beispielsweise jüdische Menschen auf Antisemiten oder Afroamerikaner auf Rassisten treffen, können sie in der Regel wenig Einfluss darauf nehmen, wie sie gerne gesehen werden wollen, und kaum der Zuschreibung (und möglicherweise auch der Gewalt) von außen entgehen.

Ein Identitätsgefühl kann mit Stolz, Freude und Selbstvertrauen verbunden sein, allerdings kann es auch zu Gewalt führen, wenn es auf eine Gruppe verengt wird und sich gegen andere richtet. »Ein starkes – und exklusives – Gefühl der Zugehörigkeit zu einer Gruppe kann in vielen Fällen mit der Wahrnehmung einer Distanz und Divergenz zu anderen Gruppen einhergehen. Solidarität innerhalb der Gruppe kann Zwietracht zwischen Gruppen verstärken« (Sen 2020, S. 17). Ebenso kann die Klassifikation auf nur einen Aspekt zu Abgrenzung und Gewalt führen. »Gewalt wird dadurch angefacht, dass man leichtgläubigen Leuten, die in die Hände von kundigen Fachleuten des Terrors fallen, ausschließliche und kriegerische Identitäten aufschwatzt« (ebd., S. 18). Dies wäre ein Beispiel für Identitätsvorstellungen am zuvor beschriebenen Pol der Totalität mit einer Verengung auf einen oder wenige Identitätsaspekte sowie absolutem Einschluss von Menschen mit ähnlichem und absolutem Ausschluss von Menschen mit anderen Werten und Vorstellungen, die dann auch geschädigt oder umgebracht werden dürfen.

Dagegen lassen sich vielfältige, aus verschiedenen Zugehörigkeiten zusammengesetzte Identitäten nicht so klar abgrenzen und gegen einzelne Gruppen mobilisieren. In dieser Perspektive auf Identität kommen gesellschaftliche Zuschreibungsprozesse und Machtverhältnisse in den Blick. Es stellt sich die Frage, inwieweit ein Mensch Identitätsaspekte selbst bestimmen kann, wann er Identitätszuschreibungen von außen unterliegt und ob er dadurch möglicherweise begrenzt oder beeinträchtigt wird.

Zugehörigkeit zu Gruppen hängt eng zusammen mit dem Thema der kollektiven Identität. In der Auseinandersetzung mit Ich-Identität und kollektiver Identität betont Jan Assmann (1992), dass sowohl die kollektive als auch die Ich-Identität gesellschaftliche Konstrukte und damit kulturell geformt sind. Der Unterschied zwischen Ich-Identität und Wir-Identität, so Assmann, liege also nicht darin, »daß erstere ›naturwüchsig‹, letztere eine kulturelle Konstruktion wäre« (ebd., S. 132). Die Ich-Identität unterscheide sich vielmehr dadurch, dass sie »auf die natürliche Evidenz eines leiblichen Substrats bezogen ist« (ebd.), während die kollektive Identität ausschließlich symbolisch geformt wird und damit eine Metapher darstellt.

> »Unter einer kollektiven oder Wir-Identität verstehen wir das Bild, das eine Gruppe von sich aufbaut und mit dem sich deren Mitglieder identifizieren. Kollektive Identität ist eine Frage der Identifikation seitens der beteiligten Individuen. Es gibt sie nicht ›an sich‹, sondern immer nur in dem Maße, wie sich bestimmte Individuen zu ihr bekennen. Sie ist so stark oder schwach, wie sie im Denken und Handeln der Gruppenmitglieder lebendig ist und deren Denken und Handeln zu motivieren vermag« (ebd., S. 132).

Sie ist als Bewusstsein sozialer Zugehörigkeit Teil der Wirklichkeit und kann Wertvorstellungen, Gefühle und Handlungen von Menschen beeinflussen.

Kollektive Identitäten können auf verschiedenen Ebenen betrachtet werden. Zugehörigkeit kann zu Gruppen in großen Zusammenhängen bestehen wie beispielsweise zu westlichen Gesellschaften, einer Nation oder einer Geschlechtsgruppe. Sie kann auf mittlerer Ebene angesiedelt sein wie bei der Zugehörigkeit zu einer Region oder einem Unternehmen oder sie kann sich auf kleinere Gruppen im näheren Umfeld beziehen wie beispielsweise einem Musikverein am Ort oder den eigenen Familienzusammenhang.

Heike Delitz (2018) charakterisiert kollektive Identitäten durch drei Funktionen oder Merkmale. Zunächst basiert ein Kollektiv auf der Vorstellung einer Identität in der Zeit. Es gibt Geschichten über die Vergangenheit, Gegenwart und Zukunft des Kollektivs, die Kontinuität und Dauerhaftigkeit suggerieren und Gefühle von Sicherheit und Stabilität erzeugen können.

Zudem beinhaltet ein Kollektiv die Vorstellung einer geteilten Gemeinsamkeit, über die eine Einheit der Mitglieder vermittelt wird. Jede zugehörige Person kann sich mit den anderen innerhalb der Gruppe (zumindest über die Gemeinsamkeit) identifizieren. Mit dieser Identifizierung geht eine Differenzierung nach außen und eine Vereinheitlichung von sich und anderen, eine Klassifizierung, einher. Mit der Identifizierung und Abgrenzung des eigenen Kollektivs nach außen wird »zugleich das andere Kollektiv mit einer Einheit und Identität versehen« (ebd., S. 25).

Das dritte Merkmal ist ein fundierender Grund, der das Kollektiv stiftet und legitimiert sowie über den Menschen und die Gesellschaft hinausweist.

> »In diesem gründenden Wert (wie in der Überzeugung der Heiligkeit der Menschenrechte, von der heiligen Nation oder des souveränen und ewigen Volkes) geht es darum, die historische Kontingenz und die Selbstgesetztheit einer jeden Norm, einer jeden Institution, einer jeden Gesellschaftsform zu verleugnen« (ebd., S. 25f.).

Zugehörigkeit zu einem Kollektiv kann also Gemeinsamkeitsempfinden erzeugen, Stabilität vermitteln sowie mit persönlichem Sinnempfinden und mit der Einbindung in einen übergeordneten Bedeutungszusammenhang verbunden sein. Wenn keine Zwangsbedingungen herrschen, kann sich die Zugehörigkeit zu einer kollektiven Identität im Zeitverlauf verändern. Sie kann verblassen, beendet oder aufkündigt werden, wenn sie nicht mehr als sinnstiftend erfahren wird, und neue Zugehörigkeiten können sich herausbilden. Wie Sen bereits in seinem persönlichen Beispiel verdeutlicht hat, bestehen im Selbst- und Weltverhältnis einer Person in der Regel verschiedene Zugehörigkeiten, die sich in Teilaspekten der Identität wiederfinden.

2.2.6 Identität als Selbst- und Weltverhältnis im Zeitverlauf

In zusammenfassender Sicht hat sich die Herstellung von Identität also von einem Jugendthema bei Erikson zu einem biografisch offenen, einem lebenslangen Prozess entwickelt.

> »Der Identitätsprozess ist, so sehen es die meisten neueren Ansätze der Identitätsforschung, nicht mehr nur ein Mittel, um am Ende der Adoleszenz ein bestimmtes Plateau einer gesicherten Identität zu erreichen, sondern der Motor lebenslanger Entwicklung« (Keupp 1999, S. 190).

In der Gegenwart ist Identitätsarbeit also eine permanente Anforderung an das Individuum. Michael von Engelhardt stellt dabei folgende ineinandergreifende Vermittlungsprozesse heraus, die sich ergeben, wenn die klassischen Identitätstheorien in wechselseitiger Ergänzung gelesen werden:

> »Die Herstellung und Aufrechterhaltung der menschlichen Identität beruht auf der Fähigkeit zur Selbstreflexivität und vollzieht sich als dreifacher Vermittlungsprozess: als Vermittlung zwischen Person und ihrer sozialen Umwelt; als Vermittlung zwischen den unterschiedlichen inneren Instanzen der Person; und als Vermittlung zwischen den verschiedenen historisch-biographischen Phasen im Lebenslauf des Menschen« (1990, S. 69).

Das Selbst- und Weltverhältnis ist also durch komplexe Vermittlungsprozesse charakterisiert, die kontinuierlich ablaufen und nach innen wie nach außen gerichtet sind. Wesentliche Elemente und Prozesse sind in dem folgenden Modell zusammengefasst (▸ Abb. 4).

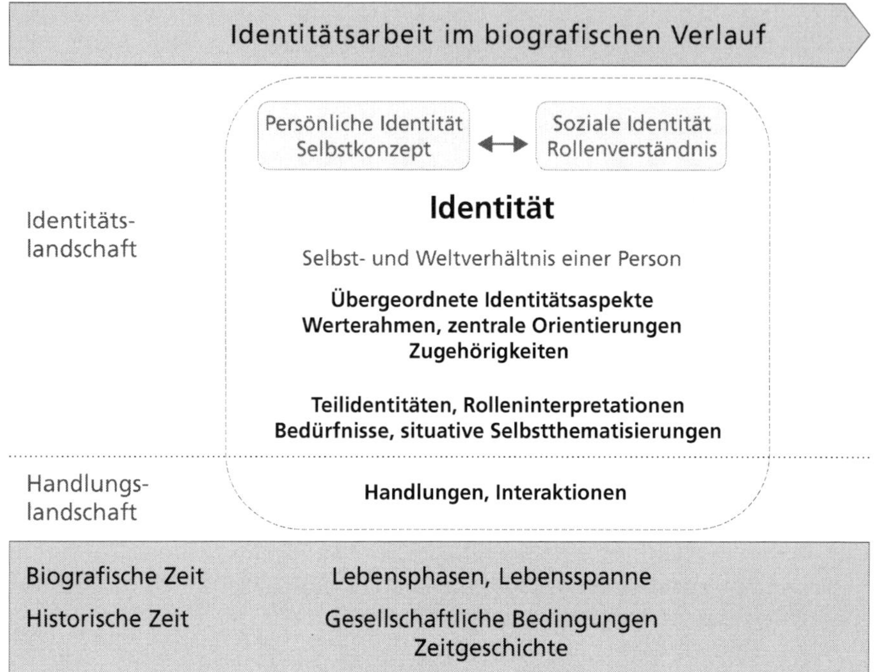

Abb. 4: Identität als Selbst- und Weltverhältnis im biografischen und zeitgeschichtlichen Verlauf

Die Identität als Selbst- und Weltverhältnis einer Person beinhaltet das Zusammenwirken von Selbstkonzept und Rollenverständnis im Rahmen der persönlichen und sozialen Identität. Auf übergeordneter Ebene enthält Identität zentrale bedeutsame Identitätsaspekte, zu denen beispielsweise Kernnarrationen über die eigene Person zählen. Weiterhin finden sich hier zentrale Werte und Orientierungen als Maßstäbe des Denkens und Handelns sowie relevante Zugehörigkeiten. Auf darunterliegenden Ebenen sind Teilidentitäten, einzelne Rollen und deren Interpretationen, Bedürfnisse und situationsbezogene Thematisierungen des Selbst angesiedelt. Die genannten Aspekte der Identität spiegeln sich in Handlungen und Interaktionen wider. In zeitlicher Perspektive wirken auf der Ebene der biografischen Zeit die Themen und Anforderungen verschiedener Lebensphasen auf die Identitätsbildung eines Menschen ein. Auf der Ebene der historischen Zeit beeinflussen zeitgeschichtliche Bedingungen und spezifische Ereignisse, wie z. B. der Fall der Mauer und die deutsche Wiedervereinigung, die Entwicklung der Identität. Über den gesamten biografischen Verlauf hinweg wird Identitätsarbeit geleistet.

In das Modell wurden zudem die Perspektiven der Identitäts- und Handlungslandschaft von Michael White (2010) integriert, um so die Ebene der inneren Repräsentationen (wie Vorstellungen und Orientierungen) und die Ebene der Interaktion mit der äußeren Welt (der Handlungen und Erfahrungen mit anderen) gezielt in den Blick nehmen zu können. Diese Perspektiven werden im Folgenden näher betrachtet.

2.2.7 Identitätslandschaft und Handlungslandschaft

Michael White arbeitete als Sozialarbeiter und Therapeut und entwickelte zur Beschreibung seiner Arbeitsweise Landkarten narrativer Verfahren. Eine der Landkarten beinhaltet die dualen Landschaften von Handlung und Identität. Mit Hilfe dieser Karte ordnete er Gesprächsinhalte zu Bedeutungen und Reflexionen der Identitätslandschaft zu, Berichte über Ereignisse oder Überlegungen zu möglichen Handlungen verortete er dagegen auf der Handlungslandschaft. Auf Basis der Landkarte thematisierte White im Gesprächsverlauf die vielfältigen Verknüpfungen zwischen den beiden Landschaften und unterstützte seine Klient:innen dabei, kohärente Identitätsvorstellungen und entsprechende Handlungen zu erarbeiten.

Auf der Ebene der Identitätslandschaft (landscape of meaning and identity) geht es um ein intentionales Verständnis, um das Verständnis darüber, wem oder was Wert zugewiesen wird, sowie um Erkenntnisse und verinnerlichtes Wissen. Auf der Ebene der Handlungslandschaft (landscape of action) finden sich Ereignisse und Gegebenheiten, der Plot, also die Handlungen und deren Zusammenhänge sowie Entwicklungen in der Zeit.

Für die Identitätslandschaft verwendet White ein anschauliches Bild: »Die Identitätslandschaft könnte man sich als eine Art ›Registratur der Seele‹ vorstellen, wobei jeder Aktenordner eine kulturell relevante Identitätskategorie repräsentiert« (2010, S. 108). Dazu zählt er Kategorien interner Zustände wie Bedürfnisse, Instinkte, Wünsche, individuelle Eigenschaften und Kategorien intentionaler Zustände wie Ziele, Erwartungen, Träume, Wertvorstellungen, Überzeugungen und Verpflichtungen.

> »In dieser Registratur der Seele legen Menschen vielerlei Gedanken über ihre Identität und die anderer Menschen ab. Diese identitätsbezogenen Schlüsse bestimmen darüber, wie bedeutsam bestimmte Ereignisse im Leben eines Menschen sind, und sie werden durch die Reflexion über diese Ereignisse und über die damit verknüpften Themen weiterentwickelt« (ebd., S. 108).

Diese inneren Repräsentationen und Gedanken beeinflussen das Handeln und gestalten die Interaktionen mit der Umwelt, die sich in der Handlungslandschaft abbilden lassen. Ereignisse und Interaktionen werden dann identitätsrelevant, wenn sie in einen Zusammenhang mit Aspekten der Identitätslandschaft gestellt werden und ihnen so Bedeutung zugewiesen wird.

Diese Landkarten, so White, sind wie alle Landkarten Konstruktionen, die beim Reisen Orientierung geben sollen. Sie dienen zunächst der Erkundung, können aber auch in Prozessen der Reflexion, Beratung und Therapie dabei helfen, neue Erzähllinien und damit alternative Identitätsvorstellungen zu entwickeln.

> »Die Entwicklung neuer Erzähllinien geschieht in einem Kontext, in dem Klienten identitätsbezogene Schlussfolgerungen erzeugen, die den Gedanken widersprechen, die mit den dominanten Erzähllinien ihres Lebens verbunden sind. Werden derlei Schlüsse in der ›Registratur der Seele‹ abgelegt, nehmen sie den dominanten identitätsbezogenen Gedanken ihren bisherigen Platz und Einfluss weg, den sie auf die Gestaltung des Lebens eines Menschen ausgeübt haben« (ebd., S. 108 f.).

Es wird so möglich, Erfahrungen neu zu bewerten, bisher akzeptierte Zuschreibungen und Etikettierungen über die eigene Person zurückzuweisen und sich neu zu bestimmten Aspekten bei sich selbst oder bei anderen zu positionieren. Daraus können wiederum andere Handlungen, Interaktionen und Erfahrungen resultieren.

Die Perspektiven der Identitäts- und der Handlungslandschaft in dem hier entwickelten Identitätsmodell (▶ Abb. 4) sollen dazu beitragen, Reflexionsprozesse und den Dialog in den verschiedenen thematischen Bereichen zu unterstützen.

Unter der Perspektive der Identitätslandschaft werden hier das Selbst- und Weltverhältnis im Selbstkonzept und Rollenverständnis in Bezug auf übergeordnete Identitätsaspekte wie Werte, zentrale Orientierungen und Zugehörigkeiten sowie Teilidentitäten, Rolleninterpretationen, Bedürfnisse und situative Selbstthematisierungen beleuchtet. Unter der Perspektive der Handlungslandschaft geht es um Handlungen und Interaktionen, um bestimmte Ereignisse oder Situationen in der Vergangenheit, Gegenwart und Zukunft, die im Rückbezug auf die Ebene der Identitätslandschaft hinsichtlich ihrer Bedeutung für die Identität reflektiert werden können. Diese Perspektiven der Identitäts- und Handlungslandschaft werden im letzten Kapitel zu Reflexionen und Übungen als Fragestellungen wieder aufgegriffen (▶ Kap. 5).

2.2.8 Verständnis von gelingender Identität und Identitätsproblemen

In den verschiedenen Ansätzen ist immer wieder von gelungener oder gesunder Identitätsentwicklung, von Identitätsstörungen, Identitätsbeschädigungen oder Identitätsproblemen die Rede. Diese Begrifflichkeiten sind mit Bewertungen und Normsetzungen verbunden, die mit der zeitgeschichtlichen Verfasstheit der Gesellschaft und entsprechenden Werten und Anforderungen an den Einzelnen in Zusammenhang stehen. In westlich orientierten Demokratien sind Werte und Fähigkeiten wie z. B. Selbstverwirklichung und -verantwortung, Entscheidungsfähigkeit und selbstbestimmte Handlungsfähigkeit für die Gestaltung des eigenen Lebens bedeutsam. Demgegenüber würden in einem autokratischen Regime vermutlich eher Vorstellungen von Stärke und Macht positiv bewertet werden und die Fähigkeit zu einer kompromisslosen Durchsetzung von Interessen, aber auch Gehorsam und eine gute Anpassungsbereitschaft als zielführend für die Bewältigung der dort herrschenden Lebensbedingungen angesehen werden.

Um das Identitätskonzept für die Soziale Arbeit, Beratung und andere psychosoziale Kontexte in unserer heutigen Gesellschaft fruchtbar zu machen und unterstützende oder belastende Bedingungen für die Entwicklung von Identität benennen zu können, wird das hier verwendete Verständnis kurz skizziert. Es geht dabei um richtungsweisende Orientierungen, keine genauen Festlegungen psychologischer oder medizinischer Art. Der zugrunde gelegte Maßstab soll deutlich werden, um Transparenz zu schaffen und auch eine Positionierung dazu zu ermöglichen.

Für eine gelungene, gesunde Identität werden hier folgende Maßstäbe angelegt, die tendenziell vorhanden sein sollten: subjektive Zufriedenheit, Kontinuitätserleben, Kohärenzerleben, Orientiertheit, Zugehörigkeit, Handlungsfähigkeit, Anpassungsfähigkeit bzw. Flexibilität, konstruktiver Umgang mit Grenzen, Ambiguitätstoleranz, Akzeptanz von Neuorientierungs- und Aushandlungsphasen. Im Vordergrund stehen die subjektive Bewertung, die eigene Zufriedenheit, das Erleben von Stimmigkeit und Kontinuität sowie bestimmte Fähigkeiten, die bei der fortlaufenden Herstellung einer als stimmig erlebten Identität helfen. Darüber hinaus ist es aus der hier vertretenen Perspektive bedeutsam, dass sich eine Person bei der Entwicklung der Identität an demokratischen Werten und an den Prämissen des Grundgesetzes, insbesondere an der Würde des Menschen und der Akzeptanz der Unversehrtheit, orientiert.

Als Identitätsproblematik wird hier verstanden, wenn Menschen in Bezug auf ihre Identität diffus sind, sich – auch in lebenszeitlicher Perspektive – nicht als Einheit erleben oder sich nicht mit sich selbst und ihrer Umwelt verbunden fühlen, wenn sie Orientierungslosigkeit oder Sinnlosigkeit verspüren, Schwierigkeiten haben, sich an Veränderungen anzupassen, eine hohe Ambiguitätsintoleranz aufweisen, absolut, fanatisch oder radikal sind und nur noch eine Sicht gelten lassen sowie grundlegende Menschenrechte nicht anerkennen. Diese Einordnungen können als Orientierung dienen, wenn Menschen in ihrer Identitätsarbeit begleitet werden.

In den bisherigen Ausführungen ist bereits deutlich geworden, dass Identität eng mit gesellschaftlichen Bedingungen verwoben zu sehen ist. In der Entwicklung der Identität, in den Möglichkeiten der Ausformung, in den Herausforderungen für und in den Bedrohungen von Identität finden sich die gesellschaftlichen Verhältnisse wieder. Um diese Verhältnisse in grundlegenden Facetten nachvollziehen zu können, werden im nächsten Kapitel verschiedene, überwiegend soziologische Perspektiven auf die Gegenwartsgesellschaft vorgestellt.

3 Beschreibung der Gegenwartsgesellschaft – Soziologische Zeitdiagnosen

»Die Soziologie wäre keine Stunde der Mühe wert, sollte sie bloß ein Wissen von Experten für Experten sein.«
(Bourdieu 1993, S. 7)

3.1 Bedeutung und Begriff der Zeitdiagnose

Für die Theorie und Praxis der Sozialen Arbeit und auch für weitere psychosoziale Kontexte ist es zentral, Menschen in ihrer Lebenswelt zu verstehen, die Einbettung in gegenwärtige gesellschaftliche Verhältnisse wahrzunehmen sowie Wandlungsprozesse nachzuvollziehen, die beständig auf die Lebensbedingungen einwirken. Soziologische Zeitdiagnosen können hierbei Hinweise auf Veränderungsprozesse liefern und so im Sinne der oben angeführten Aussage von Pierre Bourdieu über fachinterne soziologische Debatten hinaus auch das Verständnis über gesellschaftliche Zusammenhänge in sozialen Berufen und weiteren Wissensfeldern unterstützen. Soziologische Zeitdiagnosen können als soziales Frühwarnsystem fungieren und auch den Hintergrund zukünftiger Sozialer Arbeit ausleuchten. Ebenso kann das gesellschaftskritische Potential von Zeitdiagnosen die politische Dimension der Sozialen Arbeit unterstützen (Dimbath 2016, Seibel 2018). Darüber hinaus können Zeitdiagnosen den Blick auf gesellschaftliche Bedingungen schärfen, die für die Identitätsentwicklung von Bedeutung sind und dabei helfen, damit verbundene Herausforderungen zu erkennen.

Eine soziologische Zeitdiagnose beschreibt einen gegenwärtigen Zustand oder Prozess in der Gesellschaft. Damit ist keine Momentaufnahme von nur einem Ereignis oder wenigen Tagen oder Wochen gemeint, sondern gesellschaftliche Erscheinungsformen oder Phänomene, die sich über eine längere Entwicklungsspanne herausgebildet haben. In diesem Buch stehen insbesondere Prozesse seit den 1980er/1990er Jahren im Zentrum der Darstellung. Um Zusammenhänge zu verdeutlichen, reichen manche Ausführungen allerdings auch weiter in die Vergangenheit zurück. Auf die aktuellen krisenhaften Entwicklungen insbesondere seit 2020 wird zudem in einem eigenen Abschnitt eingegangen.

Bei einer Zeitdiagnose wird in der Regel ein sozialer Wandel als epochaler Bruch oder als Entwicklungsprozess zugrunde gelegt sowie ein für die aktuelle Gesellschaft charakteristisch erscheinendes Thema oder Basisproblem in den Mittelpunkt gestellt und auf einen Begriff gebracht. Eine Zeitdiagnose beinhaltet zumeist Aussagen über Strukturen der Gesellschaft, über dahinterliegende Ursachen sowie über mögliche Folgen, die mit dem gewandelten Zustand verbunden sind oder sein können (Friedrichs et al. 1998, Volkmann 2015). Die Zuspitzung auf einen zentralen Aspekt wird als selektive Generalisierung (Friedrichs et al. 1998) oder als Vereinseitigung (Schimank 2007) bezeichnet. Diese Relevanzsetzung ist bereits mit einer Interpretation oder Positionierung verknüpft.

»Zeitdiagnosen sind wie Scheinwerfer: Sie akzentuieren die jeweilige Umgebung, tauchen sie vielleicht geradezu in ein gleißendes Licht und lassen anderes dabei umso mehr im Dunkeln« (Hastedt 2019, S. 11). In diesem Zitat werden Vor- und Nachteile von Zeitdiagnosen bildlich auf den Punkt gebracht. Auf der einen Seite werden Zeitdiagnosen für eine vereinfachende Darstellung, für die Überakzentuierung eines Aspekts, für die Ausblendung vielfältiger gesellschaftlicher Ausformungen sowie für spekulative Elemente kritisiert. Auf der anderen Seite ermöglichen die Akzentuierung und damit verbundene Reduktion von Komplexität, einen als wesentlich bewerteten Aspekt in den unübersichtlichen gesellschaftlichen Verhältnissen hervorzuheben und in seinen Wirkungen sichtbar zu machen. Die für Zeitdiagnosen typische Heraushebung zentraler Phänomene und Prozesse und die Ausarbeitung damit verbundener Ursachen und Folgen sind zugleich Angebote der Deutung der gesellschaftlichen Verhältnisse und der Orientierung in ihnen.

Darüber hinaus können Zeitdiagnosen auch zur Auseinandersetzung mit einer wahrscheinlichen oder wünschenswerteren Zukunft beitragen. Das ist beispielsweise der Fall, wenn die Wahrscheinlichkeit eines Klimawandels als ökologisches Risiko antizipiert und darauf bezogen präventiv gehandelt wird. Prognostische Aussagen sind vor dem Hintergrund von kontingenten Ereignissen oder nicht einbezogenen Informationen und Entwicklungen immer problematisch, daher werden mögliche zukünftige Entwicklungen häufig etwas weicher in Form von Szenarien formuliert. Ebenso können die in Zeitdiagnosen enthaltenen Hypothesen als Ansatzpunkte für empirische Fragestellungen und Überprüfungen dienen. Für eine kritische Diskussion von Zeitdiagnosen wird hier auf weiterführende Literatur verwiesen (z. B. Bogner 2018, Dimbath 2016, Schimank & Volkmann 2007, Volkmann 2015, Priesching 2018, Osrecki 2020).

Was unterscheidet Zeitdiagnosen von Gesellschaftstheorien?

Zeitdiagnosen unterscheiden sich von Gesellschaftstheorien durch eine schwerpunktmäßig andere Fragestellung. Während Zeitdiagnosen die Frage nach dem Wesen oder der Charakteristik der aktuellen Gesellschaft stellen und versuchen, dies auf den Begriff zu bringen, fragen Gesellschaftstheorien grundsätzlicher danach, wie Vergesellschaftung funktioniert, wie soziale Ordnung oder sozialer Wandel möglich ist, welche verschiedenen Akteure, Institutionen, Prozesse, Diskurse und Praktiken wie beteiligt und miteinander verflochten sind (Bogner 2018). Zeitdiagnosen haben nicht den Anspruch einer umfassenden Gesellschaftsbeschreibung. Sie greifen aber häufig auf Gesellschaftstheorien zurück, um Strukturen, Ursachen usw. zu erläutern, und sind unterschiedlich differenziert ausgeführt.

Man könnte sich auch ein Kontinuum vorstellen, an dessen einem Pol eine reduzierte und zugespitzte Zeitdiagnose und am anderen Pol eine differenziert ausgearbeitete Gesellschaftstheorie steht. Zeitdiagnosen, die eher schlaglichtartig angelegt und andere, die differenzierter ausgearbeitet sind, wären dann an unterschiedlichen Punkten auf diesem Kontinuum zwischen den stark reduzierten und stark ausgearbeiteten Formen der Gesellschaftsbeschreibung verortet.

Schließlich wenden sich Gesellschaftstheorien eher an ein fachinternes Publikum, während Zeitdiagnosen gleichermaßen nach innen an die Fachkolleginnen und -kollegen und nach außen an ein fachexternes Publikum gerichtet sind und via Medien, Politik und interessierte Gesellschaft in den öffentlichen Diskurs einfließen (Osrecki 2011, Volkmann 2015).

Die Begriffe Zeitdiagnose, Gegenwartsdiagnose und Gesellschaftsdiagnose werden teilweise synonym oder in ähnlicher Bedeutung verwendet, teilweise werden auch Unterschiede ausgemacht, die aber nicht in einem allgemein geteilten Sinne trennscharf wären (Bogner 2018, Dimbath 2016). Hier wird der Begriff der Zeitdiagnose verwendet, um den zeitbezogenen Aspekt der Gegenwart und den Zeitverlauf zu betonen. Gesellschaftsdiagnose weist auf die Gesellschaft als Ganzes hin, hier werden aber auch Ansätze vorgestellt, die sich zwar auf gesellschaftliche Entwicklungen beziehen, aber nicht immer die Gesellschaft als Ganzes in den Blick nehmen, sondern auch thematische Phänomene oder Bereiche analysieren. Um den gesellschaftlichen Bezug hervorzuheben, wird von soziologischen Zeitdiagnosen gesprochen. Die Autorinnen und Autoren dieser Zeitdiagnosen können dabei verschiedenen Disziplinen angehören.

Für die Auswahl der hier behandelten zeitdiagnostischen Konzepte waren verschiedene Kriterien maßgeblich. Wesentlich war natürlich, dass die dargestellten Ansätze eine hinreichende Aktualität besitzen. Weiterhin wurden Ansätze ausgewählt, die sich räumlich und auch strukturell auf westliche Industriegesellschaften und deren Entwicklungs- und Bedingungsgefüge beziehen, weil das für die Praxis der Sozialen Arbeit und das Verständnis der Menschen in diesen Ländern relevant ist. Schwerpunktmäßig kommen die Autor:innen aus Deutschland, aber auch aus Frankreich, Großbritannien, Israel, Spanien und den USA.

Bei der Auswahl wurde keine Vollständigkeit angestrebt, sondern der Anregungs- und Orientierungsgehalt einzelner Ansätze unter anderem in Hinblick auf die Entwicklung von Identität und die sozialpädagogische Praxis eingeschätzt. Die zeitdiagnostischen Ansätze bzw. die Auswahl einzelner Aspekte daraus werden zusammenfassend vorgestellt, aber nicht einer ausführlichen kritischen Bewertung unterzogen oder systematisch miteinander verglichen.

Sie sollen in diesem Rahmen als Denkwerkzeuge verstanden werden, die sich gegenseitig ergänzen. Sie können dabei helfen, sich zu orientieren, bestimmte Aspekte und Zusammenhänge klarer zu identifizieren und Ansatzmöglichkeiten für konkrete Unterstützungshandlungen zu überlegen. Die Vielfalt der Perspektiven ist auch als Reaktion auf die Komplexität sozialer Wirklichkeit zu verstehen, die kaum durch eine einzige Sicht der Dinge abgebildet werden kann (Schimank 2007).

3.2 Risikogesellschaft und Individualisierung

Die Konzepte der Risikogesellschaft von Ulrich Beck (1986) und der Individualisierung von Ulrich Beck und Elisabeth Beck-Gernsheim (1994) sind jeweils eigene Perspektiven und zugleich auch als Folgen von Modernisierungsprozessen aufeinander bezogen. Diese seit Mitte der 1980er Jahre breit rezipierten Konzepte haben sich ihre Aktualität bis heute bewahrt.

3.2.1 Grundzüge

Risikogesellschaft

Im zeitdiagnostischen Ansatz der Risikogesellschaft wird ein gesellschaftlicher Gestaltwandel beschrieben, der innerhalb der Moderne stattfindet. Die Moderne trifft auf sich selbst, das heißt, aus den Erfolgen der Industriegesellschaft ergeben sich Problemlagen, die nun in der Risikogesellschaft in den Vordergrund treten.

> »Wurden im 19. Jahrhundert ständische Privilegien und religiöse Weltbilder, so werden heute das Wissenschafts- und Technikverständnis der klassischen Industriegesellschaft entzaubert, die Lebens- und Arbeitsformen in Kleinfamilie und Beruf, die Leitbilder von Männer- und Frauenrolle usw.« (Beck 1986, S. 14).

Mit den Begriffen einfache und reflexive Modernisierung unterscheidet Beck zwischen der Modernisierung der von ständischen Traditionen geprägten vormodernen Agrargesellschaft (einfache Modernisierung) und der Modernisierung der Industriegesellschaft, die eine Modernisierung der Moderne darstellt und daher selbstbezüglich ist (reflexive Modernisierung). Die sich in diesem Prozess entwickelnde gesellschaftliche Gestalt bezeichnet Beck als Risikogesellschaft. Sie ist dadurch charakterisiert, dass auf Basis eines erreichten Wohlstandes anstelle der Reichtumsproduktion nun die Bedrohung durch Risiken hervortritt, die im Zuge der Industrialisierung als Nebenfolgen geschaffen wurden. Mit diesen Risiken müsse nun umgegangen werden. Dazu gehören durch die industrielle Entwicklung verursachte ökologische Risiken wie beispielsweise Gefahren durch einen Klimawandel oder unkalkulierbare Folgen von genetisch veränderten Pflanzen. Eine weitere Nebenfolge des wissenschaftlich-technischen Fortschritts kann im sozioökonomischen Bereich eine durch Automatisierung hervorgerufene Arbeitslosigkeit sein. Darüber hinaus sind biografische Risiken zu nennen, die durch entstandardisierte, brüchiger werdende Lebensläufe und fortschreitende Individualisierungsprozesse entstehen. Diese sind mit der Notwendigkeit verbunden, permanent individuelle Entscheidungen vor dem Hintergrund unsicherer Perspektiven zu treffen. Eine weitere Risikogattung ist die Gefahr durch terroristische Angriffe, die insbesondere seit dem symbolträchtigen Angriff auf das World Trade Center in New York City am 11.09.2001 als globale Bedrohung wahrgenommen wird. Für diese Risikoart und darauf bezogene Bewältigungsversuche ist Absicht ein entscheidender Faktor, während die vorhergenannten Arten von Risiken als unbeabsichtigte Nebenfolgen aus zahlreichen Entscheidungsprozessen hervorgehen.

Risiken definiert Beck als die Antizipation von möglichen Katastrophen. Ein Risiko ist also die Wahrnehmung und Bewertung einer Gefahr, die mit hoher Wahrscheinlichkeit eintreten kann und auf die deshalb präventiv reagiert werden sollte. Die Analyseperspektive der Risikogesellschaft ist daher auch immer mit Hoffnung verbunden, da mit der Anerkennung der Risiken und einer auf sie bezogenen Reaktion abgewendet werden soll, dass die antizipierte Katastrophe tatsächlich eintritt (Beck 1986, 2007). Ein Beispiel hierfür wäre die Anerkennung des Klimawandels als Bedrohung und die Umsetzung einer CO_2-Reduktion als darauf bezogene (Bewältigungs-)Handlung, die den tatsächlichen Eintritt der Katastrophe abwenden soll.

Kennzeichnend für viele Risiken ist eine transnationale Bedrohungslage, die eine globale Perspektive und Kooperation und gemeinsame Institutionen zur Bewältigung erfordert. Beck spricht daher auch von einer Weltrisikogesellschaft (2007). Allerdings gibt es kulturelle Unterschiede in der Wahrnehmung und Bewertung von Risiken, die unter anderem mit unterschiedlichen Lebens- und Ungleichheitsbedingungen von Ländern oder Gruppen zusammenhängen.

In der Risikogesellschaft geht es immer auch zentral um den Umgang mit Nichtwissen. Es geht um den Umgang mit möglichen, aber nicht sicher gewussten Folgen, die mit Hilfe von Wahrscheinlichkeiten eingeschätzt werden, oder um die Bewältigung von unerwartet auftretenden Ereignissen. Diese Situationen müssen zum Teil vor dem Hintergrund nicht vorhandenen Wissens bearbeitet werden, wofür die Coronapandemie im Jahr 2020 ein weitreichendes Beispiel darstellt. Die Verheißung der Kontrolle und Sicherheit der Industriegesellschaft wird durch die Anforderung, mit Unsicherheit, Komplexität und Nichtwissen umzugehen, abgelöst.

Individualisierung

Risiken auf der individuellen Ebene stehen vielfach in Zusammenhang mit Individualisierungsprozessen im Zuge der Modernisierung. Seit Mitte des 20. Jahrhunderts gibt es einen gesellschaftlichen Individualisierungsschub mit großer Dynamik.

> »Auf dem Hintergrund eines vergleichsweise hohen materiellen Lebensstandards und weit vorangetriebenen sozialen Sicherheiten wurden die Menschen in einem historischen Kontinuitätsbruch aus traditionalen Klassenbedingungen und Versorgungsbezügen der Familie herausgelöst und verstärkt auf sich selbst und ihr individuelles Arbeitsmarktschicksal mit allen Risiken, Chancen und Widersprüchen verwiesen« (Beck 1986, S. 116).

Zu den entscheidenden Merkmalen von Individualisierungsprozessen gehört, dass sie eine aktive Eigenleistung der Individuen in umfangreicher Weise erlauben und zugleich fordern. Der Lebensverlauf kann einerseits nun als Möglichkeitsraum statt als Schicksal gesehen werden. Neben Chancen sind mit diesem Prozess aber auch vielfältige Risiken verbunden. Das Individuum als ›unternehmerisches Selbst‹ (Wagner 1995, Bröckling 2007) muss sich aktiv bei der Gestaltung des eigenen Lebens und seiner sozialen Positionen in einer sich beständig verändernden Umwelt engagieren, statt auf einem gesicherten Platz in einer stabilen sozialen Ordnung verweilen zu können. Die Gestaltung der Biografie stellt also eine gesellschaftliche Anforderung an das Individuum dar. Dabei ist der Einzelne in hohem Maße abhängig von den jeweils aktuellen äußeren Bedingungen, beispielsweise dem Arbeitsmarkt, und der Antizipation möglicher zukünftiger Entwicklungen und Bedingungen, die er aber in der Gegenwart nicht kennt. Die Bewältigung dieser biografischen Risiken findet zudem vor dem Hintergrund einer unterschiedlichen Ausstattung mit Ressourcen statt. Die ungleichen Ergebnisse der Bewältigung werden häufig individualisierend bewertet, wodurch der Zusammenhang mit den spätmodernen Lebensbedingungen und ungleichen ökonomischen, kulturellen und sozialen Voraussetzungen verschleiert wird.

3.2.2 Hintergrund

Bei dem Konzept der Individualisierung geht es um die Frage, wie gesellschaftliche Modernisierungsprozesse sich auf der Ebene des Individuums wiederfinden, wie sie Bedingungen des alltäglichen Lebens und den Lebenslauf beeinflussen. Bereits klassische Gesellschaftstheoretiker wie Emile Durkheim, Ferdinand Tönnies, Georg Simmel oder Max Weber beschrieben den Übergang in die Moderne als Individualisierungsprozess, seit Mitte der 1980er Jahre wurde Individualisierung zu einem breit diskutieren Konzept, das Ulrich Beck und Elisabeth Beck-Gernsheim systematisch als Modell ausgearbeitet haben (Beck 1986, Beck-Gernsheim 1994). Die folgenden Ausführungen beziehen sich auf den theoretischen Hintergrund zu deren Individualisierungskonzept.

Im Modell der Individualisierung von Beck und Beck-Gernsheim werden drei Dimensionen beschrieben: die Befreiung aus traditionellen Kontrollen, der Verlust traditioneller Stabilitäten und die Entstehung neuer Bindungen, Zwänge und Kontrollen.

Befreiung aus traditionellen Kontrollen

Durch die Enge der vormodernen Welt, die aus traditionellen Bindungen und damit verbundenen Schranken, Vorschriften und Kontrollen bestand, wurde das Individuum auf Merkmale wie Stand, Geschlechtszugehörigkeit und Religion festgelegt. Diese weitgehend durch Geburt festgelegten Merkmale bestimmten Lebensbahnen und Verhaltensregeln. Im Zuge der Modernisierung wurde es aus diesen traditionellen Festlegungen und Kontrollen befreit. Die Freisetzung aus traditionellen Bindungen führt zu einer Erweiterung des Lebensradius. Es findet eine Entwicklung von der relativ geschlossenen, einheitlichen Lebenswelt früherer Epochen hin zu einer Pluralität von Bereichen mit unterschiedlichen Werten, Maßstäben und Anforderungen statt. Diese Entwicklung ist mit einem Gewinn an Handlungsspielräumen und Wahlmöglichkeiten und einem Zuwachs an innerer Autonomie durch Erweiterung des geistigen Horizontes verbunden, in der die Lebenslaufbahn nicht mehr unverrückbar vorgegeben ist, sondern offener und gestaltbarer wird. Für den Einzelnen bedeutet dies, sich freier für einen bestimmten Lebensweg entscheiden zu können. Doch sich entscheiden zu können, bedeutet auch, sich entscheiden zu müssen. Die Gestaltungsspielräume eröffnen Möglichkeiten, erfordern jedoch auch individuelle Festlegungen und eine Identitätsarbeit in einem weiteren Möglichkeitsraum.

Verlust traditioneller Stabilitäten
Doch traditionelle Bindungen schränken nicht nur ein, sondern geben auch Halt, Sicherung und Schutz. Es kommt also zugleich zu einem Verlust traditioneller Stabilitäten, denn mit der Befreiung von vormodernen Regeln sind nicht nur Chancen, sondern auch Risiken im Lebenslauf verbunden. Durch die Auflösung von Standes- und Klassenschranken eröffnen sich zwar auf der einen Seite Aufstiegschancen, auf der anderen Seite wächst die Abstiegsgefahr, nicht nur die soziale Mobilität nach oben, sondern auch die nach unten nimmt zu. Ebenso wächst die Gefahr, Chancen zu verpassen, die falsche Wahl zu treffen, Erfolgsziele nicht zu erreichen. Anforderungen des Arbeitsmarktes werden bestimmend, z.B. kann räumliche Mobilität gefordert und mit Entfremdung von der Familie und geografischer Distanz verbunden sein. Traditionelle innere Bindungen lösen sich auf, vormals sinnstiftende Zusammenhänge und Orientierungen können durch die Pluralisierung der Wertmaßstäbe und Lebenswelten verloren gehen und zu innerer Heimatlosigkeit und der Suche nach Identität führen. Das individualisierte Leistungsdenken gewinnt an Bedeutung, während klassische Schutzvorrichtungen wie Familie, Bildung und Beruf an Integrationskraft verlieren (Beck 1983).

Entstehung neuer Bindungen, Zwänge und Kontrollen
In der Moderne entstehen zudem neue Bindungen, Zwänge und Kontrollen. Die neuen Wahlmöglichkeiten sind eingebunden in gesellschaftliche Rahmenbedingungen, institutionelle Regeln und Vorschriften. Für eine freie Berufswahl beispielsweise sind eine gelingende Schullaufbahn und bestimmte Abschlüsse Voraussetzung. Das bedeutet, es entstehen neue Formen der Abhängigkeit durch Steuerungsinstrumente der modernen Gesellschaft. Statt eines direkten Zwangs existiert durch die gesellschaftlichen Bedingungen ein indirekter, durch individuelle Wahlmöglichkeiten unsichtbar scheinender Einfluss von außen. So werden Anforderungen des Arbeitsmarktes zur zentralen Achse der zukünftigen Lebensplanung, Vorgaben von Bildungssystem, Rechtssystem, Massenmedien etc. liefern direkte und indirekte Regeln für die persönliche Lebensgestaltung, was ebenfalls mit einer Standardisierung verbunden ist. Vor diesem Hintergrund gab es auch eine Kontroverse um Individualität und Standardisierung, die dahingehend aufgelöst wurde, dass die traditionelle und moderne Gesellschaft je eigene Formen sowohl der Vielfalt als auch der Gleichförmigkeit haben (Beck-Gernsheim 1994). Eine dieser standardisierten Orientierungsfolien ist z.B. der Normallebenslauf mit dem Schema Ausbildungszeit, Berufstätigkeit, zumeist im gleichen Beruf und möglichst mit Aufstieg in einer oder wenigen Arbeitsstelle(n) bis zum Rentenalter, und anschließender Rentenphase. Individualität und die Ausrichtung an Standards stehen in der Moderne in enger Wechselwirkung. Das Individuum ist herausgefordert, die eigene Biografie auf der Grundlage gesellschaftlicher Orientierungsfolien, politischer und arbeitsmarktbezogener Bedingungen oder Rechtsnormen zu gestalten, und ist hier mit diversen Risiken konfrontiert.

Die Widersprüchlichkeit der individuellen, scheinbar autonomen Wahlmöglichkeiten und der Vorgaben durch die gesellschaftlichen Bedingungen bezeichnet Beck als Doppelgesicht einer institutionsabhängigen Individuallage (Beck 1986). Der Lebenslauf ist also vielfältig mit den Regelungen und Risiken der (spät)modernen Gesellschaft verzahnt.

In historischer Perspektive beschreiben Beck und Beck-Gernsheim zwei Phasen der Individualisierung, die erste Phase mit der einsetzenden Industrialisierung Mitte des 19. Jahrhunderts und die zweite Phase als Individualisierungsschub, als Beschleunigung dieser Entwicklung seit den 1960er Jahren.

1850	1900	1950	2000
Erste Phase Beginn der Industrialisierung bis in die 1950er Jahre		**Zweite Phase** Beschleunigung des Individualisierungsprozesses seit den 1960er Jahren	

Abb. 5: Zwei Phasen der Individualisierung nach Beck 1986, Beck-Gernsheim 1994

Die erste Phase der Individualisierung war von der Ausbreitung freier Lohnarbeit und Landflucht, der Auflösung der Wirtschaftsform des Ganzen Hauses sowie von Urbanisierung und Säkularisierung im Zuge der Industrialisierung geprägt. Zudem kam es zur Durchsetzung von bürgerlichen Grundrechten, einer Zunahme des Wohlstandes, sozialer Sicherung und zur Ausweitung des Bildungssystems insbesondere im 20. Jahrhundert.

Die zweite Phase der Individualisierung ist von fortschreitender Ausdifferenzierung gesellschaftlicher Teilbereiche, von zunehmender Arbeitsteilung, technischen Entwicklungen, die auch mit Spezialisierung und höheren Qualifikationsanforderungen in Zusammenhang stehen, einer Bildungsexpansion, dem Ausbau des Dienstleistungssektors, einer Zunahme der Freizeit und der Mobilität (sozial und geografisch), einer weiteren Zunahme des Wohlstandes und der Ausweitung der Konsumgesellschaft, einem Ausbau des Sozialstaates, der Loslösung von religiösen Normen, veränderten Geschlechtsrollenbildern sowie der Digitalisierung seit den 1990er Jahren gekennzeichnet. Diese gesellschaftlichen Entwicklungen sind mit weitreichenden Folgen für die Lebensgestaltung des Individuums verbunden.

3.2.3 Herausforderungen

Individualisierungsprozesse weisen ein Doppelgesicht auf. Einerseits gibt es eine Erweiterung des Lebensradius sowie einen Gewinn an Handlungsspielräumen und Wahlmöglichkeiten. Der Lebenslauf ist an vielen Punkten offener und gestaltbarer. Auf der Kehrseite stehen jedoch auch neue Anforderungen und Zwänge. »Du darfst und du kannst – ja, du sollst und du mußt eine eigenständige Existenz führen, jenseits der alten Bindungen von Familie und Sippe, Stand und Religion usw.« (Beck-Gernsheim 1994, S. 137).

Die mit dem Arbeitsmarkt und Staat verbundenen Regelungen, Möglichkeitsräume und Grenzen geben einen institutionellen Rahmen für die Planungen der Individuen vor. Wer dem nicht in vorgegebener Weise bestmöglich entspricht bzw. entsprechen kann, beispielsweise durch eine (wenig) erfolgreiche Bildungslaufbahn, hat im persönlichen Leben die Folgen zu tragen. Die Chancen in Bezug auf Arbeitsplatz, Einkommen und soziale Stellung sind dann erheblich begrenzter. Jeder ist seines Glückes Schmied – dieser vielfach bemühte Slogan in der (spät)-modernen Gesellschaft individualisiert Problemlagen und reduziert sie auf individuelle Eigenschaften und Fähigkeiten wie Leistungsbereitschaft, Talent, Disziplin usw. Äußere Rahmenbedingungen und Gegebenheiten wie Ungleichheit, globale Entwicklungen und auch Zufälle treten in den Hintergrund und werden verschleiert.

Identität, Lebensform und Lebensweg sind gegenwärtig also nicht mehr in engem Rahmen vorgegeben und kalkulierbar, sondern einerseits gestaltbar und andererseits auch unsicher. Die damit verbundenen Anforderungen müssen von Einzelnen und in Familien bewältigt werden. Wie dies gelingt, hängt ganz erheblich davon ab, über welche Ressourcen die Personen verfügen, also beispielsweise vom Bildungsgrad, der beruflichen Position, der Einkommenssituation, dem Grad der sozialen Vernetzung und weiteren Schutzfaktoren. Heiner Keupp spricht in dem Zusammenhang auch von riskanten Chancen (1988). Mit dieser Formulierung stellt er die vielfältigen Möglichkeiten des Individualisierungsprozesses für den Einzelnen in Hinblick darauf, eigene Wege wählen zu können, heraus und verweist zugleich auf die Risiken und Herausforderungen, die mit einem Verlust von Lebenszusammenhängen, Sicherheiten und Sinnhorizonten einhergehen können.

Auch die diversen Risiken in der Gegenwartsgesellschaft stellen eine Herausforderung für die individuelle und kollektive Bewältigung dar. Jüngere Beispiele sind Covid-19 oder die anhaltende und sich kontinuierlich verschärfende Bedrohungslage durch den Klimawandel. Individuell geht es beispielsweise um die Bewältigung von Angst, um situationsbezogene Handlungsstrategien sowie um Aufrechterhaltung der Orientierung und Zuversicht. Auf der politischen Ebene geht es um Anerkennung bzw. Erkennung einer bedrohlichen Lage und daran angepasste Handlungen, die aber, wie wir während der Covid-19-Pandemie erlebt haben, höchst umstritten und keinesfalls eindeutig sein können.

3.3 Singularisierung

Andreas Reckwitz (2017, 2019) beschreibt in seinem Gegenwartsmodell die Spätmoderne als eine widersprüchliche, konflikthafte Gesellschaftsformation, die durch Singularisierung, Kulturalisierung und Polarisierung sowie gleichzeitig stattfindende Prozesse des sozialen Auf- und Abstiegs und der kulturellen Auf- und Abwertung gekennzeichnet ist.

3.3.1 Grundzüge

Singularisierung

Für die industrielle Moderne waren die Regeln des Allgemeinen und des Kollektivs charakteristisch, die kulturelle Norm der Moderne war das Mittlere und Maßvolle, die Eingliederung in eine bestehende Ordnung und das »Streben nach sozialer Normalität« (Reckwitz 2019, S. 76). Sie wird daher auch als nivellierte Mittelstandsgesellschaft (Schelsky 1965) oder als Gesellschaft der Gleichen (Rosanvallon 2013) bezeichnet. Dagegen steht in der Spätmoderne nun die Singularisierung als Leitmotiv im Vordergrund. Singularisierung bezeichnet die sozialen Prozesse, »in denen Besonderheiten und Einzigartigkeiten, in denen Nichtaustauschbarkeit, Unvergleichlichkeit und Superlative erwartet, fabriziert, positiv bewertet und erlebt werden« (Reckwitz 2019, S. 20). Reckwitz wählt für diese erweiterten Individualisierungsprozesse den Begriff der Singularisierung, da sie über die Individuen hinausgehen und sich auch auf die Besonderung von Orten, Dingen etc. beziehen. Mit Individualisierung würde im Verständnis von Beck (1986) gemeint,

> »dass Subjekte aus allgemeinen sozialen Vorgaben entbunden und sozusagen in die Selbstverantwortung entlassen werden. Singularisierung meint aber mehr als Selbständigkeit und Selbstoptimierung. Zentral ist ihr das komplizierte Streben nach Einzigartigkeit und Außergewöhnlichkeit, die zu erreichen freilich nicht nur subjektiver Wunsch, sondern paradoxe gesellschaftliche Erwartung geworden ist« (Reckwitz 2017, S. 9).

Es geht also zunehmend um die soziale Fabrikation von Einzigartigkeiten, von besonderen Erfahrungen und Ereignissen, besonderen Räumen und Dingen. Besonderheit wird zum Bewertungsmaßstab dessen, was als gesellschaftlich wertvoll und erstrebenswert angesehen wird.

Die soziale Logik der Singularisierung existierte bereits in schmalen Segmenten in der Moderne, charakteristisch für die Spätmoderne ist jedoch, dass sie sich großflächig etabliert. Aktuell ist sie besonders in der neuen Mittelklasse, die überwiegend aus Hochqualifizierten besteht, stark ausgeprägt. Neben der Aufwertung des Besonderen vollzieht sich zugleich die Entwertung von Standardisiertem, Mittelmäßigem, Durchschnittlichem,

> »was nicht singulär sein kann, will oder darf (…) wird abgewertet, bleibt unsichtbar im Hintergrund und erhält – wenn überhaupt – nur minimale Anerkennung. Es erscheint wertlos. Den Gewinnern stehen also unweigerlich Verlierer gegenüber, der Aufwertung die Abwertung, die Entwertung« (Reckwitz 2019, S. 22).

Die fortschreitende Singularisierung führt also zu einer Polarisierung, die in der Klassenstruktur und den mit ihr verbundenen Konflikten zum Ausdruck kommt.

Klassenstruktur

Die derzeitige Gesellschaftsformation zeichnet sich nicht durch eine Auflösung von Klassenstrukturen, sondern durch eine Re-Konfiguration der Klassen aus. Reckwitz beschreibt in einem »3-plus-1-Klassenmodell« (ebd., S. 72) eine triadische

Struktur, in der eine neue hochqualifizierte Mittelklasse aufsteigt und eine neue prekäre Unterklasse absteigt. In der Mitte befindet sich außerdem noch eine stark geschrumpfte alte traditionelle Mittelklasse. Darüber steht eine kleine (alte und neue) Oberklasse.

Der Klassenbegriff von Reckwitz orientiert sich an Bourdieu und umfasst mehrere Dimensionen: »Klassen sind kulturelle, ökonomische und politische Gebilde zugleich« (ebd., S. 67). Die kulturelle Dimension beinhaltet gemeinsame Lebensmaximen, Lebensführung und kulturelle Praktiken, also geteilte Werte und Alltagsvorstellungen sowie geteilte Praktiken in Bezug auf Arbeit, Familie, Partnerschaft, Konsum, Körper. Die Lebensform ist eingebettet in eine bestimmte Ausstattung mit Ressourcen, die ein bestimmtes Leben ermöglichen und ein anderes ausschließen. Neben materiellem Kapital wie Einkommen und Vermögen umfassen Ressourcen auch kulturelles und soziales Kapital. Die Klassen unterscheiden sich in ihrer Position in der Sozialstruktur und verfügen über unterschiedlichen Status und Prestige sowie über unterschiedliche Einfluss- und Befriedigungsmöglichkeiten. In ihrem Verhältnis untereinander werden Machtfragen verhandelt, das bedeutet, in politischer Perspektive bilden die Klassen ein System von Positions- und Kulturkämpfen.

Die neue Mittelklasse

Abgesehen von der zahlenmäßig kleinen, aber reichen Oberklasse ist in der spätmodernen Gesellschaft die neue Mittelklasse die kulturell, ökonomisch und politisch einflussreichste Klasse. Sie wird auch als »professional class« (ebd., S. 96) bezeichnet. Ihre Mitglieder sind überwiegend hochqualifiziert und im Bereich der Wissensarbeit beschäftigt. Während ihre Ausstattung mit ökonomischem Kapital eine große Bandbreite aufweist, verfügen sie in der Regel über ein hohes kulturelles Kapital, beispielsweise in Form von hohen Bildungsabschlüssen und Fremdsprachenkompetenzen. Dies wirkt sich auf die gesamte Lebensform aus und zeigt sich z.B. im Erziehungsstil, in Vorstellungen über Geschlechterrollen oder im Gesundheits- und Freizeitverhalten. Charakteristisch für diese Gruppe ist ein politischer Kosmopolitismus, Mobilität, eine Konzentration auf Metropolregionen und ein Streben nach erfolgreicher Selbstentfaltung. Zentral ist hier, ein Leben zu führen, das persönlich befriedigend und sinnvoll erscheint und zugleich mit Erfolg und Status einhergeht.

> »Die Doppelformel der erfolgreichen Selbstentfaltung bringt damit zwei kulturhistorisch ursprünglich gegensätzliche Motive in eine Synthese (…). In der neuen Mittelklasse der Spätmoderne haben sich romantische Selbstverwirklichung und bürgerliches Bildungs- und Leistungsinteresse amalgamiert« (ebd., S. 92).

Es geht nicht mehr nur um einen zufriedenstellenden Lebensstandard, sondern um eine besondere Lebensqualität, die in verschiedenen Lebensbereichen angestrebt wird. Die neue Mittelklasse ist von den Imperativen der Singularisierung und der Valorisierung geprägt.

> »Singularisierung heißt: Was das Leben ausmacht, soll nicht standardisiert und ›von der Stange‹ sein, sondern einzigartig, besonders und authentisch – die Wohnung ebenso wie der Freundeskreis, der Beruf ebenso wie die Schule für die Kinder oder das Reiseziel.

> Valorisierung heißt: Was das Leben ausmacht, soll nicht nur Mittel zum Zweck sein, sondern in sich wertvoll sein – die Ernährung ebenso wie die Partnerschaft, die Yogastunden ebenso wie das politische Engagement« (ebd., S. 93).

Über die Prozesse der erfolgreichen Selbstentfaltung erfahren die Individuen in dieser Klasse ein hohes Prestige, zugleich gibt es aber auch Paradoxien, Enttäuschungspotential und Erschöpfung, z. B. wenn der Status des Singulären nicht (mehr) gehalten werden kann.

Die neue Mittelklasse ist eher progressiv mit kritischem Bewusstsein und Trägerin des politischen Kosmopolitismus. Reckwitz bezeichnet sie als soziale Großgruppe im Aufstieg, insbesondere hinsichtlich einer kulturellen Aufwertung (ebd., S. 96), beispielsweise in Form von besonderer gesellschaftlicher Anerkennung der ausgeübten Berufe oder des Lebensstils.

Die alte Mittelklasse

Die alte oder traditionelle Mittelklasse ist nach Reckwitz die Erbin der allumfassenden Mittelklasse der industriellen Moderne, in der zentrale Aspekte der Orientierung an der Mitte weitergeführt werden. Die Bildungsabschlüsse und Berufspositionen der Personen dieser Klasse, wozu beispielsweise Facharbeiter, selbstständige Handwerker und Angestellte mit Berufsausbildung zählen, liegen im mittleren Bereich. Die ökonomische Lage liegt zumeist im Durchschnitt. Personen dieser Gruppe unterscheiden sich von der neuen Mittelklasse neben dem niedrigeren Bildungsabschuss insbesondere durch ihre sozialräumliche Verortung, da sie eher in mittleren und kleineren Städten sowie im ländlichen Raum leben und dort meist verwurzelt und weniger mobil sind. Leitprinzipien sind hier mehrheitlich materielle Wohlstandsfragen und die Orientierung an Werten der Disziplin und Ordnung, Bindung und Verpflichtung in Bezug auf Arbeit, Familie oder Region haben einen hohen Wert. »Seine Arbeit zu tun gibt dem Individuum eine moralische Qualität. Die Arbeit hat hier wenig mit Selbstentfaltung und Kreativität zu tun, sondern folgt eher einem Notwendigkeitsethos. Sie ist das, ›was getan werden muss‹ und materielle Sicherheit bringt« (ebd., S. 99). Die regionale und lokale Verwurzelung kann sich in entsprechenden Heimatbezügen und bedeutsamen Identitätsaspekten widerspiegeln und ist eher mit politischen Präferenzen verbunden, in denen regionale Bezüge und nationalstaatliche Wirtschafts- und Sozialpolitik im Vordergrund stehen.

Diese Gruppe ist zwar materiell gesichert, aber kulturell in die Defensive geraten, ihre Lebensprinzipien haben an Bedeutung verloren, die kleinstädtischen und ländlichen Räume verlieren zusehends ökonomische Kraft und Attraktivität, Reckwitz spricht hier von einer »räumlichen Deklassierung« (ebd., S. 100). Auch die vormals anerkannten mittleren Bildungsabschlüsse werden durch hohe Qualifikationsanforderungen und die steigende Zahl an Personen mit Hochschulabschluss weiter abgewertet. Das traditionelle Familienmodell und die damit verbundene geschlechterbezogene Arbeitsteilung hat mit zunehmender Bildung und Erwerbstätigkeit von Frauen ebenfalls an Wert verloren. Das in der industriellen Moderne weithin gültige Rollenmodell des Mannes als Familienernährer büßt an Orientierungskraft (und gelebter Realität) ein und der Verlust der damit verbundenen positiven Identitätsvorstellung kann insbesondere von Männern als bedrohlich erlebt werden.

Insgesamt hat die traditionelle Klasse im Wandel von der industriellen Moderne zur Spätmoderne Abwertung und Machtverlust erfahren. Damit verbundene Konflikte beschreibt Reckwitz folgendermaßen:

> »Man nimmt sich selbst als Sachverwalterin des Gemeinwohls wahr, während die ›Anderen‹ vorgeblich ihrer Selbstentfaltung frönen, die aus Sicht der alten Mittelklasse nur eine Fassade darstellt, hinter der sich blanker Egoismus verbirgt. Den gesellschaftlichen Wandel, den die neue Mittelklasse größtenteils als Chance wahrnimmt, begreift die alte Mittelklasse so eher als Bedrohung ihres kulturellen Einflusses und sozialen Status. Im Extrem sieht man sich um den ›gerechten Lohn‹ für die eigenen Anstrengungen betrogen. Die ehemals Etablierten fühlen sich dann an die Peripherie gedrängt, und eine mögliche Reaktion darauf ist politisch-kulturelles Ressentiment. Der rechte Populismus mit seiner Kritik an den Eliten, den Metropolen und der Globalisierung findet so in Teilen der alten Mittelklasse eine seiner wichtigsten Trägergruppen« (ebd., S. 102).

Die Unterklasse

Die neue prekäre Unterklasse besteht aus Personen, die seit den 1980er Jahren aus der nivellierten Mittelstandsgesellschaft herausgefallen und für die unsichere Lebensbedingungen kennzeichnend sind. Diese Klasse beinhaltet verschiedene Gruppen. Eine Gruppe ist nicht erwerbstätig und lebt von staatlicher oder familiärer Unterstützung. Eine weitere Gruppe, als »Dienstleistungsproletariat« oder »service class« (ebd., S. 103) bezeichnet, arbeitet im Dienstleistungssektor insbesondere in Metropolregionen. Schließlich sind dieser Klasse auch Personen zugeordnet, die angelernte Tätigkeiten im industriellen und landwirtschaftlichen Sektor ausführen und deren Arbeitsverhältnisse eher unsicher sind. Die Kapitalausstattung in dieser Klasse ist niedrig, sowohl hinsichtlich des Einkommens als auch in Bezug auf Bildung. Hier finden sich auch die sogenannten Bildungsverlierer als Nebenprodukt der Bildungsexpansion wieder.

Diese neue Unterklasse ist als Ergebnis der Postindustrialisierung und Bildungsexpansion zu verstehen. Reckwitz beschreibt sie als Erben der Arbeiterschaft von gestern, die eine Nähe zu den Werten der Disziplin und Ordnung der alten Mittelklasse, aber eine eigene Art der Lebensführung aufweisen. Sie folgt eher der Strategie des Sichdurchschlagens (muddling through) statt einer langfristigen Statusinvestition, die unrealistisch scheint. Ebenso unrealistisch und aufgrund mangelnder Ressourcenausstattung fast schon absurd ist die Orientierung an der Wertvorstellung einer erfolgreichen Selbstentfaltung, die zentral für die neue Mittelklasse ist. Die Lebensführung der neuen Unterklasse folgt einem eher kurzfristigen Zeithorizont, sie ist von der prekären Lage und dem Umgang mit immer wieder auftretenden Schwierigkeiten geprägt, die vor dem Hintergrund der geringen Ressourcen schnell existenziell werden können. »Die Kunst des Lebens in der prekären Klasse besteht gewissermaßen im zähen Durchhalten und geschickten Weitermachen« (ebd., S. 104). Eine Deklassierung und kulturelle Entwertung finden im Vergleich zur Arbeiterschaft der industriellen Moderne statt, da die vormals bestehende Gleichung, für harte und häufig wenig befriedigende Arbeit ein sicheres mittleres Auskommen und Anerkennung zu erhalten, nicht mehr gültig ist. Die gut bezahlten Arbeitsplätze in der Industrie, für die Körperkraft notwendig und eine geringe Qualifizierung ausreichend war, sind verschwunden. Zudem entsprechen die üblichen Routinetätigkeiten der service class nicht mehr der durch den Wertewandel in den Vordergrund gerückten Idealvorstellung einer erfüllenden Arbeit und werden dadurch kulturell abgewertet. Auch Orientierungen z. B. bezüglich Ernährung, Gesundheit, Körper oder Geschlechterbilder einiger Teilgruppen entsprechen weniger den aktuell dominierenden Idealvorstellungen der akademisch geprägten neuen Mittelklasse. Reckwitz zeichnet das Bild einer eklatanten Differenz zur ehemals stolzen Arbeiterklasse, die ein wichtiges Fundament der Gesellschaft bildete und ein positives Klassenbewusstein aufwies. Demgegenüber sind in der prekären Klasse heute eher ein negatives Klassenbewusstsein und das Gefühl, sozial abgehängt zu sein, bestimmend. Als Strategien des Umgangs damit werden verschiedene genannt: Politische Indifferenz und soziale Isolation, Hoffnung auf einen singulären Aufstieg etwa im Sport oder Showbusiness, Rückzug in lokale einheimische oder migrantische Gemeinschaften oder auch Repolitisierung sowohl in Richtung der neosozialistischen Linken als auch der populistischen Rechten, beides im Kontrast zur linksliberalen oder wirtschaftsliberalen kosmopolitischen Ausrichtung der neuen Mittelklasse (ebd.).

Die Oberklasse

Die auf rund ein Prozent bezifferte alte und neue Oberklasse zeichnet sich insbesondere durch ein sehr hohes ökonomisches Kapital aus, das die Personen von der Notwendigkeit der Arbeit freistellt. Im Unterschied zum Typus des Privatiers der alten Oberklasse ist in der neuen Oberklasse Arbeit und Aktivität eher verbreitet, obwohl die hier zugehörigen Personen gänzlich unabhängig von Erwerbsarbeit sind. Neben Personen mit ererbtem Reichtum finden sich hier auch solche, die aufgrund von extrem hohem Arbeitseinkommen und hoher Geldvermehrung zu Reichtum gekommen sind. Das sind beispielsweise Personen in Vorständen und Aufsichtsräten von Spitzenunternehmen und in anderen hohen Positionen, Stars aus Medien und Film, Sport, Kunst etc. sowie Spitzenverdiener der führenden Firmen in der Digitalökonomie. Die neue Oberklasse ist international mobil, kosmopolitisch ausgerichtet und teilt die Orientierung der erfolgreichen Selbstverwirklichung der neuen Mittelklasse. Da das Leben und die Zukunft in einem existenziellen Sinne durch den vorhandenen Reichtum nicht in Frage stehen, kann die Oberklasse sich allerdings weit von den Notwendigkeiten der Existenz distanzieren und ein luxuriöses Leben führen (ebd.).

Kulturalisierung

Reckwitz beschreibt eine zunehmende Kulturalisierung seit den 1970er Jahren. In einem engeren Sinne versteht er Kultur als das Feld, das mit Wert(ung) verbunden ist, in dem Dingen Wert zugewiesen oder Wert abgesprochen wird. »Das Feld der Kultur ist somit der dynamische gesellschaftliche Bereich, in dem man einerseits ›valorisiert‹, also Wert zuschreibt, andererseits devalorisiert, also Wert abspricht, entwertet« (ebd., S. 33). Kulturalisierung meint, dass sich die Sphäre der Kultur gegenüber der Sphäre der Rationalität weiter ausgedehnt hat. Bei Dingen und Ereignissen stehen immer weniger der Zweck, der konkrete Nutzen oder die Funktion im Vordergrund, sondern Prozesse der Auf- und Abwertung gewinnen an

Bedeutung. Reckwitz unterscheidet zwei unterschiedliche Formate des Umgangs mit Kultur mit den Begriffen Hyperkultur und Kulturessenzialismus, die in der Spätmoderne miteinander in Konflikt stehen.

Mit Hyperkultur fasst er Kultur als Selbstentfaltung der Individuen. Kulturelle Güter, die auf globalen Märkten zusammengestellt und konsumiert werden können, sind Ressourcen für die Selbstentfaltung, das Individuum mit seiner ›subjektiven Kultur‹ ist der Ort der Verwirklichung. Die Hyperkultur wird überwiegend getragen von den Hochqualifizierten der neuen Mittelklasse, die über kulturelles, ökonomisches und soziales Kapital verfügen und ihre Identität in einem an erfolgreicher Selbstentfaltung ausgerichteten Lebensstil finden. Zentrale Orientierung ist das Individuum vor dem Kollektiv, Leitbilder und Ideale sind Vielfalt und Kosmopolitismus. Leerstelle dieser Hyperkultur ist die Abwesenheit einer kollektiven Orientierung und eines gemeinsamen normativen Rahmens, etwas kollektiv und verbindlich Wertvolles. Problematische Folgen können sein, dass Gemeinsamkeit und Orientierung fehlen, Konsum und Mechanismen des Marktes zentral werden. Durch die Leerstelle kann der Kulturessenzialismus an Anziehungskraft gewinnen.

Beim Kulturessenzialismus richtet sich die Kultur auf Kollektive, die als moralische Identitätsgemeinschaften aufgebaut sind. Individuen gliedern sich in das Kollektiv ein und gewinnen dadurch selbstverständliche Anerkennung, ohne einem Wettbewerb ausgesetzt zu sein. Ein Kollektiv ist jeweils etwas Besonderes mit klarer Grenze und damit Differenz nach außen. In der Ausformung gibt es »sehr unterschiedliche Spielarten, die von regionalen Identitäten bis zum fundamentalen Terror reichen und auf den ersten Blick kaum etwas miteinander zu tun haben« (ebd., S. 42). Kulturessenzialismus wird überwiegend von Bevölkerungsgruppen getragen, die sich eher als ›Modernisierungsverlierer‹ wahrnehmen. Zentrale Orientierung ist das Kollektiv vor dem Individuum, Leitbilder und Ideale sind Homogenität der Gemeinschaft, Eindeutigkeit und Einheitlichkeit. Problematisch kann im Extrem die Unterdrückung der Individualität nach innen und eine Abwertung und Ausgrenzung des Fremden und Anderen nach außen sein, um dadurch eine – künstliche – Homogenisierung zu erreichen.

Als mögliche Alternative zu den beiden gegensätzlichen Formaten bringt Reckwitz eine Kultur des Allgemeinen ins Spiel, eine Kultur, die sich auf ein Kollektiv ausrichtet und nicht essenzialistisch ist. Er greift hier auf einen bereits bestehenden Denkansatz zurück, dem er neue Aktualität zuschreibt. Hierbei geht es, bei aller individuellen Besonderheit und Spezifik bestimmter Kollektive, um die Frage, was als normative Orientierung für alle gilt und gelten sollte, »was zu gemeinsamen Bezugspunkten des Wertvollen werden könnte« (ebd., S. 57). Dafür wäre es nach Reckwitz zentral, »das Universale und das Heterogene zusammenzudenken sowie das Allgemeine nicht als etwas Vorgegebenes zu betrachten, sondern als einen Prozess der Arbeit am Allgemeinen« (ebd., S. 57). Es handelt sich also um einen partizipativen Prozess des Aushandelns darüber, was für alle als wertvoll angesehen werden kann. Diese Aushandlung kann durchaus kleinräumig, z. B. in einer Stadt, einer Kommune, einem Land, stattfinden. Bedeutsam für diese Aushandlungsprozesse sind hier insbesondere die Sphäre des Rechts, die medial-politische Öffentlichkeit und die Bildungs- und Kulturinstitutionen. Im Kontrast zur

Hyperkultur und dem Kulturessenzialismus, die beide auf das Besondere (individuell oder kollektiv) ausgerichtet sind, ist die Kultur des Universellen mit der Konzentration auf das geteilt Wertvolle, auf das Allgemeine, alle Menschen Verbindende ausgerichtet.

3.3.2 Hintergrund

Geschichtlicher Hintergrund für die Herausbildung der beschriebenen Phänomene ist die Entwicklung von der klassischen industriellen Moderne zu einer Gesellschaftsformation, die Reckwitz mit dem Begriff der Spätmoderne bezeichnet. Der Strukturwandel beginnt in den 1970er Jahren und ist seit 1990er Jahren noch deutlicher zu beobachten. Mehrere langfristige Transformationsprozesse in der Wirtschafts-, Sozial- und Kulturgeschichte sind bei dieser Entwicklung von zentraler Bedeutung: die Postindustrialisierung der Ökonomie, die Bildungsexpansion und der Liberalisierungsprozess des Wertewandels (ebd., S.77 ff.).

Postindustrialisierung
Die industrielle Moderne ist in hohem Maße durch industrielle Produktion und darauf bezogene Arbeitsbedingungen gekennzeichnet. Technische Entwicklungen und Globalisierungsprozesse seit den 1980er Jahren führen zur Automatisierung von Arbeitsprozessen und zur Globalisierung von Produktionsnetzwerken. Im Zuge dessen wandelt sich die Erwerbsarbeit: Arbeitsplätze im sekundären Sektor nehmen massiv ab, während die Dienstleistungsarbeitsplätze im tertiären Sektor stark zunehmen. Die Dienstleistungsarbeit hat allerdings verschiedene Ausprägungen, es verbreiten sich insbesondere zwei gegensätzliche Arbeits- und Berufsformen. Auf der einen Seite entsteht ein neuer Niedriglohnsektor durch starken Zuwachs einfacher, gering qualifizierter Dienstleistungen, beispielsweise Tätigkeiten in der Gastronomie, im Transport, in der Sicherheits- oder Reinigungsbranche. Auf der anderen Seite expandiert die innovationsorientierte Wissensarbeit. Es gibt einen deutlichen Zuwachs an Berufen für Hochqualifizierte, wie Tätigkeiten in Forschung und Entwicklung, unternehmensnahe Dienstleistungen, Bildung, Medizin, Tätigkeiten in der Kreativbranche, in den Bereichen Recht, Finanzen, Medien, Information und in der digitalen Ökonomie.

Reckwitz spricht hier von polarisiertem Postindustrialismus, der Expansion der ›professional class‹, von Wissensberufen, die meist eine akademische Ausbildung erfordern, und der Expansion der ›service class‹, der Dienstleistungsklasse in einem engeren Sinne, in der in hohem Maße routinisierte und körperliche Arbeit von Geringqualifizierten geleistet wird. Diese Entwicklung ist eng mit der Bildungsexpansion, die für die Ausbildung der Höherqualifizierten sorgt, verzahnt.

Einen weiteren ökonomischen Hintergrund bildet die Sättigungskrise seit den 1970er Jahren. Ein kapitalistisches Wirtschaftssystem basiert auf einer Logik der permanenten Steigerung, die nicht mehr zu erzielen ist, wenn die Nachfrage der Bevölkerung nach funktionalen Gütern bereits gesättigt ist. Eine auf Steigerung ausgerichtete Ökonomie geht dann über die funktionalen Massenkonsumgüter hinaus und erschließt weitere Märkte. Bei den Gütern einer kognitiven und kulturellen Ökonomie handelt es sich um

> »Güter, die mehr als die bloße Befriedigung von Grundbedürfnissen versprechen, indem sie die Kultur und die Psyche, das Erleben, die kognitiven Fertigkeiten, die Emotionen, die Identität und ein gehobenes Interesse an symbolischem Status ansprechen« (ebd., S. 150).

Bildungsexpansion

Seit den 1970er Jahren ist ein deutlicher Anstieg der Hochschulabsolvent:innen zu verzeichnen, z. B. lag die Studienanfängerquote in den 1960er Jahren bei 6 %, 2005 bei 37 % und gegenwärtig liegt sie bei deutlich über 50 % eines Jahrgangs (ebd., S. 81, Statistisches Bundesamt 2024).

Dabei handelt es sich nach Reckwitz bildungshistorisch um einen revolutionären Wandel, weil nicht mehr nur eine kleine Bildungselite akademisch gebildet ist, sondern eine beträchtliche Gruppe der Bevölkerung über einen akademischen Abschluss verfügt. Die Akademisierung hat zugleich Konsequenzen für den Stellenwert der nicht akademischen Bildung. Einfache und mittlere Bildungsabschlüsse, die zuvor das Normalmaß darstellten, haben eine Entwertung erfahren und an Prestige verloren. In der Folge entsteht eine Bildungspolarisierung. Diejenigen, die über die begehrten Bildungsabschlüsse verfügen, stehen denjenigen gegenüber, die diese Abschlüsse nicht erreichen.

Wertewandel

Während sich in der industriellen Moderne die breite Mitte der Bevölkerung an Werten wie Leistung, Pflicht, Selbstdisziplin und soziale Anpassung an Normalitätserwartungen orientierte, setzt in den 1970er Jahren ein Wandel von den Pflicht- und Akzeptanzwerten zu Selbstentfaltungswerten ein. Erstrebenswert wird nun eine Orientierung an persönlichen Wünschen und Bedürfnissen sowie an der Entfaltung der eigenen Potentiale. Kreativität, Individualität, Singularität sowie Emotionalität und subjektives Erleben gewinnen an Bedeutung. Dieser Wertewandel ist mit einer umfassenden kulturellen Liberalisierung in verschiedenen Lebensbereichen verbunden und zeigt sich beispielsweise in liberalen Erziehungsvorstellungen, Ansprüchen an eine sinnhafte Arbeit und in Erlebnis- und Konsumerwartungen, die auch auf dem gesteigerten Wohlstand beruhen. Rahmenbedingungen der Transformationsprozesse bilden die Globalisierung, technologische Entwicklungen, insbesondere die Digitalisierung, neoliberale Politik und die Finanzialisierung der Ökonomie, also den zunehmenden Einfluss des Finanzsektors und dessen Logik auf die Wirtschaft.

Für die Zukunft skizziert Reckwitz drei Szenarien zu möglich scheinenden Entwicklungen der Sozialstruktur. Im ersten Szenario verschärft sich der Dualismus zwischen den Hoch- und Niedrigqualifizierten weiter und die alte Mittelklasse wird kleiner. Sowohl die neue Mittelklasse sowie die Unterklasse wachsen und die berufsbezogene Polarisierung nimmt zu.

Im zweiten Szenario skizziert Reckwitz eine Abstiegsgesellschaft. Neue und alte Mittelklasse schrumpfen, unter anderem verursacht durch umfassende Arbeitsplatzverluste im Zusammenhang mit der Digitalisierung. Die Unterklasse und mit ihr eine weitreichende Prekarisierung nehmen deutlich zu. Im dritten Szenario beschreibt er eine entgegengesetzte Entwicklung. Die alte Mittelklasse stabilisiert sich, die neue Mittelklasse wächst weiter und Teile der Unterklasse werden in die Mitte integriert, die Unterklasse nimmt also ab. Es entsteht eine neue Mittelstandsgesellschaft. Denkbar wäre das für ihn z. B. vor dem Hintergrund des Arbeitskräftemangels, im Zuge dessen vormals wenig anerkannte Dienstleistungsarbeiten zunehmend aufgewertet werden.

3.3.3 Herausforderungen

Das spätmoderne Subjekt ist in Bezug auf Handeln und Identität auf die Doppelstruktur der erfolgreichen Selbstentfaltung hin orientiert bzw. muss sich mit dieser kulturell dominanten Vorstellung, sich selbst verwirklichen zu können und dabei auch Erfolg hinsichtlich Prestige und finanzieller Sicherheit zu haben, auseinandersetzen. Mit erfolgreicher Selbstentfaltung verbunden ist eine Kultur der positiven Emotionen – gemeint ist, dass positives Erleben als Ideal angesehen wird – sowie das Risiko des Scheiterns und der Enttäuschung. Reckwitz beschreibt sechs Mechanismen der »spätmodernen Enttäuschungsproduktion« (2019, S. 221): das Romantik-Status-Paradox, die Ökonomisierung des Sozialen, die Allgegenwärtigkeit des sozialen Vergleichs, die Fragilität des Bewertungsmaßstabs, das kulturelle Ideal des Ausschöpfens aller Möglichkeiten sowie mangelnde Ressourcen im Umgang mit negativen Unverfügbarkeiten.

Das Romantik-Status-Paradox meint die Kombination des neoromantischen Ideals der Selbstentfaltung mit dem neobürgerlichen Ideal des Erfolges. Die gleichzeitige Erfüllung beider Ideale kann gelingen, häufig stehen sie aber auch im Widerspruch zueinander, wenn z. B. ein subjektiv erfüllendes Projekt nicht mit gesellschaftlicher Anerkennung in Form von Prestige und finanzieller Sicherheit verbunden ist oder ein sicherer Job eben nicht als Selbstverwirklichung erfahren wird. Diese beiden Erwartungen an sich selbst können zu einer Zwickmühlensituation führen und mit Scheitern und Enttäuschung verbunden sein.

Die Ökonomisierung des Sozialen führt dazu, dass zunehmend soziale Strukturen auf den Modus des Wettbewerbs umgestellt werden und auf Märkten konkurrieren müssen. Dies bringt Gewinner-Verlierer-Konstellationen hervor, wobei häufig wenige Gewinner vielen Verlierern gegenüberstehen, was mit Gefühlen der Niederlage und Frustration verbunden ist. Dabei spannt sich diese Konstellation nicht nur zwischen Angehörigen verschiedener Klassen auf, z. B. bei Personen mit hohem und mittlerem Bildungsabschluss, sondern auch innerhalb der Gruppe der Hochqualifizierten. Das lässt sich auf der Ebene des Individuums und auch auf institutioneller Ebene beobachten, z. B. bei wenigen Hochschulen mit dem Prädikat der Exzellenz und vielen Hochschulen, die als mittelmäßig gelten. Lebenschancen und Befriedigungsmöglichkeiten sind aus verschiedenen Gründen ungleich und eine individualisierte Erklärung eines Misserfolgs führt zu Enttäuschung und damit verbundenen negativen Gefühlen.

Der soziale Vergleich ist in der Spätmoderne durch entsprechende Technologien allgegenwärtig und hat enorm an Systematik und Intensität zugenommen. Mit Hilfe von Klicks und Likes, Ratings und Rankings findet eine ständige Vermessung und ein permanentes Miteinandervergleichen statt, in deren Folge neben Stolz auch Trauer, Wut und Neid produziert werden.

Das subjektive Erleben hat einen hohen Stellenwert für das spätmoderne Subjekt. Gefühle dienen als Bewertungsmaßstab für die Qualität des Lebens. Lebensglück ist von großer Bedeutung und zugleich äußerst fragil. Eine Kultur, in der positive Emotionen eine hohe Aufmerksamkeit erhalten und für die Bewertung des Lebens zentral sind, produziert als Gegenpol ebenso negative Emotionen wie Wut, Enttäuschung und Angst sowie eine Sensibilität für Aspekte, die das Glück stören bzw. nicht passend sind. Dieser Punkt wird an späterer Stelle noch einmal in Zusammenhang mit Selbstoptimierung beleuchtet. Außerdem stellt sich auch bei äußerlich ›passenden‹ Umgebungsbedingungen wie z. B. einem angesehenen, kreativen und finanziell gut ausgestatteten Arbeitsplatz nicht automatisch ein positives Erleben ein. Zudem kann die Dauer eines positiven Erlebens begrenzt sein. Das kulturelle Ideal des Ausschöpfens aller Möglichkeiten verheißt zunächst eine Fülle an Optionen. Wenn es jedoch in eine unbegrenzte Dynamisierung der Selbstverwirklichung mündet, kann es sich in den Druck verwandeln, alle Optionen zu leben und alles ausschöpfen zu müssen. Zufriedenheit kann sich so nicht einstellen oder ist nur von kurzer Dauer. Als weitere Problematik der Spätmoderne benennt Reckwitz den Mangel an Ressourcen, um mit negativen Unverfügbarkeiten umzugehen. Im Rückgriff auf Rosa (2018) bezieht sich Unverfügbarkeit auf sämtliche Ereignisse, die sich der subjektiven Kontrolle entziehen. Negative Unverfügbarkeit meint schmerzhafte Ereignisse wie Krankheiten, Tod, Unglücksfälle, belastende Familienkonstellationen oder unglückliche Zufälle wie problematische Umwelt- oder Arbeitsmarktbedingungen. Die spätmoderne Gesellschaft verfolgt das Ziel, negative Unverfügbarkeiten über Kontrolle, Planung, Wissenschaft usw. zu eliminieren, was vielfach erfolgreich, jedoch nicht umfassend zu erreichen ist. Für die verbleibenden negativen Unverfügbarkeiten und die damit verbunden Gefühle fehlen jedoch, abgesehen von Steuerungs- und Optimierungsansätzen z. B. der positiven Psychologie, kulturelle Antworten und Strategien des Umgangs. Während in anderen Kulturen oder zu anderen Zeiten häufig die Religion Instrumente zur Kontingenzbewältigung anbietet, fehlen diese in säkularen Kulturen. Den Subjekten bleibt »häufig nicht mehr viel übrig, als mehr oder minder verzweifelt das Scheitern ihrer Lebensplanung festzustellen – oder in Umgehung der eigenen Ohnmacht den Weg der Projektion einzuschlagen, indem ein angeblich Verantwortlicher für die persönliche Misere identifiziert wird« (Reckwitz 2019, S. 232), was Reckwitz als Nährboden für Verschwörungstheorien identifiziert. Aus seiner Sicht fehlen kulturelle Modelle, um mit »negativen Unverfügbarkeiten seinen Frieden zu machen« (ebd., 232) und so Situationen bewältigen zu können, die sich der eigenen Kontrolle entziehen.

Reckwitz sieht die Problematik in der spätmodernen Gesellschaft, dass fortdauernde Enttäuschungen in depressives Erleben oder aggressives Verhalten münden können. Aus soziologischer Perspektive benennt er als mögliche weiterführende Ansatzpunkte eine Revision der Ökonomie des Sozialen, um Grundvoraussetzungen wie Gesundheit, Wohnen oder Bildung berechenbarer und erreichbarer zu machen, eine Minderung der Sozialen Ungleichheit und ein größeres

Eingehen staatlicher Institutionen auf Selbstverwirklichungswünsche, z. B. in der Bildungs- und Sozialpolitik oder auf dem Arbeitsmarkt.

Auf kultureller und individueller Ebene fragt er nach Möglichkeiten jenseits eines permanenten Strebens nach erfolgreicher Selbstverwirklichung. Alternative Strategien zu der mehr auf Steuerung und Optimierung ausgerichteten positiven Psychologie sieht er in einer Reflexion über die Situation und deren Zusammenhänge sowie im Aushalten von Widersprüchen und einer stärkeren Distanzierung von eigenen positiven wie negativen Gefühlen. Dies könnte dem Subjekt ein besseres Verständnis für die Situation (z. B. beim Romantik-Status-Paradox) ermöglichen sowie die Fixierung auf Emotionen lockern und es dabei unterstützen, seine Gefühlswelt »auch distanziert als einen wechselhaften psychischen Prozess [zu] beobachten, der nicht seine gesamte Identität ausmacht und bestimmt« (ebd., S. 237). Als Ansatzpunkte einer Transformation der bestehenden Problematiken und zugleich als große Herausforderungen werden hier also zum einen der Ausstieg aus der spätmodernen Emotionskultur als Emanzipation der Individuen von den Unwägbarkeiten ihrer Emotionen und zum anderen ein Ausstieg aus der Selbstoptimierung zugunsten einer Ambiguitätstoleranz und eines Aushaltens von Widersprüchen beschrieben.

Die Konzepte der Singularisierung und Kulturalisierung bieten viele Anregungen für das Verständnis von Herausforderungen, mit denen sich Individuen heute auseinandersetzen müssen. Als Denkwerkzeuge bieten die beschriebenen Muster in einem idealtypischen Verständnis vielfältige Möglichkeiten der Einordnung und sind hilfreich für den klaren Blick auf mögliche Problemstellungen und Tendenzen. Die Produktion von Enttäuschung innerhalb der aktuellen gesellschaftlichen Bedingungen und Orientierungsfolien ist dabei ein bedeutsamer Punkt.

3.4 Beschleunigung, Entfremdung, Resonanz und Unverfügbarkeit

Hartmut Rosa analysiert den gesellschaftlichen Wandel insbesondere unter der Perspektive von Zeitstrukturen und mit Blick auf das Verhältnis von Subjekt und Welt. Bei der von ihm untersuchten Soziologie der Weltbeziehung geht es im Kern darum, wie Menschen an etwas herantreten, wie sie zu anderen Menschen, zu einer Sache, einem Thema, also zu einem jeweiligen Weltausschnitt, in Beziehung stehen.

Ein Ausgangspunkt seiner Studien ist der Widerspruch, dass in der modernen Gesellschaft bis heute durch verschiedene Entwicklungen enorme Zeitgewinne erzielt wurden und zugleich die Menschen keine Zeit mehr haben, sondern häufig unter Zeitnot leiden. In diesem Zusammenhang analysiert er Beschleunigungs- und Entfremdungsprozesse. Beschleunigung wird dabei nicht grundsätzlich als negativ bewertet, sondern nur dort kritisch gesehen, wo sie zu Entfremdung führt, die er als problematische Form der Weltbeziehung beschreibt. Entfremdung tritt ein, wenn es nicht mehr gelingt, in eine lebendige Austauschbeziehung mit der Welt zu treten, wenn die Welt verstummt (Rosa 2013).

Eine Lösung für das Problem der Beschleunigung sieht Rosa nicht einfach in der Entschleunigung im Sinne von Verlangsamung, denn beispielsweise ist es kein Gewinn, wenn der Notarzt langsamer kommt oder die Internetverbindung langsam ist. Er stellte sich daher die Frage, wovon Menschen träumen, wenn sie auf Entschleunigung hoffen, und ausgehend von dieser Frage entwickelte er das Konzept der Resonanzbeziehung, das eine lebendige Austauschbeziehung mit der Welt beschreibt. Im Resonanzkonzept sind Verfügbarkeit und Unverfügbarkeit wichtige Elemente, die Rosa in Hinblick auf die gesellschaftliche Entwicklung weiter untersucht hat.

3.4.1 Grundzüge

Soziale Beschleunigung

In seinem Konzept der sozialen Beschleunigung unterscheidet Rosa drei Dimensionen der Beschleunigung: die Beschleunigung im technischen Bereich, die Beschleunigung des sozialen Wandels und die Beschleunigung des Lebenstempos.

Unter den Bereich der technischen Beschleunigung fallen alle Prozesse, die mit der Erhöhung der Geschwindigkeit von Transport, Kommunikation und Produktion verbunden sind. Ein zentraler Aspekt ist hier beispielsweise die enorme Steigerung der Kapazität der Datenverarbeitung. Die Beschleunigung der technischen Prozesse erfolgt absichtlich und zielgerichtet. Dazu zählen auch technischen Prozesse in der Verwaltung und Organisation, die Verfahrensweisen beschleunigen. Als Folge der Beschleunigung in diesen Bereichen beschreibt Rosa eine Veränderung der »Wahrnehmung und Organisation von Raum und Zeit im sozialen Leben« (2013, S. 21). Raum wird komprimiert und verliert an Bedeutung für die Orientierung in der Welt, da er in immer kürzerer Zeit überwunden werden kann oder gar keine Rolle mehr spielt, z. B. durch das Internet und die mit ihm verbundene Ortlosigkeit. Die technische Beschleunigung ist auch mit einer ständigen Steigerung der Optionen, einem Wachstum an Möglichkeiten verbunden.

Die Beschleunigung des sozialen Wandels umfasst die Veränderungsprozesse in Bereichen, die das Zusammenleben von Menschen und damit die Gesellschaft wesentlich gestalten. Hierzu gehören soziale Konstellationen und Strukturen, Einstellungen und Werte, Lebensstile und Beziehungsmuster von Menschen, Praxisformen oder Klassen und Milieus. Wenn diese Orientierungs- und Handlungsmuster immer schnelleren Veränderungen unterworfen sind, sind auch die Ausrichtungen, Planungen und Entscheidungen von Menschen weniger langfristig angelegt und weniger stabil. Nur in dem ›geschrumpften‹ Zeitraum der relativen Stabilität bis zur nächsten Veränderung gibt es »Orientierungs-, Bewertungs- und Erwartungssicherheit« (ebd., S. 23). Die Zukunft in längerer Sicht ist unsicher und wenig berechenbar, langfristige Orientierungen in der Lebensplanung schwierig.

Die Beschleunigung des Lebenstempos beschreibt Rosa als »Steigerung der Zahl an Handlungs- und Erlebnisperioden pro Zeiteinheit« (ebd., S. 27). In subjektiver

Perspektive findet sich dies wieder in dem Gefühl, nicht genug Zeit zu haben für all das, was man machen und bewältigen möchte, das Gefühl der ständigen Zeitknappheit ist vorherrschend. Objektiv lässt sich die Beschleunigung des Lebenstempos daran messen, dass in geringerer Zeit mehr Handlungen stattfinden, etwa dadurch, dass Informationen digital schneller verfügbar sind als durch den Gang in eine Bibliothek oder eine Online-Bestellung weniger zeitaufwändig ist als die Fahrt zu einem Geschäft. Daher können mehr Handlungen innerhalb eines Zeitrahmens erfolgen als zuvor. Diese Zeitknappheit ist, so Rosa, zunächst paradox, da gerade im Zusammenhang mit der technischen Beschleunigung theoretisch Zeit gewonnen würde und so Zeitknappheit überwunden oder zumindest gelindert werden könnte. Dass dies nicht so ist, erklärt er damit, dass die Wachstumsraten die Beschleunigungsraten noch übertreffen, was beispielsweise bedeutet, dass heute deutlich mehr E-Mails geschrieben werden als früher Briefe. Dabei ist nicht die Technik die Ursache der sozialen Beschleunigung, sondern nur die Ermöglichungsbedingung, denn man müsste nicht 50 E-Mails am Tag schreiben. Die technische Entwicklung ist eine Antwort auf das wachsende Problem der Zeitknappheit.

Das Empfinden von Gehetztsein und Zeitdruck zieht sich durch alle Schichten der Gesellschaft, kommt jedoch in verschiedenen Formen zum Ausdruck. Bei Bessergestellten ist Zeitdruck häufiger internalisiert und äußert sich beispielsweise in dem Druck, noch mehr tun oder Optionen ausschöpfen zu müssen. In weniger gut gestellten Schichten kommt der Druck von außen durch die Verhältnisse, z. B. durch den Chef, der antreibt, oder dadurch, dass man zwei Jobs übernehmen muss, um den Lebensunterhalt zu verdienen. Als Antreiber und Mechanismen der Beschleunigungsprozesse identifiziert Rosa einen sozialen und einen kulturellen Motor sowie einen Beschleunigungszirkel.

Einen sozialen Motor der Beschleunigung sieht Rosa in der Wettbewerbslogik, die in weiten Teilen der Gesellschaft und auch zwischen Staaten wirksam ist. Wettbewerb ist mit Konkurrenz und Leistung verbunden. Dieser Wettbewerb findet sich in Wirtschaft, Wissenschaft, Kunst, Politik, im Leben des einzelnen Individuums um die Position in der Gesellschaft oder auch zwischen Nationalstaaten und Regierungssystemen, was beispielsweise im Jahr 2021 anhand der permanenten Vergleiche zum Impffortschritt der Coronaimpfung in den einzelnen Ländern beobachtet werden konnte. Leistung wird häufig durch die Arbeit gemessen, die in einer Zeiteinheit verrichtet wird. Ein Wettbewerbsvorteil lässt sich durch eine höhere Geschwindigkeit erzielen, in der eine Leistung erbracht wird, daher sind die soziale Beschleunigung allgemein und die technische Beschleunigung im Besonderen »eine logische Folge aus einem wettbewerbsorientierten kapitalistischen Marktsystem« (ebd., S. 35). In der kapitalistischen Logik sind Wachstum und Beschleunigung verbunden.

Ein weiterer Antriebsfaktor ist im kulturellen Bereich verortet. Die Verheißung auf ein erfülltes Leben wirkt als kultureller Motor. Im Unterschied zu vormodernen Zeiten mit ihrer eher jenseitigen Ausrichtung auf ein Leben nach dem Tod sind moderne säkulare Gesellschaften und die in ihnen lebenden Menschen mehrheitlich auf das Diesseits orientiert. Wenn sich das gute, erfüllte Leben an Anzahl und Tiefe der gemachten Erfahrungen messen lässt, geht es in der Folge darum, die vorhandenen Optionen auszuschöpfen und möglichst viele davon in der Lebensspanne zu realisieren. Das wiederum kann nicht nur mit Erfüllung, sondern auch mit Frustration verbunden sein.

> »Dieselben Techniken, die uns dabei helfen, Zeit zu sparen, führen zu einer Explosion der Weltoptionen. Ganz egal, wie schnell wir werden, unser Anteil an der Welt, also das Verhältnis der realisierten Optionen und der gemachten Erfahrungen zu denjenigen, die wir verpaßt haben, wird nicht größer, sondern konstant kleiner. Man könnte hierin eine der Tragödien des modernen Menschen sehen: Während er den Eindruck hat, in einem unbarmherzigen Hamsterrad gefangen zu sein, wird sein Lebens- und Welthunger nicht befriedigt, sondern zunehmend frustriert« (ebd., S. 41).

Dieser Aspekt wurde auch bei Reckwitz als ein Mechanismus der Enttäuschungsproduktion in der spätmodernen Gesellschaft beschrieben.

Neben den beiden ›externen‹ Motoren wirken die drei Dimensionen der Beschleunigung zusammen, indem sie sich gegenseitig antreiben. Die technische Beschleunigung setzt mehr Zeitressourcen frei. Da sie jedoch die soziale Antwort auf die Zeitknappheit des Menschen darstellt, ist dies nicht automatisch mit einem Zeitpuffer, sondern mit einer anderen Dynamik verbunden. Die technische Beschleunigung durch Verkehrsmittel, Internet, Telekommunikation usw. führt zu einer Vielzahl von Veränderungen in sozialen Praktiken, Kommunikationsstrukturen und Orientierungsmustern, was wiederum mit der Beschleunigung des Lebenstempos in Verbindung steht, was wiederum zur Suche nach technischen Lösungen zur Zeitersparnis und zum effektiveren Arbeitseinsatz antreibt. »Der Beschleunigungszirkel erweist sich damit als geschlossenes, sich selbst antreibendes System« (ebd., S. 45).

Entfremdung

Rosa zufolge kann die soziale Beschleunigung zu einer Entfremdung führen. Im Anschluss an den Begriff der Entfremdung bei Karl Marx verwendet er ihn in folgendem Verständnis: »Entfremdung bezeichnet eine tiefgreifende, strukturelle Verzerrung der Beziehungen zwischen Selbst und Welt, also der Art und Weise, in der ein Subjekt ›in die Welt‹ gestellt ist« (ebd., S. 123). Er beschreibt Entfremdung auch als beziehungslose Beziehung, in der sich das Subjekt und die Welt unverbunden, gleichgültig oder feindlich gegenüberstehen (Rosa 2019).

Rosa untersucht Entfremdung in Bezug auf Raum, Dinge, Handlungen, Zeit und den Selbstbezug. Die im Folgenden dargestellten Entwicklungen und Zusammenhänge müssen nicht zwangsläufig, können aber zu einer Entfremdung führen.

Vor dem Hintergrund der technischen Entwicklungen, Mobilität und Globalisierungsprozesse müssen soziale und physische Nähe nicht mehr eng zusammenliegen, sondern treten zunehmend auseinander. Dies kann sich auf räumliche Nähe zu Menschen, aber auch zu Orten beziehen. Kontakt ist unabhängig von Raum und Zeit möglich, er findet mit einer größeren Zahl an Personen statt und auch die Mobilität, physisch und virtuell, hat zugenommen. Neben den Chancen, die hierin liegen, gibt es auch das Potential zur Entfremdung. Die Kontakte sind weniger sinnlich erfahrbar und flüchtiger oder kürzer. Um eine Bindung zu einem Ort zu entwickeln, benötigt ein Mensch Zeit, um den Ort zu erleben und ihn auch mit eigenen Erfahrungen zu verbinden. Dies gilt in ähnlicher Weise auch für Dinge, die entweder produziert oder konsumiert werden können. Die Beziehungen zu Dingen sind unterschiedlich ausgeprägt, je nachdem, ob man sie nur kurzfristig besitzt, und relativ schnell wieder ersetzt, sich daher nicht näher mit ihnen beschäftigt und keine besondere Bindung aufbaut, oder ob man lange mit ihnen lebt, sie immer wieder repariert usw. Nach Rosa ist diese kurzlebige Dingbeziehung, bei der die Dinge mehrheitlich fremd bleiben, in der Beschleunigungsgesellschaft dominant geworden. Er spricht in diesem Zusammenhang auch von Wegwerfstrukturen. Typisch dafür ist die schnelle Folge der Erneuerung des Handys oder Computers, der Kleidung usw., auch wenn diese noch gebrauchsfähig wären. Auch bei der Produktion von Dingen gibt es große Unterschiede. Es kann beispielsweise eher mit Entfremdung verbunden sein, im Wissenschaftsbetrieb einen Artikel nach dem anderen zu produzieren, weil die pure Anzahl als relevant für weitere Karrierechancen gilt, als sich intensiv einem einzigen Text zuzuwenden, mit dem man inhaltlich ein wichtiges Anliegen verbindet. An diesem Punkt schließt auch die Entfremdung von den eigenen Handlungen an. Hierzu gehören Handlungen, die einerseits freiwillig erfolgen, die man aber eigentlich nicht wirklich tun möchte, wie beispielsweise die schon beschriebene Produktion immer weiterer Artikel, um im Wettbewerb mithalten zu können und weil Abgabetermine Druck ausüben. Ein weiteres Beispiel wäre hier auch das permanente Kontrollieren und Beantworten von E-Mails, das Surfen im Internet, das Abarbeiten von To-do-Listen oder andere Formen der Ablenkungen von dem, was man eigentlich tun wollen würde bzw. was man beispielsweise im Beruf als Kernaufgaben ansieht.

Im Zusammenhang mit dem Zeiterleben und Entfremdungstendenzen unterscheidet Rosa zunächst zwischen Erlebnissen, die episodisch sind, und Erfahrungen, die eine Person berühren, tiefer prägen und sich mit ihrer Identität verbinden, aber auch Zeit erfordern. In der Beschleunigungsgesellschaft, so Rosa, sind die Menschen reicher an Erlebnissen und ärmer an Erfahrungen geworden. »Das Ergebnis dieser Entwicklung ist eine Zeiterfahrung, bei der die Zeit gleichsam ›an beiden Enden‹ zu rasen scheint: Sie vergeht schnell im atemlosen Erleben, und sie schrumpft oder verschwindet in der Erinnerung« (Rosa 2013, S. 140) und hinterlässt so keine tiefen Erinnerungsspuren, wie dies bei intensiven, an die eigene Geschichte anknüpfenden Erfahrungen der Fall ist. Die beschriebene Entfremdung in den Weltbeziehungen ist mit dem Risiko der Selbstentfremdung verbunden. Selbstgefühl und Identität entstehen

> »just aus ebendiesen Handlungen, Erfahrungen und Beziehungen, also daraus, wie wir in Raum und Zeit und in der sozialen Welt sowie der Welt der Dinge ›verortet‹ sind […]. Selbstentfremdung und Weltentfremdung bezeichnen nicht zwei unterschiedliche Pathologien, sondern zwei Seiten einer Medaille« (ebd., S. 142 f.).

Es besteht die Gefahr, dass die Orientierung über Relevanzen unsicher wird oder verloren geht und die ›Resonanzachsen‹ zwischen dem Selbst und der Welt verstummen, was Rosa mit Depression oder Burnout in Verbindung bringt.

Resonanz

Auf die Frage danach, was ein gutes Leben ausmacht, und was passiert, wenn die Weltbeziehung glückt, entwickelt Rosa sein Konzept der Resonanz. Eine lebendige Antwortbeziehung zur Welt stellt für ihn ein menschliches Grundbedürfnis dar. Die Entstehung einer solchen Austauschbeziehung kann durch bestimmte gesellschaftliche Verhältnisse unterstützt oder behindert werden.

Je nach Art des Weltausschnitts variiert auch die Art der Resonanzbeziehung, die Rosa als Resonanzachsen in drei Dimensionen unterscheidet. Die horizontale Dimension beinhaltet soziale Beziehungen unter Menschen. Das können Familienbeziehungen, Freundschaften oder auch politische Kontakte sein. Als diagonale Resonanzachsen werden Beziehungen zur Dingwelt und zu Tätigkeiten, wie beispielsweise Arbeit oder Sport, bezeichnet. Die vertikale Dimension beschreibt die Beziehung zur Welt, in der das Gegenüber als etwas Größeres, über das Individuum Hinausgehendes erfahren wird. Beispiele dafür sind die Religion, die Natur, die Kunst oder die Geschichte. Die Gesellschaft als soziale Formation schafft kulturelle Resonanzsphären, in denen Gesellschaftsmitglieder ihre individuellen Resonanzachsen entwickeln können. Gesellschaft strukturiert daher Weltbeziehungen der Subjekte in den verschiedenen Dimensionen vor (Rosa 2016).

Der Beziehungsmodus der Resonanz ist durch die vier Merkmale Berührung, Selbstwirksamkeit, Anverwandlung und Unverfügbarkeit charakterisiert.

Berührung (Affizierung)

Um mit jemandem oder etwas in Resonanz zu treten, ist es zunächst grundlegend, dass man von diesem anderen, z.B. einer Person, einem Musikstück oder einer Landschaft, berührt wird. Für diese Art der Weltbeziehung ist es wesentlich, dass die Anrufung (durch die Schönheit der Natur, eine wunderbare Melodie, einen freundlichen Blick) auf ein Gegenüber trifft, dass erreichbar für diese Anrufung und bereit dafür ist, von ihr bewegt zu werden. Das Subjekt wird »durch die Welt affiziert, das heißt, so berührt oder bewegt, dass es ein intrinsisches Interesse an dem begegnenden Weltausschnitt entwickelt und sich gleichsam ›adressiert‹ fühlt« (Rosa 2019, S. 39).

Selbstwirksamkeit (Antwort)

Die Austauschbeziehung kommt dann zustande, wenn auf die Berührung, die Anrufung auch eine aktive Antwort erfolgt. Die affizierte Person geht dem Impuls entgegen, reagiert emotional und handelnd auf ihn und erfährt sich so als lebendig, als mit der Welt verbunden und in ihr handlungsfähig. Sie geht auf die Welt zu, kann sie ihrerseits erreichen und hat das Gefühl, in der Welt etwas bewirken zu können.

> »Von einer antwortenden Stimme erreicht und gemeint zu werden und umgekehrt die eigene Stimme nicht nur hörbar zu machen, sondern als wirksam zu erleben: Das ist eine [...] menschliche Grunderfahrung, sie gehört zu den lebensspendenden Entdeckungen des Säuglings ebenso wie zu der Glücksverheißung der Demokratie – wenn sie denn im Modus des Hörens und Antwortens und nicht in der Art des Niederschreiens und Taubstellens praktiziert wird« (ebd., S. 40).

Diese Erfahrung von Berührtsein und Selbstwirksamkeit findet nicht nur zwischen Menschen statt, sondern ebenso, »wenn wir ein Musikinstrument zu spielen lernen, in den Ozean springen und schwimmen oder ein Brot backen« (ebd., S. 40 f.).

Anverwandlung (Transformation)
Ein weiteres Kennzeichen einer Resonanzbeziehung ist die Veränderung von Subjekt und Welt durch die Begegnung. »Wann immer wir mit der Welt in Resonanz treten, bleiben wir nicht dieselben, wir verwandeln uns, und eben darin liegt die Erfahrung von Lebendigkeit« (ebd., S. 41). Rosa unterscheidet dabei die transformierende Kraft der Anverwandlung von einer bloßen Aneignung, bei der keine berührende Beziehung entsteht, sondern nur etwas in Reichweite gebracht wird. Der Kauf eines Buches ist zunächst eine Aneignung. Erst wenn ein Subjekt sich beim Lesen dieses Buches von den Inhalten berühren lässt, sich mit Ihnen auseinandersetzt und sich durch die beim Lesen entstandenen Ideen oder Bilder verwandelt, führt dies zu einer lebendigen Beziehung. Ohne den Dreiklang von Berührung, Antwort und anverwandelnder Transformation »bleibt die Aneignung eine Beziehung der Beziehungslosigkeit« (ebd., S. 42). Die Veränderung der Weltbeziehung ist daher ein konstitutives Element der Resonanzerfahrung.

Unverfügbarkeit
Resonanz lässt sich nicht einfach instrumentell herstellen, sondern enthält immer ein Moment der Unverfügbarkeit. Verfügbarkeit und Unverfügbarkeit sind bei Rosa wesentlich zum Verständnis der Weltbeziehung, daher wird diese Perspektive als ein zentrales Konzept seiner Arbeiten in folgendem Abschnitt genauer ausgeführt. Auch Reckwitz hat sich darauf bezogen und – wie schon oben dargestellt – angemerkt, dass kulturelle Modelle im Umgang mit Unverfügbarkeit in der spätmodernen Gesellschaft fehlen.

Verfügbarkeit und Unverfügbarkeit
Unter der Perspektive von Verfügbarkeit und Unverfügbarkeit kann in den Blick genommen werden, wie wir zur Welt gestellt sind und wie wir sie erleben. Unverfügbarkeit beschreibt das Nichtberechenbare, das über Zufälligkeit noch hinausgeht, die Erfahrung, nicht über etwas verfügen, es nicht vollständig beherrschen zu können. Verfügbarkeit bedeutet demgegenüber, etwas in Reichweite zu haben, es beherrschen zu können.

Verfügbarkeit wird in den vier Dimensionen Sichtbarkeit, Erreichbarkeit, Beherrschbarkeit und Indienstnahme unterschieden.

Um etwas verfügbar zu haben oder zu machen, muss es zunächst sichtbar, erkennbar sein. Als ein Beispiel dafür benennt Rosa die Welt, die sichtbar wird, wenn man durch ein Mikroskop schaut.

Um über etwas verfügen zu können, muss es in Reichweite liegen, es muss erreichbar und zugänglich sein. Andere Kontinente sind mit Flugzeug, Bahn und Schiff erreichbar, der Weltraum ist über Satelliten zugänglich.

Um über einen Weltausschnitt verfügen zu können, muss er beherrschbar sein. Es geht um das »Unter-Kontrolle-Bringen eines Weltausschnitts« (ebd., S. 22). Als ein Beispiel dafür nennt Rosa den Kolonialismus, bei dem Wissen, technische

Beherrschung und politisch-militärische Kontrolle bei der territorialen Landnahme zusammenwirkten. Ebenso führt er die Beherrschung der Nacht durch das Licht oder die Kontrolle der Umgebungstemperatur durch die Klimaanlage an. »Voraussetzung dieser Form der Beherrschung ist das wissenschaftliche Analysieren, Durchdringen und Verstehen der kausalen Wirkmechanismen« (ebd., S. 22).

Die Indienstnahme geht über die Kontrolle eines Weltausschnitts hinaus, indem sie darauf abzielt, das, was da ist, nutzbar zu machen, es in Dienst zu nehmen und für eigene Zwecke zu instrumentalisieren. Verfügbarmachung der Welt wird hier zur Weltgestaltung und Welterzeugung.

Das menschliche Leben ist durch die Erfahrung von Unverfügbarkeit und den Versuch, sich die Welt verfügbar zu machen, gekennzeichnet. Rosa vertritt die These, dass sich in der (Spät-)Moderne im Vergleich zur Vormoderne das Verhältnis bezüglich Verfügbarkeit und Unverfügbarkeit verschoben hat. Für das spätmoderne Subjekt ist es eine Grundhaltung zu Welt, sich Dinge verfügbar zu machen. Unverfügbarkeit wird weniger toleriert, stattdessen Verfügbarkeit angestrebt, was von Rosa als aggressive Herangehensweise beschrieben wird. Die Welt ist, wie er es nennt, zum Aggressionspunkt geworden.

> »Alles, was erscheint, muss gewusst, beherrscht, erobert, nutzbar gemacht werden […]. Dahinter verbirgt sich ein schleichender Umbau unseres Weltverhältnisses, der historisch-kulturell und ökonomisch-institutionell weit zurückreicht, im 21. Jahrhundert aber nicht zuletzt durch die technischen Möglichkeiten der Digitalisierung und durch die politökonomischen Steigerungs- und Optimierungszwänge des Finanzmarktkapitalismus und des entfesselnden Wettbewerbs eine neue Radikalität erreicht« (ebd., S. 12).

Aus der Verfügbarmachung weiter Teile der Welt ergeben sich Folgen, die wiederum unverfügbar sind, auf die nicht mehr reagiert werden kann, weil sie wie z. B. bei der Atomkraft (ohne entsprechende Geräte) nicht sichtbar oder lebensgefährlich sind, wenn sie sich in erreichbarer Nähe befinden. Auch der Klimawandel wäre als Folge weitreichender Verfügbarmachung zu betrachten. Hier läßt sich leicht eine Querverbindung zu den nicht intendierten Nebenfolgen im Risikokonzept von Beck ziehen.

3.4.2 Hintergrund

In seiner Soziologie der Weltbeziehung stellt Rosa das Selbst- und Weltverhältnis in den Mittelpunkt seiner Analyse. Die Art und Weise der Bezogenheit zur Welt beschreibt er als Ergebnis der Sozialisationsbedingungen, unter denen Menschen aufwachsen.

> »Wir erlernen und habitualisieren eine bestimmte Stellungnahme zur Welt, eine praktische Werthaltung, die weit über unseres kognitives ›Weltbild‹, unsere bewussten Annahmen und Überzeugungen über das, was es in der Welt gibt und worauf es ankommt, hinausgeht« (ebd., S. 12).

In der modernen Welt, so Rosa, werden Menschen vielfach von der Vorstellung geleitet, dass sie ein gutes Leben haben, wenn sie mehr Welt in Reichweite bringen, sie beherrschen und nutzen können. Die inkorporierte Überzeugung dazu lautet: »Im Leben kommt es darauf an, Welt erreichbar zu machen« (ebd., S. 18). Als Basis dieses aggressiven Weltverhältnisses beschreibt er eine Gesellschaftsformation, die strukturell auf dynamischer Stabilisierung und kulturell auf unablässiger Reichweitenvergrößerung beruht. Sie ist Ergebnis eines Strukturwandels, der sich seit dem 18. Jahrhundert in der westlich geprägten Moderne vollzieht und maßgeblich von dem Steigerungszwang und der Steigerungslogik eines kapitalistischen Wirtschaftssystems angetrieben wird. Die institutionelle Grundstruktur kann nur mittels fortlaufender Steigerung aufrechterhalten werden, was Rosa mit dem Begriff der dynamischen Stabilisierung beschreibt. Dies beinhaltet stetiges ökonomisches Wachstum, technische Beschleunigung und kulturelle Neuerungen. Im Zeitverlauf verkehrt sich die Steigerungsperspektive

> »nach und nach von einer Verheißung in eine Bedrohung: Wachstum, Beschleunigung und Innovierung erscheinen nicht mehr als Versprechen, das Leben immer besser zu machen, sondern als apokalyptisch-klaustrophobische Drohung: Wenn wir nicht besser, schneller, kreativer, effizienter etc. werden, verlieren wir Arbeitsplätze, kommt es zu Firmenschließungen, sinken unsere Steuereinnahmen [...]« (ebd., S. 15).

Moderne Gesellschaften können sich daher nur durch ständige Steigerung, also dynamisch, stabilisieren, gleich einer Person auf einer nach unten laufenden Rolltreppe, die versucht, nach oben zu kommen oder zumindest auf derselben Höhe zu bleiben. Motivationales Moment ist hier inzwischen nicht (mehr) die Verbesserung der Lebensqualität, sondern ein durch Angst erzeugter Antrieb, sich nicht zu verschlechtern.

Als positives kulturelles Antriebsmoment beschreibt Rosa die Verheißung, die Weltreichweite zu vergrößern, den eigenen Radius auszudehnen, was beispielsweise nicht nur die Attraktivität des Geldes erklärt, mit dem viele Dinge oder Erlebnisse äußerst schnell in Reichweite zu bringen sind, sondern auch die Attraktivität eines Lebens in der Großstadt. In ihr sind eine Vielzahl an Angeboten grundsätzlich erreichbar, und, selbst wenn sie nie genutzt werden, besteht durch die prinzipielle Erreichbarkeit die Option, über sie verfügen zu können.

3.4.3 Herausforderungen

Rosa beschreibt und kontrastiert zwei Haltungen zur Welt: das Resonanzverhältnis, für das zuhören und antworten kennzeichnende Handlungen sind, und ein eher aggressives Verhältnis des Verfügbarmachens, bei dem planen, berechnen und beherrschen im Vordergrund stehen. In der Spätmoderne ist der Aggressionsmodus für die Beziehung zur Welt charakteristisch, Rosa spricht hier auch von einer Kampfbeziehung, bei der die Welt zur Angriffsfläche wird und erobert werden muss. Dieses Weltverhältnis ist mit viel Stress, Zeit- und Leistungsdruck verbunden, erscheint aber häufig unumgänglich, um – sinnbildlich – nicht auf der Rolltreppe nach unten zu fahren. In diesem Modus ist eine Resonanzbeziehung nur schwer möglich, es besteht die Gefahr der Entfremdung, die Welt verstummt. »Die Angst davor, ein beziehungsloses, unverbundenes ›Atom‹ in einer schweigenden, stummen, feindlichen Welt zu sein« (Rosa 2016, S. 522), sieht Rosa als eine Grundangst in der Spätmoderne.

Mit der Moderne ist auch das Versprechen der Autonomie verbunden, also die Vorstellung, individuell und selbstbestimmt Lebenspläne und Träume verfolgen zu können. Dieses Versprechen, so der Autor, hat »in der Beschleunigungsgesellschaft seine Glaubwürdigkeit eingebüßt [...]. Die Kräfte der Beschleunigung werden nicht länger als befreiend erfahren, sondern als unterdrückerische und permanenten Druck ausübende Macht« (Rosa 2013, S. 116). Problematisch ist hier die grundlegende Orientierung an dem Wert der Autonomie oder Selbstbestimmung, der vor dem Hintergrund der bestehenden gesellschaftlichen Bedingungen kaum noch oder nur noch teilweise verwirklicht werden kann.

> »Nach meiner Überzeugung führen soziale Bedingungen, in denen soziale Akteure weiterhin ethischen Vorstellungen der Selbstbestimmung verpflichtet sind, welche von den strukturellen Bedingungen ihres Handelns systematisch unterlaufen werden, notwendigerweise zu einem Zustand sozialer Entfremdung« (ebd., S. 120).

Die sozialen Beschleunigungsprozesse sind herausfordernd für politisches Handeln und ebenso für die Identitätsentwicklung und Biografie, da durch den schnellen Wandel die auf Zukunft bezogenen Orientierungen und Handlungen unsicherer und weniger berechenbar werden. In der Spätmoderne hat die Geschwindigkeit des sozialen Wandels ein intragenerationales Tempo erreicht, d. h., sie wandelt sich also innerhalb einer Generation so maßgeblich, »dass Identitäten und Politik tendenziell situativ werden, weil eine in die Zukunft gerichtete Integration und Synchronisation von Ereignissen und Entwicklungen nicht mehr zu leisten ist« (Rosa 2016, S. 519).

Der mit den Beschleunigungsprozessen verbundene Zeitdruck kann die Möglichkeit für Resonanzerfahrungen erheblich einschränken, insofern ist Entschleunigung eine Voraussetzung für Resonanzverhältnisse, aber nicht schon das Endziel. Notwendig sind aus Rosas Sicht institutionelle Veränderungen in der Gesellschaft, denn das Resonanzkonzept sollte nicht so verstanden werden, dass es reichen würde, einfach nur die Haltung zur Welt zu ändern, denn die Haltung wird immer auch institutionell geprägt.

Rosa nennt daher einige Ansatzpunkte für mögliche Veränderungen. Er schlägt beispielsweise ein (erbschaftssteuerfinanziertes) bedingungsloses Grundeinkommen vor und begründet dies resonanztheoretisch. In seinem Konzept steht Angst der Erfahrung von Resonanz entgegen. Wenn durch existenzielle Bedrohungen verursachte Ängste durch ein Grundeinkommen verringert werden würden, würde dies zugleich strukturell Bedingungen schaffen, in denen Resonanzerfahrungen eher entstehen könnten. Ein Grundeinkommen würde institutionell eine andere Weltbeziehung implizieren, da die grundlegende Existenz gesichert und ein Platz in der Welt ohne weitere Voraussetzungen legitimiert ist, während Harz IV eher Almosencharakter hat und ein permanenter Druck sowie eine Bedrohung mitschwingen (2016, S. 729). Auch eine stärkere Beschränkung der Finanzmärkte sieht er als Ansatzpunkt, die ständige Beschleunigung und Steigerungslogik einzuhegen.

3.5 Flüchtige Moderne, Entwurzelung und Zugehörigkeit zu Gemeinschaften

Aus den umfassenden Werken zur flüchtigen Moderne von Zygmunt Bauman werden in diesem Rahmen insbesondere die Bedeutung der Flüchtigkeit und Ungewissheit der gegenwärtigen Lebensbedingungen für Entscheidungen, Lebensplanungen und die Lebensführung sowie die Zuweisung der Verantwortung an das Individuum herausgehoben. Darüber hinaus wird das Bedürfnis nach Zugehörigkeit thematisiert, denn bei ihr handelt es sich um einen bedeutsamen Aspekt der Identität.

3.5.1 Grundzüge

Flüchtige Moderne

Zygmunt Bauman beschreibt in seinem Konzept der flüchtigen oder auch fluiden Moderne (liquid modernity) ebenfalls umfassende Prozesse der Individualisierung und Globalisierung, die ein »neues, nie da gewesenes Umfeld für individuelle Lebensentscheidungen schaffen und uns vor eine Reihe von Herausforderungen stellen, die in der Geschichte ohne Beispiel sind« (2008, S. 7). Im Wandel von einer festen zu einer flüchtigen Moderne haben soziale Formen wie allgemein akzeptierte Verhaltensmuster oder orientierende Strukturen und Institutionen eine zunehmend kürzere Lebensdauer.

> »Als Bezugsrahmen für menschliches Handeln und für langfristige Lebensstrategien sind sie aufgrund ihrer beschränkten Lebenserwartung untauglich – eine Lebenserwartung, die so kurz ist, dass keine Zeit bleibt, eine konsistente und kohärente Strategie zu entwickeln oder gar einen individuellen ›Lebensentwurf‹ zu verwirklichen« (ebd., S. 7).

Vor dem Hintergrund der Flüchtigkeit müssen viele Entscheidungen auf der Basis von Ungewissheit getroffen werden, was mit Ambivalenzen und Unsicherheiten einhergehen kann. Bauman spricht hier mit Bezug auf Becks Konzept der Risikogesellschaft von riskanten Entscheidungen, die andauernd zu treffen sind.

> »An die Stelle des Schmerzes über eine allzu eingeschränkte Wahlfreiheit ist heute ein keineswegs geringerer Schmerz getreten – wobei der Schmerz jetzt dadurch ausgelöst wird, dass wir uns permanent entscheiden müssen, ohne Vertrauen auf bereits getroffene Entscheidungen und ohne Zuversicht, dass weitere Entscheidungen uns dem Ziel in irgendeiner Weise näher bringen werden« (ebd., S. 155).

Zugleich führen Globalisierungsprozesse wie beispielsweise eine hyperglobalisierte Wirtschaft mit weltumspannenden Unternehmen, Medien und Social-Media-Plattformen zu einer Verlagerung von Macht in einen exterritorialen (außerhalb des Nationalstaats liegenden) Raum, den die Politik nur noch bedingt beeinflussen und beherrschen kann. Durch die Globalisierung des Marktes entstehen neue Macht- und Reichtumsverhältnisse mit sehr ungleicher Verteilung. Der Einzelne ist den wenig kontrollierbaren Kräften des freien Marktes ausgesetzt und erlebt die Politik als machtlos, beispielsweise bei Werkschließungen eines Unternehmens, der

Auslagerung von Arbeitsplätzen oder bei Algorithmen, die durch die Besitzer der jeweiligen Plattformen bestimmt werden und über die Auswahl der Inhalte in digitalen Medien entscheiden.

Über die Doktrin der individuellen Gestaltbarkeit wird

> »dem Individuum die Verantwortung dafür aufgebürdet, jene Dilemmata aufzulösen, die durch irritierend flüchtige und sich ständig wandelnde Umstände erzeugt werden – man erwartet nunmehr, dass der Einzelne ein ›frei Wählender‹ wird, der sämtliche Konsequenzen seiner Wahl trägt« (ebd., S. 10).

Entwurzelung und Zugehörigkeit zu Gemeinschaften

Bauman beschreibt einen Konflikt zwischen Sicherheit und Freiheit im Zusammenhang mit Zugehörigkeit und Individualisierung und stellt idealisierte Vorstellungen von Gemeinschaft den zumeist real herrschenden Verhältnissen in Gemeinschaften gegenüber. Zunächst skizziert er den Bedeutungsrahmen, der üblicherweise mit dem Begriff Gemeinschaft verbunden wird. Gemeinschaften bieten Sicherheit, Klarheit, Wärme, Anerkennung, Mitgefühl und Schutz.

> »In einer Gemeinschaft herrscht gegenseitiges Verständnis, wir können auf das vertrauen, was man uns sagt, es gibt so gut wie nichts Ungewisses, Verwirrendes oder Überraschendes. Niemand ist uns hier fremd. Zwar streiten wir uns zuweilen, doch geschieht dies in Form von freundschaftlichen Auseinandersetzungen […] In einer Gemeinschaft können wir auf den guten Willen der anderen zählen. Wenn wir ins Stolpern geraten, werden sie uns stützen« (Bauman 2014, S. 8).

Im Kontrast zu dieser idealisierten Gemeinschaftsvorstellung stehen die heutigen individualisierten Lebensbedingungen, die zu einer Sehnsucht nach diesem Gemeinschaftsideal führen können. Die ersehnte Gemeinschaft unterscheidet sich jedoch häufig von den Bedingungen in tatsächlich existierenden Gemeinschaften, die Loyalität, Gehorsam und Anpassung als Gegenleistung für Schutz, Hilfe und Orientierung verlangen.

Der Zugewinn an Sicherheit und Unterstützung durch Zugehörigkeit zu einer Gemeinschaft

> »hat seinen Preis – und dieser ist nur solange unerheblich, wie die Gemeinschaft ein Traum bleibt. Die Währung, in der dieser Preis zu entrichten ist, heißt Freiheit, man könnte sie ebenso gut ›Autonomie‹, ›Recht auf Selbstbehauptung‹ oder ›Recht auf Individualität‹ nennen. […] man verliert etwas, gewinnt aber auch etwas hinzu. Auf Gemeinschaft verzichten heißt auf Sicherheit verzichten, der Anschluß an eine Gemeinschaft bedeutet allerdings sehr bald den Verzicht auf Freiheit. Sicherheit und Freiheit sind zwei gleich kostbare und gesuchte Werte, die man besser oder schlechter ausbalancieren, doch kaum je störungsfrei in Einklang bringen kann« (ebd., S. 11).

Bei genauerer Betrachtung streben verschiedene gesellschaftliche Gruppen nach unterschiedlichen Arten von Gemeinschaft, die mit den ungleichen Lebensbedingungen zusammenhängen. In der Moderne, so Bauman, ist die Individualität de jure eine Voraussetzung, die alle Menschen teilen, allerdings verfügen nur die erfolgreichen Kosmopoliten über die Mittel, diese auch in eine Individualität de facto zu verwandeln. Dadurch unterscheiden sie sich von der Mehrzahl der anderen, die nicht in der Lage sind, ihre Individualität de facto zu praktizieren, sondern in untergeordneten Stellungen diversen Zwängen unterworfen sind. Diese verschiedenen Lager finden sich auch in unterschiedlichen Vorstellungen von Gemeinschaft wieder. »In beiden Diskursen, dem der globalen Elite und dem der Zurückgelassenen, bezeichnet der Begriff ›Gemeinschaft‹ jeweils völlig andere Erfahrungen und Sehnsüchte« (ebd., S. 78).

Die kosmopolitischen Mitglieder der globalen Elite legen großen Wert auf ihre individuelle Autonomie und verspüren zugleich auch das Bedürfnis nach Heimat und Zugehörigkeit. Diese finden sie in Form einer Gemeinschaft der »Gleichdenkenden und sich gleich Verhaltenden« (ebd., S. 80), die insbesondere dem Zweck dient, die individuell gewählte Identität und die Richtigkeit individueller Entscheidungen durch Gleichgesinnte zu bestätigen. Bauman bezeichnet diese Form der Gemeinschaftsbildung um ein Thema, Idol oder Anlass zur Identitätskonstruktion oder -stabilisierung in Anlehnung an Kant als ›ästhetische Gemeinschaft‹. Da es sich bei der Konstruktion von Identität um einen fortlaufenden, unabgeschlossenen Prozess handelt, muss diese Form der Gemeinschaft individuelle Autonomie und Wandlungen ermöglichen. Eine solche Gemeinschaft

> »muss flexibel sein und bleiben, sie kann immer nur ›bis auf weiteres‹ bzw. ›solange sie befriedigt‹ gelten […]. Die gesuchte Bindung soll also jene, die sie gefunden haben, keinesfalls binden. Um Max Webers berühmtes Bild zu bemühen: es wird kein stahlhartes Gehäuse gesucht, sondern ein leichtes Cape« (ebd., S. 81).

Ästhetische Gemeinschaften können sich um Idole bilden, an deren medialen Inszenierungen man dann teilhaben und sich einer Gruppe von Gleichgesinnten zugehörig fühlen kann. Ebenso können Ereignisse ein Anlass für eine Gemeinschaftsbildung sein, wie beispielsweise eine Fußballmeisterschaft oder auch die als bedrohliches Ereignis wahrgenommene Einrichtung eines Asylbewerberheimes in der Nachbarschaft. Diese ›Anlass-Gemeinschaften‹ sind durch flüchtige und vergängliche Bindungen charakterisiert. »Die ästhetische Gemeinschaft will ausdrücklich kein Netz ethischer Verantwortlichkeiten und – als deren Folge – langfristiger Verpflichtungen zwischen ihren Anhängern knüpfen« (ebd., S. 89).

Personen, die nicht über die Ressourcen verfügen, um ihre Individualität de facto zu verwirklichen, sind eher auf der Suche nach einer Gemeinschaft, die es im Kollektiv ermöglicht, das Entbehrte zu realisieren. Im Kontrast zu einer ästhetischen Gemeinschaft bezeichnet Bauman diesen Gemeinschaftstypus als ethische Gemeinschaft mit langfristigen Bindungen und Beständigkeit, die gegenseitige Absicherung und langfristige Zukunftsplanungen ermöglicht. Die weniger erfolgreichen, weniger gut ausgestatteten Menschen suchen also eher nach Gemeinschaften, die Gewißheiten, Sicherheit und Schutz bieten. Diese beiden verschiedenen Gemeinschaftsmodelle werden im Diskurs häufig vermengt, wodurch verschleiert wird, dass es sich hier um Produkte gesellschaftlicher Konflikte handelt (ebd.).

3.5.2 Hintergrund

In historischer Perspektive beschreibt Bauman die Entwurzelung von Bauern und Handwerkern durch Herauslösung aus gemeinschaftlichen Bindungen in lokalen Gemeinschaften und Eingliederung in neue Ungleichheitsverhältnisse. Im Zuge der industriellen Revolution wurden weite Teile der Bevölkerung aus vormals sichernden Gemeinschaften oder Netzwerken herausgelöst. Mit der Auflösung ständischer Strukturen verfügte nun die große Masse der Menschen über die Freiheit, ihre Arbeitskraft zu Markte zu tragen, die zugleich mit dem Zwang verbunden war, die Existenz zu sichern und daher die herrschenden Marktbedingungen zu akzeptieren. Nur wenige Privilegierte, die in gesicherten Verhältnissen lebten, profitierten von dem Zuwachs an Freiheit, der mit den Individualisierungsprozessen verbunden war. In der Moderne erfolgte die Integration der Menschen in die Gesellschaft zunehmend über Zugehörigkeiten zu Organisationen, die wiederum nationalstaatlich ausgerichtet waren. Sie symbolisierten eine bestimmte Ordnung und Eindeutigkeit, daher spricht Bauman in diesem Zusammenhang von imaginären Gemeinschaften, zu denen er auch die Nation zählt. In der postmodernen globalisierten Gesellschaft verliert der Nationalstaat als Integrationsinstanz zunehmend an Bedeutung. Soziale Identität wird

> »in der Postmoderne nicht mehr über die Mitgliedschaft in Organisationen hergestellt, sondern über die Teilnahme an bestimmten milieugenerierenden Lebensstilen. Identität ist damit keine politische oder organisatorische Frage. Sie ist eine Frage des Konsums bestimmter und nicht anderer Güter« (Bonacker 2014, S. 174).

Die Ökonomie fungiert als neue Integrationsinstanz, Markt und Konsum übernehmen nun eine bedeutende Rolle im Zusammenhang mit Zugehörigkeit und Identität.

Neben materieller Sicherheit sind auch emotionale und normative Sicherheit bedeutsame Aspekte in Gemeinschaften, z. B. in Form von Anerkennung, Wertschätzung und Sinnhaftigkeit. Vor dem Hintergrund der Annahme, dass sich diese Qualitäten auch positiv auf die Arbeitsergebnisse und damit auf die Produktivität auswirken würden, fanden gemeinschaftliche Aspekte im 20. Jahrhundert in Form von einer guten Atmosphäre am Arbeitsplatz, Wertschätzung der geleisteten Arbeit und der Förderung von Loyalität und Identifikation der Beschäftigten mit dem Unternehmen und den Produkten der Arbeit mehr Berücksichtigung in der Arbeitsorganisation.

> »Dies war sozusagen eine Wiederentdeckung: Man begriff, welche Sinnhaftigkeit Gemeinschaft stiftet und welches Wertsteigerungspotential der ›Werkinstinkt‹ besitzt – und welche Bedeutung damit diesen außer acht gelassenen Ressourcen in der unablässigen Bemühung um eine Verbesserung der Kosten-Nutzen-Relation zukommen konnte« (Bauman 2014, S. 47).

Nach einer Phase der Bindung und Verpflichtung seitens der Arbeitgeber folgte gegen Ende des 20. Jahrhunderts die ›Deregulierung‹. Heute sind die Zeiten der Bindungen kürzer, die Flexibilisierung schreitet voran, Unternehmensbereiche werden verschlankt oder outgesourct. Diese Entwicklung ist mit einer Zunahme an unsicheren und prekären Arbeitsverhältnissen verbunden. Zugleich hat sich eine globale Elite herausgebildet, die über große Ressourcen verfügt.

3.5.3 Herausforderungen

Bauman beschreibt die kapitalistische Ordnung des Zusammenlebens in der Moderne als janusköpfig: »auf der einen Seite Emanzipation, auf der anderen Zwang, jede Seite einem anderen Bereich der Gesellschaft zugewandt« (ebd., S. 35). Das Bild der Janusköpfigkeit ist dem des Doppelgesichts ähnlich, mit dem Beck die institutionsabhängige Individuallage beschreibt. Die vermeintliche Freiheit der Individualisierung, gestalten zu können, und der Zwang, es vor dem Hintergrund des Marktgeschehens und der eigenen (möglicherweise begrenzten) Ressourcen zu müssen, bestehen bis heute fort. Verantwortung für das Ergebnis hat das Individuum. In Zusammenhang mit einer individualisierten Sicht auf Ungerechtigkeiten und Probleme rückt der gemeinsame Kampf um Umverteilung und damit verbundene Gemeinschaften in den Hintergrund, obgleich die Einkommensunterschiede zugenommen und sich die Abstände zwischen Armen und Reichen deutlich vergrößert haben. Im Zuge der flüchtigen Moderne haben Politik und kulturelle Vordenker »das Desideratum sozialer Gerechtigkeit als Maßstab allen gesellschaftlichen Experimentierens so gut wie aufgegeben – zugunsten einer sich an den ›Menschenrechten‹ orientierenden Normierung« (ebd., S. 91), woraus sich zahllose Kämpfe um Anerkennung ergeben können. Bauman stellt heraus, dass das Streben nach sozialer Gerechtigkeit sowohl die Anerkennung von Differenz als auch den Aspekt der Umverteilung beinhalten sollte.

> »Solange Anerkennungsforderungen die Problematik der Umverteilung aussparen, läßt sich die durch die existentiellen Unsicherheiten der flüchtigen Moderne erzeugte Zunahme individueller Besorgnis aus dem Bereich der Politik fernhalten, indem man ihren sozialen Ursprung ignoriert« (ebd., S. 107).

In dieser Logik kann Handeln, das ausschließlich auf identitätspolitische Aspekte fokussiert ist, soziale Ursprünge von Konflikten verschleiern.

Die unsicheren und ungewissen Lebensbedingungen in der flüchtigen Moderne sind für eine erhebliche Zahl von Menschen mit Entwurzelung, Angst und Ausgrenzung verbunden. Die Sehnsucht nach Sicherheit und Zugehörigkeit kann in Tribalismus münden, was Bauman mit »Zurück ans Stammesfeuer« (2017, S. 65) betitelt, zurück in die Sicherheit und Geborgenheit einer Gemeinschaft, der man angehört und die sich klar von anderen abgrenzt. In Zeiten der Globalisierung kann beispielsweise eine national ausgerichtete Orientierung eine solche Zugehörigkeit und Identität verheißen und problematisch für das Zusammenleben in einer Gesellschaft werden, wenn sie mit (aggressiver) Ablehnung von Fremden verbunden ist. Häufig geht mit einer solchen Orientierung ein Rückbezug auf die Vergangenheit einher, verbunden mit einem Narrativ, in dem das Land in früheren Zeiten als erfolgreich, sicher, friedlich oder stark imaginiert wird, denn die Vergangenheit ist, so Bauman, »ein bequemer und in vielen Hinsichten äußerst attraktiver Bauplatz für Komfortzonen« (ebd., S. 83). Plakatives Beispiel für einen solchen rückwärtigen Bezug ist der MAGA-Slogan von Donald Trump (»Make America Great Again«), in dem die Vision für die Zukunft ausschließlich aus einer idealisierten imaginierten Vergangenheit abgeleitet wird, und auch in Deutschland gibt es derartige Gruppierungen mit den entsprechenden Narrativen. Von dem hier dargestellten Tribalismus als Reaktion auf die aktuellen Herausforderungen – dem Wunsch, ans Stammesfeuer zurückkehren zu können – lässt sich eine Parallele zur Beschreibung des Kulturessenzialismus bei Reckwitz (2019) ziehen, bei dem Kollektive als moralische Identitätsgemeinschaften fungieren und in unterschiedlichen Gestalten, wie beispielsweise national ausgerichteten Gruppen, auftreten können. Bauman sieht aber auch positives Entwicklungspotential in Bezug auf Zugehörigkeiten und dazugehörige Orientierungen:

> »Die Vision von der Ungewißheit ist ohne Zweifel beängstigend. Doch sie kann auch zu größerer Anstrengung mobilisieren. Eine mögliche Reaktion auf die Ungewißheit ist die ›Ideologie vom Ende aller Ideologien‹ und die Praxis vom Rückzug aus Bindungen. Eine andere, ebenso vernünftige, aber aussichtsreichere Reaktion ist die Überlegung – und die ihr folgende Praxis –, daß die Suche nach einer für alle verbindlichen Humanität nie so notwendig war wie heute« (Bauman 2014, S. 171).

3.6 Selbstverbesserung und Selbstoptimierung

Der Trend zur Selbstverbesserung wird in diversen Gegenwartsbeschreibungen sichtbar. Das Streben nach Selbstoptimierung findet sich als Orientierungsmuster in der Gestaltung des individuellen Lebens und in diversen Praktiken der alltäglichen Lebensführung. Der Begriff Optimierung gründet auf lat. ›optimus‹ (das Beste), den Superlativ von ›bonus‹ (gut), und verweist darauf, das Beste in einer Situation erreichen zu wollen oder sich im Allgemeinen auf das Beste hin auszurichten. Die persönliche Verbesserung wird auch als Enhancement bezeichnet und kann in verschiedenen Feldern angestrebt werden. Sie kann sich in humanistischer Perspektive umfassend auf die ›Natur‹ des Menschen beziehen, die bestmöglich entfaltet und verwirklicht werden soll. Geistige oder körperliche Leistungsfähigkeit, Fitness, erwünschte Körperformen oder eine bestimmte emotionale Verfassung können ersehnt und durch Training oder andere zielorientierte Handlungen unterstützt werden. Ebenso können wunscherfüllende Eingriffe und Hilfsmittel wie ästhetische Medizin, körperkraft- und ausdauersteigerndes Doping oder Pharmazeutika zur Verbesserung der kognitiven Leistung zum Einsatz kommen. Ein weiterer aktuell diskutierter, aber noch wenig verbreiteter Bereich der Optimierung ist das genetische Enhancement, bei dem es um Eingriffe in das menschliche Genom zu nicht medizinischen Zwecken geht.

Der Begriff Enhancement ist stärker mit Optimierung durch biologische, pharmazeutische oder technische Maßnahmen verbunden. In einem engeren Sinn wird er nur

> »zur Bezeichnung solcher Verbesserungen menschlicher Eigenschaften verwendet, die sich nicht als Beitrag zur Wiederherstellung oder Bewahrung der physischen oder psychischen Gesundheit verstehen lassen. Diesem Verständnis zufolge dienen Enhancement-Maßnahmen also weder therapeutischen noch präventiven Zwecken und fallen damit aus dem genuinen Aufgabenbereich der Medizin heraus. Eine scharfe Abgrenzung von therapeu-

tischen Maßnahmen und Enhancement kann nicht immer getroffen werden« (Deutsches Referenzzentrum für Ethik in den Biowissenschaften 2020).

Diese Unschärfe fließt auch in die Diskussion darüber ein, wie die konkreten Ziele der Optimierung und wie die Mittel und Verfahren, die beim Streben nach Selbstverbesserung eingesetzt werden, zu bewerten sind. Geht beispielsweise eine Person insbesondere aus ästhetischen oder statusbezogenen Gründen zum Krafttraining oder um den Rückenschmerzen vorzubeugen, die sie aufgrund ihrer sitzenden Tätigkeit immer wieder hat? Oder spielen beide Gründe eine Rolle? Dient eine Schönheitsoperation der Annäherung an ein Schönheitsideal, an eine Norm, soll der soziale Status dadurch verbessert oder sollen psychische Leiden minimiert werden? Wird die gleiche Handlung in dem einen oder anderen Fall unterschiedlich bewertet? Von wem und aus welchem Grund?

Die gesellschaftliche Auseinandersetzung mit dem Thema Selbstoptimierung ist kontrovers. Es gibt sowohl Stimmen, die die Gestaltungsmöglichkeiten und Autonomie des Einzelnen hervorheben und diese befürworten, als auch Stimmen, die eher die Ausrichtung auf eine neoliberale Effizienzsteigerung und unternehmerische Interessen im Vordergrund sehen und einen Optimierungszwang kritisieren.

Auch hier wird das Thema nicht in seiner ganzen Breite gezeigt, sondern es wurde eine Auswahl entlang der Ausrichtung dieses Bandes getroffen.

3.6.1 Grundzüge

In seinen Arbeiten zur Soziologie der Wettbewerbsgesellschaft unterscheidet Ulrich Bröckling (2013, 2021) drei Modi der Optimierung: die Perfektionierung, die Steigerung und den Wettbewerb. Diese drei Typen existieren nebeneinander und können sich auch teilweise überlagern.

Perfektionierung

Bei der Optimierung als Perfektionierung steht ein Vollkommenheitsanspruch im Vordergrund. Handlungsleitender Maßstab ist ein Ideal, das angestrebt wird, aber nicht vollständig erreicht werden kann. So setzt sich das Streben dauerhaft fort und ist niemals zu Ende. Angenommen wird hinter den Perfektionierungsbemühungen ein dem Menschen oder der Gesellschaft innewohnendes Potential, eine ›Natur‹, die entfaltet werden soll. Dabei ist das Ideal der Vervollkommnung holistisch ausgerichtet. »Perfektionierungsprogramme beziehen sich stets auf den ganzen Menschen und/oder die gesamte Gesellschaft« (Bröckling 2021, S. 44). Es handelt sich also um eine umfassende Orientierung am Ideal eines vollkommenen Menschen oder einer vollkommenen Umwelt.

Steigerung

Bei der Optimierung als Steigerung ist der Maßstab der Verbesserung quantitativ, wobei das auch qualitative Aspekte einschließt, die über bestimmte Indikatoren messbar gemacht werden können. Beispielsweise können glückliche Momente in einer Beziehung oder bei einer erfüllenden Tätigkeit qualitativ bestimmt und dann deren Häufigkeit bemessen werden. Es gibt eine klare Richtung, handlungsleitend ist, ›mehr von etwas‹ zu erreichen. Allerdings existiert bei der Orientierung an der Steigerungslogik kein endgültiges Ziel oder Endpunkt, eine weitere Steigerung ist tendenziell immer möglich. Anders als die Vervollkommnung, die eher auf eine umfassende Sicht, eine Ganzheit abzielt, orientiert sich die Steigerung eher am Detail. Aufgaben und Abläufe werden in ihren einzelnen Aspekten analysiert, um diese jeweils zu verbessern und zu rationalisieren und so insgesamt die Leistung zu steigern.

Wettbewerb

Bei der Optimierung als Handeln unter Wettbewerbsbedingungen ist der Bezugsrahmen der Handlung die Konkurrenzsituation zu anderen. Eigene Selbstoptimierungsbemühungen werden an anderen Akteuren ausrichtet, die an diesem Markt beteiligt sind, Entscheidungen werden unter Bezugnahme auf mögliche Entscheidungen anderer getroffen. Es geht um die Frage, wie die eigene Position am Markt in Konkurrenz zu anderen möglichst optimal gestaltet werden kann. Der Maßstab der Optimierung ist temporär und relational bestimmt, da er nicht auf eindeutige und gleichbleibende Leistungsindikatoren oder ein Ideal bezogen ist, sondern auf die aktuell bestehenden Wettbewerbsbedingungen.

»Optimierung geht in diesem Regime einher mit dem Zwang, sich positiv von den Mitbewerbern abzuheben – oder sie auszuschalten« (Bröckling 2020, o. S.). Der ständige Vergleich mit anderen ist hier vorherrschend, wobei sich dessen Inhalte und Ausprägungen ständig ändern können. Dies macht kontinuierliche Anpassungen sowie den Umgang mit permanenter Unsicherheit nötig. Der Erfolg der Bemühungen ist ungewiss.

> »Niemand kann dabei sicher sein, ob sein Erfolg nicht dem puren Zufall und sein Misserfolg mangelndem Bemühen geschuldet ist. Zugleich muss jeder all seine Kräfte mobilisieren, ohne je Gewissheit zu haben, dass sich die Plackerei auszahlt. Das Glück winkt nur dem Tüchtigen, jedoch schützt noch so viel Tüchtigkeit nicht vor dem Unglück. Zur Unabschließbarkeit der Optimierung kommt hier noch die allenfalls lose Kopplung zwischen Anstrengung und Ertrag« (Bröckling 2020, o. S.).

Alle drei Varianten der Verbesserung – die Orientierung am Ideal, die Ausrichtung auf eine ständige Steigerung und die Wettbewerbsorientierung – erfordern fortwährende Anstrengungen, da sie keinen erreichbaren Endpunkt haben und so unabschließbar sind. Sie werden in verschiedenen Bereichen und mittels diverser Methoden umgesetzt.

Das Thema der Selbstverbesserung wird in zeitdiagnostischen Ansätzen mit unterschiedlichen Schwerpunktsetzungen aufgenommen. In der folgenden Darstellung ausgewählter Ansätze sind die verschiedenen Bereiche der Selbstoptimierung entlang der drei Dimensionen positive Emotionen und Glück, körperliche Fitness, Schönheit und Gesundheit und kognitive Leistungsfähigkeit und Neuro-Enhancement geordnet. Dabei handelt es sich um eine analytische Trennung, die die Fokussierung auf das im Zentrum stehende Thema erleichtern soll, tatsächlich überlappen sich die Bereiche vielfach. Das Kriterium zur Zuordnung zu einer Dimension ist die Schwerpunktsetzung in dem jeweiligen Ansatz, auch wenn andere Dimensionen ebenfalls thematisiert werden.

3.6.1.1 Positive Emotionen und Glück

Unter der Perspektive der Selbstverbesserung gelten positive Emotionen als Zeichen des Erfolgs. Reckwitz beschreibt in seinen Ausführungen zur »spätmodernen Enttäuschungsproduktion« (2019, S. 221), dass mit erfolgreicher Selbstentfaltung eine Kultur der positiven Emotionen verbunden ist. Positives Erleben wird zum Ideal, das erreicht oder auch nicht erreicht werden kann und dann zur Produktion von Enttäuschung und entsprechend weniger positiven Gefühlen beiträgt. Die Mechanismen wurden bereits im Abschnitt zur Singularisierung genauer erläutert (▶ Kap. 3.3).

In ähnlicher Weise ist Glück zum Ideal avanciert. Für Edgar Cabanas und Eva Illouz (2019) ist das Streben nach Glück kennzeichnend für die heutige Zeit. Aus psychologischer und soziologischer Sicht betonen sie die Normativität dieses Konzepts, indem sie von einem Glücksdiktat sprechen. Glück fungiert als Maßstab für ein erfolgreiches Leben, es ist damit zugleich eine Anforderung an das Individuum und eine individuell herzustellende Leistung.

Die mit Glück verbundenen Vorstellungen, so Cabanas und Illouz, haben sich im Zuge der Modernisierung und Individualisierung verändert. Glück war in früheren Zeiten eher mit Schicksal, göttlicher Fügung, glücklichen Umständen und Abwesenheit von Leid verknüpft. Dagegen gilt Glück heutzutage

> »als eine Geisteshaltung, die sich willentlich herbeiführen lässt, als Resultat der Mobilisierung unserer inneren Stärken und unseres ›wahren Selbst‹, als einziges Ziel, das anzustreben sich lohnt, als der Maßstab, an dem wir den Wert unserer Biographien, die Größe unserer Erfolge und Niederlagen sowie den Stand unserer psychischen und emotionalen Entwicklung messen müssen« (ebd., S. 11).

Das Verständnis von Glück hat sich also von einem Geschenk oder einem Zufall zu einer Leistung gewandelt, die beispielsweise durch Erreichung angestrebender Ziele hergestellt werden muss. Zudem entsteht die Anforderung, bei der Erreichung dieser Ziele auch Glück zu empfinden, und es kann irritieren, wenn sich diese Emotionen dann nicht einstellen oder nur sehr flüchtig erfahren werden.

Dieser Entwicklung des Verständnisses von Glück als Maßstab für ein erfolgreiches Leben und eine gelungene Selbstverwirklichung stehen Cabanas und Illouz äußerst kritisch gegenüber. Aus ihrer Sicht spielten die Positive Psychologie und die Glücksforschung dabei eine bedeutende Rolle, die sich seit Ende der 1990er Jahre weit verbreitet haben. »Diesen Psychologen zufolge unterliegen alle Individuen von Natur aus dem Drang, glücklich sein zu wollen, so dass man dieses Streben nicht nur als natürlich, sondern auch als höchsten Ausdruck menschlicher Erfüllung sehen sollte« (ebd., S. 14f.). Die starke Verbreitung, so Cabanas und Illouz, steht auch in Zusammenhang damit, dass diese Arbeits- und Forschungsbereiche mit umfangreichen privaten und öffentlichen Finanzmitteln ausgestattet wurden (ebd., S. 29ff.). Sie hinterfragen, welchen Interessen diese Idee dient, welche Akteure Nutzen aus ihr ziehen und welche wirtschaftlichen und politischen Konsequenzen sich daraus ergeben, wenn das Streben nach Glück in dem genannten Sinne gesellschaftlich weite Verbreitung findet.

> »Auffällig ist in diesem Zusammenhang, dass die wissenschaftliche Behandlung des Glücks und die Glücksindustrie, die um sie herum entstanden ist und gedeiht, ganz erheblich dazu beitragen, die Annahme durchzusetzen, Reichtum und Armut, Erfolg und Scheitern, Gesundheit und Krankheit lägen allein in unserer eigenen Verantwortung. Damit wird zugleich der Vorstellung Vorschub geleistet, es gäbe keine strukturellen Probleme, sondern ausschließlich psychologische Defizite, es gebe also […] keine Gesellschaft, sondern nur Individuen« (ebd., S. 18).

Wenn diese Vorstellungen dominieren, gerät die Ungleichheit aus dem Blick, denn Glück und positive Lebensverhältnisse werden mit persönlicher Leistung und Anstrengungsbereitschaft verbunden. Kritik an sozialen Bedingungen tritt in den Hintergrund und wird delegitimiert.

Zugleich ist der Boden bereitet für einen Markt, auf dem Angebote Zulauf erhalten, die die Steigerung von Glück und positiven Emotionen verheißen. Die Verbreitung von Glück als Ware wird noch dadurch unterstützt, dass Glück nicht abschließbar zu erreichen ist, sondern immer wieder neu hergestellt werden muss. Dies bringt »Glückssucher« oder »Happychonder« hervor, die »auf ihr Selbst fixiert und permanent mit dem Versuch beschäftigt sind, ihre psychischen Macken zu beseitigen, sich zu verändern und zu verbessern« (ebd., S. 19). Es entsteht die paradoxe Lage, dass die Person sich selbst verwirklichen und eigenverantwortlich handeln soll, hierbei allerdings Hilfsmittel, Anleitung und Orientierungshilfe – beispielsweise durch Ratgeber, spezifische Methoden oder Coaching – benötigt (ebd., S. 13).

Aus organisationstheoretischer Perspektive hat sich Carl Cederström ebenfalls mit dem Streben nach Glück auseinandergesetzt und spricht in dem Zusammenhang von einer Phantasie des Glücks. Er beleuchtet die zeitgeschichtliche Wandlung von Glücksstreben als Ausdruck einer oppositionellen Bewegung Mitte des 20. Jahrhunderts hin zu einem Mainstreamphänomen heute. Mitte 1960er Jahre stand die Befreiung von Autoritäten und einem konventionellen Leben sowie das Streben nach Glück und Freiheit inklusive sexueller Emanzipation als Glücksverheißung mit Wilhelm Reich als »gegenkulturelle[r] Ikone« (2019, S. 101) zunächst in Opposition zu den allgemein dominierenden Orientierungen. In den folgenden Jahrzehnten und zunehmender neoliberaler Ausrichtung wurden Werte wie Freiheit, Kreativität und Autonomie in Arbeitszusammenhänge integriert und von einigen Unternehmen dazu genutzt, »Arbeitsstunden zu verlängern und die Grenze zwischen Leben und Arbeit zu verwischen« (ebd., S. 104). Arbeit soll nun eine Gelegenheit sein, zur Selbstverwirklichung beizutragen, man soll Begeisterung für sie zeigen. Auf diese Weise wird Arbeit mit Erfüllung und Glück verbunden. Inzwischen ermöglichen es die technischen Innovationen, unabhängig von bestimmten Orten und Zeiten zu arbeiten, was wiederum entgrenzten Optimierungsbestrebungen Vorschub leisten kann.

Stand also die Phantasie vom Glück zunächst in Opposition zu Macht und Herrschaft, wird sie, so Cederström, heute als Mittel benutzt, um Macht und Herrschaft in der Arbeitswelt auszuüben und Menschen zu motivieren, durch selbstverbesserndes Verhalten im Wettbewerb mit anderen die Chancen auf dem Arbeitsmarkt zu erhöhen. Er schildert ein Gespräch mit Studierenden über das Thema Narzissmus und die Beschäftigung mit sich selbst. Ausgangspunkt der

Diskussion war ein Cover eines bekannten Magazins mit der Abbildung einer jungen Frau, die ein Selfie von sich macht, untertitelt mit der Zeile »The Me Me Me Generation« (ebd., S. 79). In der Auseinandersetzung mit den Äußerungen der Studierenden kam Cederström zu dem Schluss, dass deren Selbstbeschäftigung und Selbstbespiegelung nicht als Persönlichkeitsmerkmale angesehen werden können, sondern es sich um gesellschaftliche Eigenschaften handeln würde, die sie unter den herrschenden Bedingungen vorzuweisen hätten. Das Bestreben, ehrgeizig und außergewöhnlich zu erscheinen, sei keine Wahl, sondern eine Notwendigkeit, daher findet er es verfehlt, die junge Generation als narzisstisch zu beschreiben. »Man leidet nicht an einer Störung, wenn man die kulturellen Werte übernimmt, die von der Gesellschaft geschätzt werden« (ebd., S. 81). Oftmals wird eine Dokumentation von hoher Leistungsbereitschaft und selbstvermarktendem Handeln erwartet, wozu ebenfalls gehört, sich von der Masse abzuheben und einzigartig zu sein. Hier lassen sich deutliche Bezüge zum Konzept der Singularitäten von Reckwitz herstellen.

3.6.1.2 Körperliche Fitness, Schönheit und Gesundheit

Die Modernisierung hat auch eine körperliche Dimension. Heutzutage gilt der Körper nicht mehr als natur- oder gottgegeben, sondern kann weitreichend gestaltet und behandelt werden. Ein beweglicher, muskulöser, fitter Körper symbolisiert Selbstdisziplin, Flexibilität, Gesundheit und ist ein sichtbares Zeichen von Erfolg und Leistungsfähigkeit. Bei Handlungen zur körperlichen Verbesserung und Verschönerung geht es häufig nicht in erster Linie um Schönheit, sondern oft darum, normal zu sein, was bedeutet, den Normalitätsvorstellungen einer disziplinierten und leistungsfähigen Person in der gegenwärtigen Gesellschaft zu entsprechen. Beispielsweise entspricht ein vollständiges Gebiss im Erwachsenenalter heute den Normalitätsvorstellungen in der westlichen Welt, fehlende Zähne werden als Abweichung von der Norm erlebt und als Ausdruck von Mangel an Gesundheitsvorsorge oder finanziellen Mitteln interpretiert. Es geht bei der Arbeit am Körper also auch um Zugehörigkeit, Teilhabe, Chancen und Ausschluss. So ist hinlänglich bekannt, dass zwischen Schönheit und Karriere ein Zusammenhang besteht, körperliche Attraktivität erhöht beispielsweise die Wahrscheinlichkeit auf bessere berufliche Optionen und ein höheres Gehalt (Borkenhagen 2021). Die vermeintlich äußerliche Arbeit am Körper ist, so Paula-Irene Villa, »immer und unausweichlich Arbeit am sozialen Selbst« und

> »mitnichten eine rein subjektive, individuelle ›Privatangelegenheit‹ von souveränen, handlungsrationalen, freien und selbstbewussten Menschen [...]. Vielmehr sind Entscheidungen über den eigenen Körper als Entscheidungen über das Selbst hochgradig normativ, sie sind getränkt von Sozialität« (Villa 2008a, S. 8).

Schönheitshandeln dient der Stiftung und Stabilisierung von Identität sowie der sozialen Positionierung. Ein alltägliches Beispiel dafür ist die Inszenierung der eigenen Person über Mode bzw. spezifische Kleidung, die Zugehörigkeit zu und Abgrenzung von Gruppen signalisiert. Als Kriterien des gängigen Schönheitsideals arbeitet Waltraud Posch (2009) Schlankheit, Jugendlichkeit, Fitness und Authentizität heraus und betont den hohen Stellenwert der Perfektionierung des Erscheinungsbildes. In der individualisierten Gesellschaft ist der Körper zum Projekt geworden.

Schönheitshandeln ist nicht neu und hat es in vielen Ausformungen schon immer gegeben, allerdings sind die Möglichkeiten und auch die Anforderungen unter den gegenwärtigen gesellschaftlichen Bedingungen der Individualisierung, des Wettbewerbs und des Optimierungsimperativs sowie in Zusammenhang mit den technischen und massenmedialen Entwicklungen sehr weitreichend. Waren Verschönerungsbemühungen vormals überwiegend auf äußere Anwendungen beschränkt, stehen heute auch invasive Techniken der Veränderung zur Verfügung. Die Möglichkeiten der Körpermanipulation vom Haarschnitt über Mode, Diäten, Permanent Make-up, Sport bis hin zur plastischen Chirurgie sind dabei »auf einem Kontinuum angesiedelt« (Villa 2008b, S. 252). Die Schönheitschirurgie als Medizin der selbstbestimmten Wunscherfüllung reiht sich ein in die »zeitgenössische Verflüssigung der Grenzen zwischen medizinischer Heilung, körperlicher Optimierung – enhancement – und Lifestyle« (Villa 2013, S. 57). Die Zahlen der schönheitsmedizinischen Behandlungen steigen global und auch in Deutschland seit Jahren an. Die International Society of Aesthetic Plastic Surgery (ISAPS) verzeichnet für Deutschland im Jahr 2019 rund 336.000 chirurgische und 647.000 nicht chirurgische Behandlungen, für das Jahr 2023 rund 463.000 chirurgische und 781.000 nicht chirurgische Behandlungen, das ist ein Zuwachs von 261.000 Behandlungen oder gut 26 % in fünf Jahren (ISAPS 2024a, ISAPS 2024b). Es ist davon auszugehen, dass die Anzahl der Behandlungen tatsächlich noch weit höher liegt, da in Deutschland neben Chirurg:innen auch andere Fachärzt:innen schönheitsmedizinische Behandlungen durchführen können. So hat beispielsweise die Deutsche Gesellschaft für ästhetische Botulinum- und Fillertherapie e. V. (DGBT) ein breites Fortbildungsangebot zu diesen minimalinvasiven Behandlungen für Ärzt:innen aller Art im Angebot. Bei Botulinum- und Fillerbehandlungen ist auch von ›Lunchtime-Eingriffen‹ die Rede, die im Gegensatz zu aufwändigen chirurgischen Eingriffen und Heilungsphasen in einer Mittagspause zu erledigen sind (Borkenhagen 2021). Marktanalysen prognostizieren für den weltweiten Botulinumtoxin-Markt einen hohen Zuwachs, der in einer Marktanalyse beispielsweise von 8,14 Mrd. US-Dollar im Jahr 2023 auf 16,01 Mrd. US-Dollar im Jahr 2032 geschätzt wird, was einer Verdoppelung innerhalb von neun Jahren entsprechen würde (Fortune Business Insights 2024). Botulinumtoxine werden auch zu medizinischen Zwecken eingesetzt, aber es ist zu vermuten, dass die prognostizierten Zuwächse vor allem aus der schönheitsmedizinischen Anwendung abgeleitet werden.

Darüber hinaus zeigen die Behandlungszahlen deutlich eine geschlechtsspezifische Dimension: In einer Befragung der Deutschen Gesellschaft für Ästhetisch-Plastische Chirurgie lag der Frauenanteil an den Behandlungen in den Jahren 2015 bis 2024 zwischen 86,1 und 84,9 % (DGÄPC 2024). Das bedeutet, dass ganz überwiegend Frauen minimalinvasive und chirurgische Behandlungen in Anspruch nehmen, was schon mit Blick darauf nachdenklich macht, wie weit viele Frauen zu gehen bereit sind, um bestimmten Vorstellungen zu entsprechen. Männer unterliegen natürlich ebenso körperbezogenen Idealen. Die Körperformung findet allerdings vielfach über Sport und spezifisches Training statt, teilweise ergänzt durch muskelaufbauende Substanzen, die ebenfalls weit in die Körperchemie eingreifen z. B. bei bestimmten Praxen des Bodybuildings. Ein etwas kurioses Beispiel für ein – medial propagiertes – männliches Schönheitsideal ist der »Traum vom perfekten Männerkiefer« (Menden 2024). Über Videos auf Internetplattformen wie Tiktok und Youtube werden Trainingsmethoden verbreitet, um den Kaumuskel für eine markante Unterkieferlinie zu trainieren. Dies fällt in einen Trend verschiedener an Männer gerichteter Online-Foren, in denen es unter dem Begriff ›Looksmaxxing‹ um die Verbesserung der körperlichen Attraktivität mit gezielten Maßnahmen geht (Menden 2024).

Aber zurück zur Schönheitschirurgie. Auf Werbeplattformen von schönheitsmedizinischen Anbietern stehen heute verjüngungssimulierende Anwendungen zur Verfügung. Mit diesen Programmen ist es möglich, digital ein Zukunftsselbst zu entwerfen.

> »Das digitale Morphing visualisiert die Verwandlung vom gealterten in das neue alterslose Gesicht eindrucksvoll, indem es die Auflösung des alten Gesichts, seine Entmaterialisierung, in eine multiple veränderbare Oberfläche und die fließende Veränderung der einzelnen Gesichtspartien zeigt. Durch die beliebig häufige Wiederholbarkeit der Vorher-Nachher-Simulation mittels Vor- und Zurückbewegung des Cursors erscheint die Optimierung des eigenen Aussehens kinderleicht« (Borkenhagen 2021, S. 266).

Ada Borkenhagen hebt hervor, dass sich paradoxerweise bei vielen Nutzer:innen von schönheitsmedizinischen Maßnahmen das Authentizitätserleben nach den Behandlungen erhöht, da das bearbeitete Aussehen nun eher zum idealisierten Selbstbild passt. Die Inanspruchnahme der Behandlung wird als aktives Handeln und als Selbstermächtigung erlebt, mit der das eigene Selbst optimiert und der Alterungsprozess abgewendet werden kann, was sie auch als Todesabwehr interpretiert (ebd.).

In Zusammenhang mit den dargestellten Entwicklungen spricht Villa von einer Normalisierung der Schönheitschirurgie, die sich auch in einer zunehmenden Akzeptanz schönheitsmedizinischer Eingriffe zeige (2013). Darüber hinaus betont sie die Gleichzeitigkeit von Selbstermächtigung – ich kann gestalten, über meinen Körper verfügen – und Selbstunterwerfung – ich muss gestalten, den Körper optimieren – in der fortgeschrittenen Moderne (2008b).

Neben Schönheitshandlungen bezieht sich Optimierung auch auf die körperliche Fitness. Sie wird durch regelmäßiges Training erreicht und mittels diverser Selftracking-Methoden ist es möglich, die Arbeit am Körper und dessen Fortschritt zu messen und zu kontrollieren. Fitness zeigt sich in Schlankheit und einer definierten Körperform, sie signalisiert Willensstärke und wird häufig mit Gesundheit assoziiert. »Fitness gilt als selbsterarbeitete und selbstverantwortete Gesundheit und Leistungsfähigkeit, und fatness firmiert als dessen Antipode« (Martschukat 2022, S. 121). Abweichungen von den Normvorstellungen, beispielsweise durch üppige Körperformen, können mit negativen Zuschreibungen verschiedenster Art, z. B. Willensschwäche oder mangelnder Leistungsfähigkeit, verbunden sein. Die Vorstellung, weitreichende Verantwortung für die eigene Gesundheit zu haben, kann im Krankheitsfall in Schuldgefühle oder auch Zuschreibungen von außen münden, zu wenig für die Gesundheit getan oder durch den Lebensstil die Krankheit mit verursacht zu haben. Unzulänglichkeiten des Körpers werden in dieser individualisierten Sicht als individuelles Versagen gedeutet (Schroer 2005, S. 20).

Vor dem Hintergrund der Annahme, dass die Optimierung des Selbst zunehmend eine kulturelle Normalität in spätmodernen westlichen Gesellschaften darstellt, mit der Individuen unterschiedlich umgehen, arbeitet Julia Schreiber in ihrer Studie zur Körperoptimierung vier Typen der Körperverbesserung heraus (2021). Beim ersten Typus steht die Verbesserung eines defizitären Selbst mit hohem von außen herangetragenen Konformitätsdruck im Fokus. Hier wird die äußere Angleichung an Körpernormen mit sozialer und ökonomischer Absicherung belohnt, bei Abweichung droht dagegen Entwertung und Missachtung. Beim zweiten Typus steht die Verbesserung als Leistungssteigerung, die Anforderung, sich anzustrengen und möglichst hohe Leistung zu erbringen, im Zentrum der Bemühungen. Der stark über die berufliche Sphäre vermittelte Leistungsimperativ ist verbunden mit der Erwartung von Anerkennung, Wertschätzung und der Vorstellung, sich unter Beweis stellen und sich behaupten zu können.

> »Aufrechterhalten wird die Körperoptimierung zudem dadurch, dass sie in psychischer Hinsicht funktional ist. Denn die Indienstnahme und Disziplinierung des Körpers scheint es den Fällen dieses Typus auch zu ermöglichen, destruktive Impulse, Ängste und Ohnmachtsgefühle in eine eher ›produktive‹ Richtung umlenken und darüber kontrollieren zu können« (ebd., S. 260).

Beim dritten Typus geht es um die Verbesserung als Aufrechterhaltung und Steigerung der körperlichen Agilität und Gesundheit und daraus resultierender Flexibilität, um den Anforderungen der Lebensführung nachkommen zu können, das Leben gestalten und Unwägbarkeiten im Griff zu haben. Beim vierten Typus schließlich wird die Verbesserung als Anspruch zur Selbstsorge dargestellt und ist mit der Vorstellung verbunden, auf sich achten und sich auch von Optimierungsanforderungen abgrenzen sowie Anerkennungs- und Autonomiewünsche integrieren zu können. Hier wird eine nicht an ökonomischen Logiken orientierte Lebensführung beschrieben, bei der keine Nachteile bzw. Entwertungen zu erwarten sind, wenn man Optimierungsanforderungen nicht folgt.

> »Sich Optimierungsanforderungen entziehen zu können, wird durch eine hinreichende soziale und ökonomische Absicherung begünstigt oder erst ermöglicht. Der Verzicht auf bzw. das Verfehlen von Optimierungsansprüchen erscheint demnach insbesondere auch dann legitimierbar, wenn in der gegenwärtigen Lebenssituation andere Chancen zur ökonomischen Absicherung und zum Erwerb sozialer Anerkennung zur Verfügung stehen« (ebd., S. 285).

Es zeigt sich hier also, dass mit der Abnahme von sozialen und ökonomischen Abhängigkeiten die Freiheitsgrade im Umgang mit Optimierungsanforderungen wachsen.

3.6.1.3 Neuro-Enhancement – Verbesserung der kognitiven Leistungsfähigkeit

Mit Neuro-Enhancement wird eine Einflussnahme auf Hirnfunktionen bezeichnet, die nicht medizinisch begründet ist, sondern mit dem Ziel erfolgt, insbesondere kognitive, aber auch sensorische oder motorische Fähigkeiten oder die psychische Befindlichkeit zu verbessern (Fenner 2019, Wagner 2019). Die Einnahme von Psychostimulanzien bzw. Psychopharmaka (z. B. Amphetamin, Methylphenidat) ist dabei die verbreitetste Form, daneben gibt es weitere Praktiken wie die transkranielle Magnetstimulation oder die Stimulation mit elektrischen Impulsen, die eher seltener Anwendung finden. Der populärsprachlich auch als Gehirndoping bezeichnete Versuch, die Leistungsfähigkeit zu optimieren, wird gemeinhin zahlenmäßig höher eingeschätzt, als Untersuchungsdaten nahelegen. Diese wiederum kommen zu unterschiedlichen Ergebnissen und sind aufgrund des Untersuchungsdesigns und der jeweiligen Eingrenzung von Neuro-Enhancement nur schwer vergleichbar (ausführlicher dazu Wagner 2017, 2019). Studien zur Verbreitung von Neuro-Enhancement bei Studierenden in Deutschland und den USA ergaben Werte im niedrigen einstelligen Prozentbereich, wobei sie bei Studierenden in den USA mit 6,9 % etwa doppelt so häufig verwendet werden. Jedoch ist die gemittelte Prozentzahl unter Umständen irreführend, da insbesondere jüngere männliche Studierende an teuren Colleges im Nordosten der USA zu diesen Mitteln greifen (Wagner 2019, S. 344). Im Bereich der Erwerbsarbeit gaben rund 5 % der Erwerbstätigen im AOK-Fehlzeiten-Report von 2013 (Badura et al. 2013) an, in den letzten zwölf Monaten Medikamente zur Steigerung der Arbeitsleistung eingenommen zu haben. Bei Erhebungsmethoden, die eine größere Anonymität gewährleisten, gibt es etwas höhere Angaben, zudem finden sich Unterschiede bei Berufsgruppen (Hildt 2018, S. 22). Bislang ist allerdings unklar, »ob die als kognitive Enhancer eingesetzten Stimulanzien tatsächlich in der Lage sind, bei gesunden Personen kognitive Funktionen in signifikanter Weise zu verbessern« (ebd., S. 20).

Die Einnahme von stimulierenden Substanzen wie Amphetamine und ihre Derivate stellt keine neuartige Praktik dar, sondern hat eine lange Geschichte in medizinischen und militärischen Feldern sowie im Freizeitbereich. Verändert haben sich allerdings die Hintergründe des Konsums (Wagner 2019). Amphetamine sind in verschiedenen Kontexten mit Leistungssteigerung im Sinne von Wachbleiben, Durchhalten etc. verbunden, z. B. wurden sie in Kriegen an Soldaten verabreicht, damit diese die Kampfsituationen durchstehen und lange Zeit einsatzbereit bleiben. Im Freizeitbereich wurden und werden (Met-)Amphetamine, teilweise angereichert mit psychoaktiven Beimischungen, als Partydrogen eingesetzt. Im Zusammenhang mit der Behandlung von Aufmerksamkeits- und Hyperaktivitätsstörungen werden das Amphetamin-Derivat Methylphenidat (MPH) oder andere Psychostimulanzien als Therapeutika verabreicht, was allerdings als medizinische Anwendung nicht in die Definition von Neuro-Enhancement als Verbesserung der Fähigkeiten oder Eigenschaften bei gesunden Menschen fällt. Es wird an dieser Stelle trotzdem erwähnt, da bei der Diagnose und medikamentösen Behandlung von ADHS auch immer wieder kritisch diskutiert wird, inwieweit hier schulischer Erfolg und die Anpassung an bestehende Lernarrangements statt der Behandlung oder Heilung einer Erkrankung im Vordergrund stehen. Zudem wird beispielsweise medizinisch verschriebenes MPH an gesunde Personen weitergereicht oder auch illegal gehandelt.

In einer Studie berichteten Studierende, die entsprechende Substanzen zur Selbstoptimierung einnahmen, folgende Hintergründe (Wagner 2017): Neben der wachmachenden Wirkung beschrieben die Studierenden, dass sie die Stimulanzien einsetzten, um ihre Konzentrationsprobleme zu lösen, da die Konzentration auf einen Inhalt viel leichter sei und sie deutlich weniger abgelenkt würden. So könnten sie konzentrierter lernen und seien in kürzerer Zeit fertig. Ebenso schildern sie eine Antriebssteigerung, Interesse und Begeisterung auch für Themen, die sie sonst wenig interessieren würden. Es wurden auch unangenehme Befindlichkeiten wie z. B. Entfremdungsgefühle genannt. Wagner stellt neben der Strukturierung des Arbeitstages insbesondere die motivationale und begeisterungssteigernde Wirkung der Stimulanzien heraus, die in spätmodernen Arbeitsverhältnissen zunehmend bedeutsam sind. Dort gilt es zum einen, Engagement zu zeigen. Zum anderen entspricht es

> »den Selbstverwirklichungsansprüchen heutiger urbaner Mittelschichtsangehöriger, leidenschaftliches Interesse für die eigene Arbeit zu empfinden. Konsument_innen leistungssteigernder Medikamente lösen mit der Motivation und Interesse erzeugenden Wirkung also zwei konkrete Handlungsprobleme moderner Arbeitssubjekte« (Wagner 2019, S. 350).

Zugleich beschreibt Wagner auch ein Unbehagen gegenüber leistungssteigernden (chemisch hergestellten) Substanzen und ein »Authentizitätsimperativ« (ebd., S. 350), verbunden mit Praktiken der Selbstoptimierung auf ›natürlichem‹ Wege durch gesunde Lebensmittel, Selbstdisziplin, Bewegung und ausreichend Schlaf. In den Aussagen der Studierenden ist schon deutlich geworden, dass die auf kognitive Leistungssteigerung bezogene Einnahme von Substanzen eng mit emotionalen Effekten einhergeht. Weitere Bereiche der pharmakologischen Einwirkung auf die psychische Befindlichkeit sind Substanzen, die zur Stimmungsaufhellung und zur Entspannung eingesetzt werden.

Darüber hinaus gibt es neurophysiologische Möglichkeiten der Beeinflussung von Leistungen, z. B. über magnetische oder elektrische Stimulation, Eingriffe zur Verbesserung der Sinneswahrnehmung und des motorischen Vermögens bis hin zur Ausstattung mit zusätzlichen ›Bauteilen‹, also die Verschmelzung des menschlichen Organismus mit technischen Elementen. In medizinischen Kontexten sind verschiedene Verfahren in einigen Bereichen bereits Routine, so z. B. bei Herzschrittmachern oder Cochlea-Implantaten. Außerhalb von medizinischen Anwendungen sind neurophysiologische Verfahren zur Selbstoptimierung wenig verbreitet und werden an dieser Stelle daher nicht weiter vertieft. Zudem findet hier keine ethische Auseinandersetzung statt (dazu ausführlicher Fenner 2019).

3.6.2 Hintergrund

Im Zuge der Individualisierung ist der Einzelne auf seine Positionierung am Arbeitsmarkt verwiesen und muss diese gestalten. Er hat die Möglichkeit zu wählen, beispielsweise eine Ausbildungs- oder Studienrichtung und den Beruf, steht aber zugleich unter Wahlzwang und muss entsprechende Entscheidungen treffen. Dabei ist die Wahlfreiheit häufig begrenzt durch den Rahmen der gegebenen Arbeitsmarktbedingungen und zugänglichen Ressourcen, die zumindest in den ersten drei Lebensjahrzehnten stark vom familiären Hintergrund bestimmt sind. Die Einzelperson kann also aktiv werden, etwas unternehmen, um ihre Position am Markt und die Chancen auf eine gute Arbeit und ein gutes Leben zu gestalten und zu optimieren. Dort steht sie aber auch im Wettbewerb mit anderen, muss ihre Leistungsbereitschaft deutlich machen und eigene Qualitäten herausheben. Ulrich Bröckling hat hierfür den Begriff des unternehmerischen Selbst geprägt, dessen Handeln von Flexibilität, Eigenverantwortlichkeit und Orientierung am ›Kunden‹ bestimmt ist (2007, 2021). Diese Orientierung am Wettbewerb und der Selbstoptimierung und ebenso an Werten der Selbstverwirklichung und individueller Autonomie hat sich seit den 1970er und 1980er Jahren im Zuge von ökonomischen und kulturellen Liberalisierungsprozessen stark verbreitet. Mit dem Wahl- und Leistungsparadigma wird die Verantwortung über die gesellschaftliche Positionierung der einzelnen Person und ihren Bemühungen zugewiesen, und nicht mehr als Folge des Standes oder der sozialen Herkunft betrachtet.

> »Die Zumutung moderner Individualität besteht darin, sich ständig selber in der sozialen Welt positionieren zu müssen. Hierfür ist der Körper ein probates Mittel, da er im Alltag unsere sichtbarste ›Visitenkarte‹ darstellt. Dies trifft auch in Kontexten zu, die vordergründig und in ihrer Selbstbeschreibung vom Körper gänzlich absehen, wie beispielsweise professionelle Organisationen oder Bürokratien« (Villa 2013, S. 70).

Die Optimierung der eigenen Kenntnisse, Fähigkeiten und weiterer marktverwertbarer Aspekte wie beispielsweise des Aussehens oder der Fitness kann sowohl unter der Perspektive der Erweiterung der Möglichkeiten und des autonomen Selbstausdrucks gesehen als auch als neoliberaler Optimierungszwang gedeutet werden und wird auch in diesen Polen diskutiert. Das Recht auf Selbstbestimmung über den eigenen Körper hat starke Wurzeln in den feministischen Bewegungen der 1970er Jahre, in denen mit Slogans wie »Mein Bauch gehört mir« um eine Wiederaneignung der Entscheidungsmacht über den eigenen Körper gekämpft wurde. Körperarbeit heute, so Villa, steht also auch in einem Zusammenhang mit der Neuen Frauenbewegung.

> »Dieser Zusammenhang ist höchst unfreiwillig und für kritisch-feministische Perspektiven [...] enorm irritierend. Denn wer möchte schon der Neuen Frauenbewegung eine Mitverantwortung an der ›Zurichtung‹ von Frauenkörpern durch Skalpell und Lasertechnik am Maßstab von Pamela Anderson (porno-weiblich) oder Sharon Stone (ewig jung, fit, erfolgreich) geben« (2008b, S. 250).

Zugleich wird jedoch auch deutlich, wie politisches Engagement für Freiheitsrechte zu Selbstermächtigung geführt hat und körperbezogene Modifikationen auch so gedeutet werden. Dieses Recht auf Selbstbestimmung ist beispielsweise zentral bei den geschlechtsbezogenen Körpermodifikationen von Trans*Menschen.

In der Debatte über Selbstbestimmung und Selbstermächtigung versus Optimierungszwang und Konformitätsdruck rückt häufig in den Hintergrund, dass diese Selbstoptimierung nur einem Teil der Bevölkerung möglich ist, dem die benötigten Ressourcen und Optionen zugänglich sind. Personen, die über wenig

Ressourcen verfügen und alltäglich ihre Kraft in niedrig entlohnte Tätigkeiten investieren, um ihre Existenz zu sichern, haben hier wenig Gestaltungsspielräume.

Ein weiterer Hintergrund der Arbeit am Körper bilden die Möglichkeiten der Kontrolle, Beeinflussbarkeit und Verfügbarkeit über den eigenen Körper in unsicheren Zeiten. Villa beispielsweise sieht die kosmetische Chirurgie »als Symptom konsequenter Modernisierung […] und als Versuch konkreter Menschen in und durch konkrete somatische Praxen der Selbstoptimierung Handlungssicherheit in prekären Zeiten herzustellen« (2013, S. 64).

Unsicherheiten und Unberechenbarkeiten der jeweils aktuellen Lage können durch entsprechend optimierte Fähigkeiten, Attraktivität und Flexibilität in Schach gehalten werden, eine Anpassung an die Situation und deren Gestaltung sind mit einer guten Kapitalausstattung leichter möglich.

3.6.3 Herausforderungen

Selbstoptimierung beinhaltet die bereits beschriebenen Aspekte der individuellen Gestaltbarkeit, der Kontrolle und Macht über das eigene Leben. Die zugrunde liegende Annahme, nicht einem vorgegebenen Weg folgen zu müssen, sondern über Wahlmöglichkeiten zu verfügen und Veränderungen aktiv anstreben und umsetzen zu können, kann mit der positiven Erfahrung von Freiheit und Gestaltungsmöglichkeiten verbunden sein. Häufig sind Menschen motiviert, Dinge weiterzuentwickeln, zu gestalten und Neues zu erfinden, insofern kann die Idee der Optimierung hier an Wünsche und Motivationen von Menschen anschließen und in einem positiven Sinne für die Erweiterung der Möglichkeiten stehen.

Wenn die Optimierung aber zu einem Imperativ und einer gesellschaftlichen Norm wird, ist eine selbstmotivierte und freie Entscheidung kaum mehr möglich. Wenn die ständige Selbstverbesserung zur Voraussetzung für ein gutes Leben wird, wandelt sich die Möglichkeit zum Zwang. Wenn das Nichterreichen von Zielen, Rückschläge, gesundheitliche Einschränkungen oder ein nicht der Norm entsprechendes Äußeres mit der Zuweisung von individueller Verantwortung und Schuld verbunden werden, kann das enormen Druck ausüben und gesellschaftliche Zusammenhänge verdecken. Dies gilt umso mehr, wenn Teilhabechancen und existenzielle Absicherung davon abhängen. Die Kommerzialisierung von Optimierungsmethoden und eine scheinbar leichte Erreichbarkeit können die Normalisierung und in der Folge den Druck verstärken. Die jeweiligen Verhältnisse, in denen der Einzelne handelt, sind wesentlich von sozioökonomischen, kulturellen, politischen und situativ gegebenen Bedingungen bestimmt. Es ist bedeutsam für die Gestaltungsmöglichkeiten einer Person, inwieweit sie mit Ressourcen ökonomischer, kultureller und sozialer Art ausgestattet ist. Die Reduzierung der Perspektive auf die Handlungsmöglichkeiten und das Selbstverbesserungsstreben des Einzelnen ist daher eine Verschleierung der Wirkung der bestehenden Verhältnisse auf das Leben und die Chancen eines Menschen. Problematisch bei andauernden Selbstverbesserungsbemühungen ist auch die andauernde Beschäftigung mit sich selbst, in die zudem viel Zeit und Energie zu investieren ist.

Zugleich mahnt Villa (2013) zur Vorsicht bei der Bewertung von Körpertechnologien, die sich beispielsweise in Form von pauschalen und moralisierenden Urteilen und Begriffen wie ›Schönheitswahn‹ und ›Körperkult‹ zeigen können, und verweist auf Ambivalenzen und Mehrdeutigkeiten. Es besteht eine enge Verflechtung von Freiheit, Selbstbestimmung und Norm, von scheinbar eigenen Wünschen und der Sehnsucht nach Zugehörigkeit sowie Teilhabe- und Marktchancen. Für die eigene Handlungsfähigkeit ist es herausfordernd, die jeweilige Situation zu analysieren und sich zu orientieren, denn »was im Kontext der neuen Technologien des Selbst auffällt, ist die Schwierigkeit, die Grenze zwischen Zwang und Freiheit, zwischen individueller Selbstbestimmung und sozialer Nötigung noch zweifelsfrei bestimmen zu können« (Mayer & Thompson 2013, S. 11). Schließlich ist im Anschluss an die Problematik individueller Zuschreibungen bei Misserfolgen und einer ›Kultur der positiven Emotionen‹ ein weiterer Punkt unter einer Optimierungsnorm von besonderer Relevanz: Wo gibt es Raum für die weniger wünschenswerten Ereignisse und Gefühle, für Tod und Trauer, Verluste und Abschied, Wut und Angst, Erschöpfung, Überforderung und Schwächegefühle, die zu jedem menschlichen Leben gehören und auch jedem Einzelnen im Lebensverlauf unweigerlich begegnen? Was tun, wenn es so weit ist? Optimiert in einem halben Jahr den Tod eines wichtigen Menschen bewältigen und dann voller positiver Gefühle leistungsfähig in ein ›neues‹ Leben einsteigen bzw. das alte fortführen? Verlust kann sich auch auf zentrale Orientierungen und Überzeugungen beziehen, wie der Verlust eines Gefühls von Sicherheit und Vertrauen in der Welt, beispielsweise ausgelöst durch politische oder klimatische Entwicklungen oder auch durch die unerwartete Bedrohung durch eine Pandemie und damit verbundene gesellschaftliche Ereignisse. Für die Bewältigung von Verlusten sind zunächst die Anerkennung der Verluste und anschließend Trauerprozesse, Trost und Zeit bedeutsam (Lifton 2023). Ähnliches gilt für Regeneration nach Erschöpfung oder Krankheitsphasen ebenfalls. Bisherige Vorstellungen von sich, der Welt und der Zukunft müssen verabschiedet, neue aufgebaut werden. Neben der Alltagsbewältigung unter den neuen Umständen ist hier einiges an Identitätsarbeit zu leisten. Herausfordernd unter Wettbewerbsbedingungen bleiben die Anerkennung und Integration dieser wenig erwünschten, aber zutiefst zum menschlichen Leben gehörenden Erfahrungen auf individueller wie gesellschaftlicher Ebene.

3.7 Krisen und Bewältigung

In Auseinandersetzung mit in jüngster Zeit aufgetretenen oder aktuell laufenden krisenhaften Entwicklungen wie die Coronapandemie, katastrophale Klimaereignisse und kriegerische Konflikte in der Ukraine oder in Nahost wird zunehmend ein Leben in, mit und nach Krisen thematisiert. Es geht dabei um die Anerkennung der Probleme und Krisen und eine angemessene Vorbereitung und Reaktion darauf, was an die Risikogesellschaft von Beck anschließt, sowie um Perspektiven der Bewältigung.

3.7.1 Krisenhafte Entwicklungen

Die Coronapandemie war in weiten Teilen der Welt mit großen, unbekannten und von vielen nicht für möglich gehaltenen Einschnitten in den bisher als normal empfundenen Alltag verbunden. Es erfolgten weitreichende Eingriffe des Staats, um dieser noch unbekannten Situation zu begegnen und die Situation in Bezug auf Ansteckungsgeschehen, Todeszahlen und Krankenhausüberfüllung beherrschbar zu halten. Auch die sich daraus ergebende soziale Dynamik war in dieser Form neu, in der ein größerer Teil der Bevölkerung die Maßnahmen, wenn auch nicht unkritisch, so doch überwiegend als Gesundheitsschutz verstanden und mitgetragen hat, während ein kleinerer Teil den Eingriffen aus verschiedenen Gründen mit Misstrauen oder mit Ablehnung begegnete. In Verbindung mit der Ablehnung der Maßnahmen nahmen auch Verschwörungserzählungen viel Raum im öffentlichen Diskurs ein. Interessant ist in diesem Zusammenhang, dass ein verstärkter Zulauf zu verschwörungstheoretischen Gruppierungen oder Ideen nicht unbedingt eine Besonderheit der aktuellen Krisenhaftigkeit zu sein scheint, sondern auch in anderen Krisenzeiten beobachtet wurde. Harald Jähner (2022) beschreibt das Phänomen in der Nachfolge des ersten Weltkriegs 1919, Monica Black (2021) hat diese Tendenz für die Zeit nach dem zweiten Weltkrieg in Deutschland untersucht und in dem Werk »Deutsche Dämonen« beschrieben.

Als nächstes Ereignis von großer Tragweite folgte in der jüngsten Vergangenheit der Angriffskrieg von Russland auf die Ukraine im Februar 2022. Obwohl es kriegerische Aggressionen unter Beteiligung Russlands mit der Annexion der Krim 2014 bereits vorher in räumlicher Nähe zu uns gab, wurde das Kriegsgeschehen nun deutlicher und näher wahrgenommen. Herfried Münkler (2025a) beschreibt in dem Zusammenhang einen Umbruch von einer regelbasierten zu einer machtbasierten Ordnung im Bereich der internationalen Beziehungen. Im Jahr 2025 zeigt sich dies unter anderem im offensiven Auftreten und den Forderungen der neu gewählten US-amerikanischen Regierung. Diese Zunahme der machtbasierten Durchsetzung ist allerdings schon, so Münkler, in der Annexion der Krim 2014 sichtbar geworden. Während nach dem Zerfall des Ostblocks zunächst die Vorstellung dominierte, »die Anzahl der autoritären Regime werde im Lauf der Zeit immer kleiner und die der Demokratien kontinuierlich anwachsen« (2025b, S. 39), zeigt sich seit dem Beginn des 21. Jahrhunderts ein Rückgang der Demokratien auf der Welt. Münkler geht davon aus, dass »wir uns auf einen globalen Wettstreit zwischen autoritären und demokratischen Systemen einstellen müssen, dessen Ausgang offen ist« (ebd., S. 40). Eine gemeinsame Orientierung an der bisherigen regelbasierten Ordnung kann nun nicht mehr vorausgesetzt werden, mit Folgen für das Sicherheitsempfinden, auf politischer Ebene wie auch im Leben der einzelnen Menschen.

Darüber hinaus rückten krisenhafte Wetterphänomene wie Trockenheit, Dürre oder Überflutungen die Klimakrise wieder in den Fokus, die zwischenzeitlich durch die Pandemie in den Hintergrund getreten war. Durch die extremen Ereignisse direkt vor der Haustür wurden mögliche Auswirkungen, Bedrohungen und Verluste auch in Deutschland für die Menschen spürbar.

Bei allen diesen zeitgeschichtlichen Entwicklungen und Ereignissen werden Probleme deutlich, die sich aus vorhergehenden Prozessen ergeben. Die Folgen des Klimawandels sind kaum kontrollierbar. Die Globalisierung mit ihren weltweiten Verflechtungen und arbeitsteiligen Abhängigkeiten, die zuvor mit Rationalisierung und Fortschritt verbunden wurde, wird nun auch in ihren problematischen Seiten hinsichtlich Wirtschaft und Versorgung sichtbarer. Dies kann sich in einer zumindest teilweisen Energieabhängigkeit von einzelnen Zulieferländern zeigen oder in Produktionsschwierigkeiten, wenn Lieferketten unterbrochen werden. Sorgen über mögliche Preissteigerungen und abnehmendem Wohlstand können in dem Zusammenhang auftreten. Ein Versprechen der Moderne, Fortschritt und Wohlstand, gilt auf einmal nicht mehr. Stattdessen sind Bedrohungen und Verluste präsenter und werden in den Medien diskutiert. Sie betreffen nicht mehr nur ferne Länder, sondern auch das eigene. Im Fokus der Beiträge und Debatten stehen also gehäuft krisenhafte Entwicklungen und deren Bewältigung.

Reckwitz betont in dem Zusammenhang, dass sich Menschen und Gesellschaften auf existenzielle Krisen vorbereiten müssen, und bringt hierbei den Begriff der Resilienz ins Spiel. Dieser verweist auf einen Perspektivwechsel: »In mancher Hinsicht erschüttert er das Fortschrittsverständnis der Moderne: Mit ihm wird eine Politik des Positiven von einer Politik des Negativen abgelöst. Eine offensive Strategie der Möglichkeitssteigerung wird durch eine skeptische Strategie der Risikoabsorption abgelöst« (2021, S. 42). Vor dem Hintergrund der Frage, ob es sich eine Gesellschaft leisten kann, auf positive Gestaltungsziele zu verzichten, sieht Reckwitz Resilienz auf gesellschaftlicher Ebene nicht als konträr zum Begriff Fortschritt, sondern eher im Sinne einer Lösung oder Aufgabe als aktuellen Teil einer vorwärtsgewandten Ausrichtung, die den Blick auf das Risiko und die eigene Verletzlichkeit einschließt. Gegenwärtig wird sichtbar, so Reckwitz,

> »wie verletzlich die liberalen Demokratien sind, ihre Zivilität, ihre Infrastrukturen und ihr Wohlstand. Verletzlichkeit verlangt nach der Ausbildung von Resilienz. Resilienz ist dabei nicht als Gegenteil zum Fortschritt zu verstehen. Vielmehr würde eine Stärkung gesellschaftlicher Resilienz selbst einen Fortschritt bedeuten und kann insofern ein positives Zukunftsziel der Gegenwartsgesellschaft liefern. Das Ziel von Verbesserung wäre nicht mehr eine immer weitere Steigerung und Ausweitung von Handlungsmöglichkeiten – Lebensstandard, Freiheit, Gleichheit etc. Eine Steigerung von Resilienz bedeutet vielmehr, Institutionen, Lebensformen und ihre Qualitäten so zu sichern, dass sie gegen negative Ereignisse abgepuffert werden. Nicht um stures Standhalten geht es, sondern um Transformation« (Reckwitz 2024a, S. 8).

Hier wird der Fortschrittsbegriff in einem neuen Verständnis definiert, das Reckwitz als zeitgemäßes Fortschrittsmodell für das 21. Jahrhundert bezeichnet (ebd.). Neben vielen anderen Veröffentlichungen zu Resilienz taucht der Begriff inzwischen auch prominent in politischen Zielen für eine gesellschaftliche Entwicklung und Bewältigung von krisenhaften Entwicklungen (BMI 2022, Kuhlicke 2024) sowie in Bereichen der Sicherheitspolitik auf (Hanisch 2016). Im Folgenden werden einige wesentliche Aspekte zu Resilienz kurz zusammengefasst.

3.7.2 Resilienz

Der Begriff Resilienz wird in verschiedenen Anwendungsbereichen und Disziplinen bereits seit den 1970er Jahren verwendet. Besonders in den letzten zwei Jahrzehnten hat er breiten Eingang in wissenschaftliche und öffentliche Diskurse gefunden (Weiß et al. 2018) und auch Kritik aus verschiedenen Richtungen erfahren.

Der Begriff Resilienz steht für Widerstandsfähigkeit oder Widerstandskraft. Gemeint sind die Fähigkeiten oder Möglichkeiten von Individuen, Organisationen und Gesellschaften, von Wirtschaft oder Umwelt, mit belastenden Einflüssen oder Entwicklungen umzugehen, ohne an oder in ihnen unterzugehen. In disziplinübergreifender Sicht wird Resilienz auch als »Toleranz oder Widerstandskraft von Systemen gegenüber Störungen« (Bengel & Mack 2015, S. 32) verstanden. Die Ansätze der Definition und Konzeptualisierung von Resilienz sind dabei unterschiedlich. Mit Resilienz wird »zugleich der Prozess der Anpassung an die belastenden Umstände und Ereignisse als auch dessen positives Ergebnis thematisiert« (Bender & Lösel 2016, S. 80). Resilienz beschreibt also einen Bewältigungsprozess oder ein Bewältigungsergebnis.

Es lassen sich drei Dimensionen oder Potentiale von Resilienz unterscheiden.

- Zunächst das Potential der Bewältigung, gemeint ist eine stabilitätsorientierte Krisenbewältigung und die Rückkehr in die Ausgangslage, ein kurzfristiger Umgang mit disruptiven Ereignissen.
- Dann das Potential der Anpassung, gemeint ist Adaption und zukunftsbezogenes Lernen aus Krisen, die Kapazität, sich in mittel- bis langfristiger Perspektive in einem bestimmten Rahmen an neue Kontextbedingungen anzupassen.
- Schließlich das Potential der Transformation: gemeint ist die Kapazität resistenter Einheiten, »sich langfristig und umfassend (auch jenseits bislang beschrittener Pfade) wandeln zu können, um auf diese Weise nicht nur die Existenz zu sichern, sondern überdies neue Potentiale zu generieren« (Blum et al. 2016, S. 170).

Mit Blick auf postmoderne Gesellschaften stellt Gunnar Schuppert die Frage danach, um wessen Resilienz es jeweils geht, und fasst drei Perspektiven zusammen:

- Resilienz als Widerstandskraft von Menschen, die von Belastungen und Stress betroffen sind, wie beispielsweise Eltern schulpflichtiger Kinder während Corona.
- Resilienz als Widerstandkraft von Gesellschaften, die andauernden Stressereignissen und Reizen ausgesetzt sind und z. B. »infolge der medialen Konfrontation mit […] Triggerpunkten in eine gewisse kollektive Gefühlslage geraten« (2024, S. 85), und
- Resilienz als Widerstandskraft von Systemen. Damit meint er Teilsysteme, deren Funktionsfähigkeit auch bei bedrohten Ordnungen aufrechterhalten bleiben soll wie beispielsweise das Sozialleistungssystem oder die Energieversorgung (ebd.).

Durch die breite Verwendung von Resilienz in verschiedensten Disziplinen und Bereichen ist der Begriff inzwischen vielgestaltig und unscharf, dadurch aber auch für diverse Kontexte anschlussfähig. Er wird als Widerstandskraft des Individuums in psychologischen und pädagogischen Kontexten behandelt, als Schlüsselbegriff postmoderner Gesellschaften ausgerufen (Schuppert & Repohl 2023) oder findet im Katastrophen- und Krisenmanagement sowie bei der Sicherheitspolitik und im Zivilschutz Anwendung (Hanisch 2016). Es ist von resilienten Städten, resilienten Organisationen und von Resilienz in ökologischen und ökonomischen Zusammenhängen die Rede bis hin zur Untersuchung der Resilienz als Krisenrobustheit von Unternehmen am Beispiel deutscher Brauereien (Köhler & Schulze 2016). Resilienz hat sich also zu einer Art Allroundbegriff hinsichtlich der Bewältigung von und Widerstandskraft gegenüber widrigen und krisenhaften Bedingungen entwickelt.

Es gibt diverse Kritikpunkte am Resilienzkonzept. Kritisiert wird etwa, dass Resilienz teilweise als individuelle Zuschreibung, als bei der Person liegende Fähigkeit oder als Charaktereigenschaft verstanden wird. Das kann dazu führen, dass dem Einzelnen die Verantwortung für die erfolgreiche Bewältigung einer Situation zugewiesen wird, beispielsweise auch dann, wenn die Bedingungen einer kapitalistischen Wirtschaftsweise die problematische Situation verursachen. Dies würde dann dazu führen, die eigentlichen Problemursachen zu verdecken, die Verhältnisse als gegeben hinzunehmen und die Ursachen und damit auch eine Lösung auf die Person zu verschieben (Graefe 2019). Zudem gibt es in populärwissenschaftlicher Literatur teilweise sehr fragwürdige Auslegungen des Begriffs Resilienz im Sinne von Machbarkeit, Unverwundbarkeit oder Begabung (Rhönnau-Böse & Fröhlich-Gidhoff 2015). In einem solchen individualisierenden Verständnis liegt letztlich auch die Verantwortung oder ›Schuld‹ für eine nicht gelingende Bewältigung oder für ein Scheitern beim Einzelnen, auch dann, wenn eine kapitalistische Marktdynamik den Hintergrund des ›Misserfolgs‹ bildet. Eine nur auf das Individuum verengte Sichtweise kann also zu einer ›gesellschaftspolitischen Blindheit‹ führen. Neben der Gefahr der Individualisierung von gesellschaftlichen Problemen besteht zudem das Risiko, dass fehlende Resilienz bei Menschen in schwierigen Lebenssituationen als Charakter- oder Kompetenzdefizit interpretiert und in dieser Weise dem Einzelnen als Makel angelastet wird. Weitergehende Folgen solcher Vorstellungen könnten unter Umständen sein, dass Hilfe unterbleibt oder nötige gesellschaftliche Reformen nicht angegangen werden.

Dieser Kritikpunkt greift jedoch nur dann, wenn Resilienz als beim Individuum liegende Eigenschaft und Verantwortung konzeptualisiert wird, was einem Verständnis von Resilienz als Prozess und Zusammenwirken verschiedenster Bedingungen entgegensteht. Zugleich kann dieser Kritikpunkt dafür sensibilisieren, die hinter der Begriffsverwendung stehenden Vorstellungen und Zuschreibungen wahrzunehmen und zu hinterfragen.

In Zusammenhang mit Resilienz bezogen auf Individuen spricht Michael Fingerle auch von »Bewältigungskapital« (2011, S. 231). Der Begriff des Kapitals unterstreicht, dass bei diesem Verständnis von Resilienz nicht in erster Linie eine individuelle Fähigkeit im Sinne ›persönlicher Kompetenz‹ im Vordergrund steht, sondern dass für die Bewältigung belastender und herausfordernder Lebenssituationen ebenso Umweltbedingungen wie beispielsweise materielle und soziale Ressourcen maßgeblich sind (Storck & Pfeffer 2022).

Ein weiterer Kritikpunkt ist die implizit vorgenommene Wertung dessen, was man unter Resilienz fasst bzw. als erhaltenswert markiert. Charlotte Rungius und Christoph Weller heben hervor, dass nur die Widerstandfähigkeit in Bezug auf wünschenswerte Aspekte wie beispielsweise körperliche Gesundheit oder psychische Stabilität unter Stressbedingungen mit dem Begriff Resilienz bezeichnet werden, »Atomwaffen, soziale Ungleichheit und Masern-Erkrankungen sind es ja offensichtlich nicht« (2016, o. S.), obwohl diese auch eine erhebliche Widerstandskraft aufweisen. Resilienz schließt also eine positive Bewertung ein, die vor dem Hintergrund eines verunsichernden Wertepluralismus und einer zunehmend komplexen Welt als normierende Orientierung gesetzt wird. Laut Rungius und Weller ist das Resilienzkonzept derzeit deshalb so beliebt, weil es

> »die Möglichkeit einer angemessenen Reaktion auf diese herausfordernde Komplexität zu versprechen scheint. Um diese Versprechung aber aufrechterhalten zu können, muss normative Unsicherheit und politische Umstrittenheit verschleiert werden. Resilienz vermittelt in ihrem wissenschaftlich-konzeptionellen Gewand die Hoffnung, gegen all die Gefahren und Unsicherheiten doch irgendwie gefeit sein zu können. Kurz: Resilienz ist nicht nur ein wissenschaftliches Konzept, sondern vor allem ein Versprechen, dass das als gut und wünschenswert Identifizierte angesichts eines rasanten und bedrohlichen Wandels trotzdem bewahrt werden könnte« (ebd.).

Diese Kritik weist zunächst auf die impliziten Wertungen und damit Normierungen hin, die hinter dem stehen, was mit Resilienz als wünschenswert markiert wurde. Mit der Wahrnehmung des Impliziten werden die normative Unsicherheit und politische Umstrittenheit wieder sichtbar. Wertsetzungen sind unter verschiedenen Perspektiven möglicherweise nicht so eindeutig positiv zu sehen, sie werden diskutierbar und begründungsbedürftig, können damit aber auch wieder unsicher und umstritten sein.

Beispielsweise gibt es bei der Bundeswehr ein Resilienzkonzept für Spezialkräfte, in dem als Trainingsziel formuliert wird, vor dem Hintergrund von hohen mehrfachen Belastungen »neben der physischen, auch die psychische Leistungsfähigkeit der eingesetzten Soldatinnen und Soldaten zu erhöhen und diesen Status dauerhaft aufrechtzuerhalten« (Gorzka & Hanssen 2021). Hier bleibt unklar, was genau dauerhafte psychische Leistungsfähigkeit unter möglicherweise schwer traumatischen Bedingungen bedeutet, welche weiteren Auswirkungen dies auf das Erleben und Verhalten hätte und in Bezug auf wen oder was dies als wünschenswertes Ziel zu verstehen ist.

Weiterhin, so Rungius und Weller, würde Resilienz angesichts von Krisen und Bedrohungen »die Illusion vermitteln, dass es Stabilität in diesem andauernden Wandel geben oder sie hergestellt werden könnte« (2016, o. S.). Dies erkläre die Attraktivität und Konjunktur des Resilienzkonzepts, das eine Kontrolle in unsicheren Zeiten verheißt. Zugleich kritisieren Rungius und Weller durch die Verwendung des Begriffs Illusion eine Verschleierung der tatsächlichen Situation oder Problematik.

Schließlich kann die Anwendung des Resilienzkonzepts zu einer Entpolitisierung beitragen, indem Machtverhältnisse verdeckt werden, denn die Widerstandsfähigkeit oder »Resilienz sozialer Systeme basiert primär auf (politischer) Macht, mit deren Hilfe die etablierten Strukturen trotz ihrer gesellschaftlichen Umstrittenheit aufrechterhalten werden können« (Rungius, Schneider & Weller 2018, S. 54). Gesellschaft als organisierende Kraft des Sozialen würde dethematisiert (Graefe 2019). Hier wird der oben bereits genannte Kritikpunkt einer Blindheit gegenüber gesellschaftspolitischen Zusammenhängen nochmals aufgenommen.

Die genannten Kritikpunkte können dabei helfen, Verwendungszusammenhänge kritisch zu hinterfragen und sie können für Zuschreibungen, Problemverschiebungen, Verschleierungen und implizite Wertsetzungen im Umgang mit dem Resilienzkonzept sensibilisieren.

Zugleich – und je nach Verständnis – ist das Resilienzkonzept auch fruchtbar in der Weise, dass sowohl Risiken, Krisen und Bedrohungen in den Blick genommen und gleichzeitig im Sinne von Reckwitz eine Zukunftsorientierung möglich ist.

> »Eine aktive Klimapolitik in Richtung einer postfossilen Zukunft lässt sich ebenso als ein Projekt ökologischer Resilienz verstehen wie der Schutz gegen unweigerlich eintretende Folgen des Klimawandels. In einer geopolitischen Konstellation, in der mit dem russischen Angriff auf die Ukraine die europäische Friedensordnung Makulatur und der langfristige militärische Schutz Europas durch die Vereinigten Staaten ungewiss ist, wird die sicherheitspolitische Resilienz Deutschlands und Europas zu einer langfristigen Aufgabe« (Reckwitz 2024a, S. 8).

Auch Jeremy Rifkin verwendet den Begriff Resilienz mit Zukunftsbezug, indem er gegenwärtig den Übergang vom Zeitalter des Fortschritts zum Zeitalter der Resilienz diagnostiziert (2022). Anders als Reckwitz, der den Fortschrittsbegriff neu füllt, ist für Rifkin das Zeitalter des Fortschritts insbesondere durch Effizienzstreben gekennzeichnet, während im Zeitalter der Resilienz die Anpassungsfähigkeit an die Natur und ein biophiles Bewusstsein, dass die Verbundenheit allen Lebens anerkennt und »die Ausweitung der Empathie auf unsere Mitlebewesen« (ebd., S. 290) beinhaltet, im Vordergrund steht. In einem breiten Zukunftspanorama entwirft er den »Wechsel von Effizienz zu Anpassungsfähigkeit, Fortschritt zu Resilienz, Produktivität zu Erneuerbarkeit, externen Effekten zu Kreislaufwirtschaft, Eigentum zu Zugang und Bruttoinlandsprodukt zu Lebensqualität« (ebd., S. 252). Während bei Rifkin Anpassungsfähigkeit als Teil eines Zeitalters der Resilienz konzipiert wird, steht bei Philipp Staab (2022) die Anpassung im Zentrum des zukunftsbezogenen Entwurfs.

3.7.3 Anpassung

Staab rückt in seinen Überlegungen den Aspekt der Anpassung als Leitmotiv der nächsten, zukünftigen, Gesellschaft in den Mittelpunkt (ebd.). Durch die risikoreichen Bedingungen in der spätmodernen Gesellschaft verschiebt sich, so Staab, der Fokus notwendigerweise von Selbstentfaltungszielen in Richtung von Zielen der Selbsterhaltung. Zur Bewältigung der aktuellen Herausforderungen und dem Erhalt einer Umgebung, die weiterhin Leben ermöglicht, sind zunehmend Anpassungsbemühungen erforderlich. Anpassung ist also als Bewältigungskompetenz zu verstehen und in diesem, seinem Verständnis aktuell mit einer positiven Wertung versehen. Staab arbeitet zunächst heraus, dass der Begriff und Vorgang der Anpassung in den soziologischen Denktraditionen der Ordnung und der Emanzipation unterschiedliche Bewertungen erfahren hat.

Soziologien der Ordnung stellen die Frage nach der Entstehung, Aufrechterhaltung und Erosion von Ordnung in einer Gesellschaft. Anpassung ist hier ein zentraler Aspekt der Aufrechterhaltung der gesellschaftlichen Ordnung. Soziale Kooperation und Integration des Einzelnen sind möglich, weil sich Menschen an geteilten Werten orientieren und an geltende Normen anpassen. Es besteht ein weitgehender Konsens über die gültigen Regeln und die Notwendigkeit der Anpassung an diese. Wenn eine einzelne Person (zu stark) von den gültigen Verhaltensregeln abweicht, ist – auf der individuellen Ebene – eine gelingende Lebensführung bedroht. Wenn Abweichungen von den herrschenden Normen in der Breite zu umfangreich werden, ist die Aufrechterhaltung der Ordnung in einer Gesellschaft gefährdet. Dies kann beispielsweise der Fall sein, wenn bisherige Orientierungen und Regeln durch eine Wirtschaftskrise ihre Gültigkeit verlieren. »Es wird unklar, welche Regeln noch gelten und wer sich überhaupt an sie hält« (ebd., S. 37 f.), Anpassung an die bisherigen Normen wird unter diesen anomischen Bedingungen zunehmend nutz- oder sinnlos. Bei stabilen gesellschaftlichen Verhältnissen jedoch ist die Anpassung an geltende Normen aus ordnungssoziologischer Perspektive mit einer gelingenden Lebensführung verbunden,

> »Prestige, Reputation und Anerkennung schöpfen sich aus der Gesellschaft selbst und setzen voraus, dass man sich entsprechend der Erwartungen anderer verhält. Um sich Respekt als wertvolles Mitglied von Buchclub, Gewerkschaft oder Graffiti-Crew zu erwerben, muss man nach den impliziten Regeln dieser Institutionen spielen. Ob Südneuköllner Block oder Universität, wer in einem spezifischen Kontext als besonders gelten möchte, tut gut daran, nicht zu weit aus der Reihe zu tanzen« (ebd., S. 38).

Im Kontrast dazu ist Anpassung im Verständnis einer emanzipatorischen Soziologie mit einer eher negativen Konnotierung versehen. Soziologien von Freiheit und Herrschaft analysieren die Herrschaftsverhältnisse kritisch. Soziale Ordnung als Herrschaftszusammenhang wird hier unter dem Aspekt untersucht, wie sie die Handlungsmöglichkeiten von Einzelnen einschränkt. Anpassung an Normen und Konformität wird unter diesem Blickwinkel als Einschränkung der persönlichen Freiheit kritisch bewertet. Selbsterhaltung als Orientierung tritt, in der Regel unter einigermaßen gesicherten Lebensbedingungen, zunehmend in den Hintergrund, konflikthaft verhandelt werden nun die Chancen individueller Emanzipation von gesellschaftlichen Zwängen. Ziel ist es, die Freiheitsgrade von Menschen zu erhöhen und sie zu befähigen, sich aus gesellschaftlichen Zwängen zu lösen. Unter dieser Perspektive steht Anpassung dem Ideal der Selbstentfaltung und Selbstverwirklichung entgegen, daher ist adaptives Verhalten »nicht nur Bedingung von Gesellschaft, sondern auch ein Problem. In den klassischen Soziologien der Freiheit ist Anpassung folglich eine tendenziell empathisch beobachtete Verliererpraxis« (ebd., S. 39).

Vor dem Hintergrund der risikoreichen Bedingungen der Gegenwart wiederum sieht Staab Anpassung aktuell als Antwort auf die gesellschaftlichen Herausforderungen und damit als positiv konnotierten Leitwert der nächsten Gesellschaft. Die gegenwärtige Lage mit Klimawandel und vielfältigen globalen Problemen beschreibt er als eine Folge der weitreichenden Orientierung am Leitwert des Fortschritts. Als Ergebnis aus der fortschrittsorientierten Gestaltungskraft der Moderne, den technologischen Entwicklungen und den damit einhergehenden weitreichenden Auswirkungen sind risikoreiche Lebensbedingungen entstanden. Daher sind nun Anpassungsleistungen notwendig, um die Lebensgrundlage zu erhalten. Anpassung wird hier auf eine Orientierung an lebenserhaltenden Bedingungen bezogen und nicht als Adaption an bestehende Normen und Werte oder gar an Marktbedingungen verstanden. Anpassung als neuer Leitwert wird vielmehr dem des Fortschritts gegenübergestellt. Während bei der Orientierung am Fortschritt die Selbstverwirklichung eine bedeutsame Sinnorientierung darstellt, werden angesichts der gegenwärtigen und zukünftigen Herausforderungen die Selbsterhaltung und Anpassungsfähigkeit zentral.

Die Probleme und Krisen, die den Hintergrund für spätmoderne Selbsterhaltungsmotive bilden, werden in drei Feldern von Selbsterhaltungsrisiken rekonstruiert:

- auf der Makroebene bezogen auf das Klima und globale Krisen,
- auf Mesoebene bezogen auf soziale Ungleichheit in Gesellschaften und
- auf der Mikroebene mit Bezug auf das Subjekt und seine Orientierung und Identität.

Unter globaler Perspektive stellen insbesondere die Folgen des Klimawandels eine Bedrohung der Lebensgrundlagen der Menschen dar, mit Auswirkungen in den verschiedensten Lebensbereichen und Folgeproblemen. Auf gesellschaftlicher Ebene ist die Stabilität durch wirtschaftliche oder politische Krisen bedroht, zunehmende soziale Ungleichheit, Erhalt des Wohlstandsniveaus, Verteilungsdiskussionen, Wohnungsknappheit usw. sind problematisch. Auf individueller Ebene zeigen sich subjektive Selbsterhaltungsprobleme wie beispielsweise »Statuspanik« (ebd., S. 59) durch die zunehmende Unsicherheit bezüglich Statuserhalt oder Aufstiegsmöglichkeiten, empfundene Bedrohung durch die Möglichkeit sozialen Abstiegs oder den erfahrenen Verlust von Status und Sicherheit. Ebenso problematisch ist der Verlust einer Orientierung an den bisherigen Leitwerten Autonomie und Authentizität und zunehmende Verantwortlichkeitsprobleme vor dem Hintergrund umfassender Krisen, also die Auseinandersetzung mit den Fragen ›Wie bin ich verantwortlich für die bestehenden Probleme?‹ und ›Was kann ich tun?‹. Die subjektiv und autonom konzipierte Lebensführung ist aktuell, so Staab, fundamental durch sich selbst gefährdet, woraus sich die Frage ergibt, wie Lebensführung unter Bedingungen gefährdeter Selbsterhaltung gelingen kann.

Anpassung ist unter dieser Perspektive ein Erfordernis, eine positiv verstandene Fähigkeit und ein zukünftiger Wert. Das bezieht sich neben übergeordneten politischen Orientierungen auf die alltägliche Lebensführung und ist auch als Sinnhorizont von Bedeutung. Die Loslösung von bisherigen Orientierungspunkten wie beispielsweise dem Selbstverwirklichungsimperativ kann dabei mit entspannenden Aspekten verbunden sein, denn eine »adaptive Gesellschaft verspricht auch ein Abdämpfen spätmoderner Selbstverwirklichungsüberforderungen« (ebd., S. 107).

Unter Selbsterhaltungsbedingungen werden stabilisierende Sinnbezüge dann aus adaptiver Praxis gewonnen. Es bleibt die Frage, für welche Teile der Bevölkerung dies eine sinnstiftende Orientierung sein kann und welche Teile dem vermutlich eher ablehnend entgegenstehen und dies als Einschränkung ihrer persönlichen Freiheit erleben. Anpassung wird hier also als Leitwert gesehen oder als Element von Bewältigungsstrategien konzipiert.

3.7.4 Umgang mit Verlusten

Ein weiterer wichtiger Aspekt, der mit Krisen und deren Bewältigung in Zusammenhang steht, ist der Umgang mit Verlusten. Eine bedeutsame Perspektive zu dem Thema liefert Robert Jay Lifton in seinem Buch »Surviving our Catastrophes« (2023), in dem er sich unter anderem auf den Umgang mit Verlusten während der Coronapandemie bezieht. Lifton ist Psychiater und forscht seit über 60 Jahren zu Massentraumata und deren Bewältigung. So hat er beispielsweise Überlebende aus Konzentrationslagern, aus Hiroshima und Veteranen aus dem Vietnamkrieg interviewt. Lifton geht davon aus, dass Katastrophen zu jeder Zeit um uns herum geschehen und der Mensch über eine große Kapazität zur Regeneration und Erneuerung verfügt. Aus seiner Forschungsarbeit schöpft er die Hoffnung, dass Katastrophen bewältigt werden können und nicht notwendigerweise unsere Zukunft bestimmen müssen.

Weltumspannende Ereignisse wie die Coronapandemie und Kriege wie in der Ukraine sind für ihn Katastrophen, in denen eine Begegnung mit dem Tod und einen grundlegende Verunsicherung der Unverletzlichkeit stattfindet. Diese Ereignisse sind mit elementaren Verlusten verbunden.

Mit der Frage, wie das Weiterleben und die Bewältigung von diesen traumatischen Erfahrungen gelingt, steht für ihn nicht das Trauma im Zentrum der Aufmerksamkeit, sondern die Erfahrung des Überlebens. Überleben beinhaltet seiner Ansicht nach die Überwindung des Gefühls, ein handlungsunfähiges, hilfloses Opfer zu sein, es bedeutet, wieder Akteur:in bei der Weiterführung des Lebens zu sein oder wieder zu werden. Er beschreibt Überlebende als Personen, die mit dem Tod in körperlicher oder psychischer Weise konfrontiert waren und am Leben geblieben sind. Das kann auch ein längeres (Über-)Leben unter bedrohlichen Umständen einschließen. Eine Folge dieser häufig mit Ohnmacht verbundenen Erfahrung kann sich zunächst in psychischer Taubheit oder Erstarrung zeigen. Es taucht die Frage auf, warum man weiterlebt, während andere gestorben sind. In dem Zusammenhang werden auch Schuldgefühle beschrieben. Ebenso werden Ängste vor dem eigenen Sterben ausgelöst. Um das Opferbewusstsein zu verlassen, sieht Lifton es als zentral an, für sich eine Bedeutung in dieser Situation zu finden. Daher ist die Suche nach Bedeutung und Einordnung meist der erste Schritt, um die Traumatisierung zu bewältigen, – in Liftons Worten – die Katastrophe zu überleben und das Leben wieder als aktive Person gestalten zu können. Für eine Einordnung ist nicht nur die individuelle, sondern auch die allgemeine Anerkennung einer katastrophalen Situation oder Lage grundlegend, denn nur dann ist es eine gegebene Realität, die zu bewältigen ist (ebd.).

Die Begegnung mit dem Tod oder Schrecken, die Konfrontation mit der eigenen Sterblichkeit und Verletzbarkeit, ist individuell und, da es hier um Massenereignisse geht, auch kollektiv mit Verlusten verbunden. Kollektive Verluste können beispielsweise viele Todesfälle durch ein Massenereignis wie die Coronapandemie sein, es kann sich auch um den Verlust der Illusion der Unverletzbarkeit, z. B. durch Umweltkatastrophen oder terroristische Anschläge, handeln. Auf breiter Ebene kann der Verlust von Sicherheit und Orientierung, einer berechenbaren Zukunft usw. entstehen und wir fühlen uns verloren und desorientiert.

Die Bewältigung von Verlusten ist mit Trauern verbunden. Lifton geht davon aus, dass man einen Verlust nicht überwinden kann, ohne zu trauern. Voraussetzung für diesen Prozess ist die Anerkennung der Realität einer Katastrophe. Die Zurückweisung einer Katastrophe, wie es Donald Trump tat, als er Covid-19 mit einer Grippe verglich und als ungefährlich herunterspielte, macht eine Bewältigung kaum möglich, da der Status als Überlebende:r damit ebenfalls zurückgewiesen wird und das Trauern um Verluste nicht stattfinden kann. Das kann zu sozialer Konfusion führen und einen Heilungsprozess verhindern: »Trumpist negation of Covid-19 truths has consistently and dangerously stood in the way of individual and social healing« (ebd., S. 47). Die Pandemie hat eine eigene breite Notwendigkeit zu trauern geschaffen, so Lifton, unter Trump gab es aber eine demonstrative Abwesenheit von kollektiver Trauer. Erst 2021 mit dem Amtsantritt von Joe Biden als Präsident konnte dieser Prozess in den USA kollektiv eingeleitet werden. Am Vorabend der Amtseinführung hielten Biden und Harris eine Gedenkfeier zum Gedenken an die mehr als 400.000 amerikanischen Todesopfer ab, die die Pandemie bis dahin gefordert hatte. Die Schwere der Ereignisse und die Verluste wurden dadurch als real anerkannt und kollektiv betrauert (ebd.). Lifton macht am Beispiel der USA deutlich, wie auch der politische Umgang mit traumatischen Ereignissen Einfluss darauf nimmt, ob eine konstruktive Bewältigung stattfinden kann. Die Anerkennung einer Katastrophe und damit verbundener Verluste und das Gedenken ermöglichen kollektive und individuelle Trauerprozesse, die Teil einer Regeneration und Erneuerung sind.

Auch Reckwitz thematisiert den Umgang mit Verlusten als bedeutsame Komponente eines zeitgemäßen Fortschrittsmodells für das 21. Jahrhundert. Verluste bei verschiedenen sozialen Gruppen gab es zwar zu jeder Zeit, teilweise waren sie aber weniger sichtbar oder auch ausgelagert in andere Teile der Welt.

> »Nun suchen sie den Westen selbst heim, und zwar in verschiedenen Bereichen: Die postindustriellen Verlusterfahrungen vieler Ostdeutscher nach der Wende spiegeln ähnliche Erfahrungen im Rust-Belt der USA und im kleinstädtischen Frankreich wider. Der Klimawandel bedeutet Wohlstandsverlust und hat zur Folge, dass wir den Folgen jener globalen Krisen ausgesetzt sein werden, die sich mit hoher Wahrscheinlichkeit aus ihm ergeben werden. Teilweise bleibt hier nur die Wahl zwischen Verlusten in der Gegenwart – sei es durch höhere Konsumkosten oder auch nur durch ein Windrad vor der Haustür – und denen kommender Generationen. Ein kluger gesellschaftlicher Umgang mit Verlusten müsste verhindern, dass diese in endlose Auseinandersetzungen zwischen Verlierern und Gewinnern, zwischen Opfern und Tätern münden« (Reckwitz 2024a, S. 8).

Der Populismus, so Reckwitz, würde diese Verlusterfahrungen und -ängste für seine Zwecke ausbeuten. Die etablierte Politik ist hier herausgefordert, Verlusterfahrungen offen zu verhandeln. »Dies wäre ein Fortschritt eigener Art: eine Gesellschaft, die an Reife gewinnt und erwachsen wird, indem sie manchen Verlusten offen ins Gesicht sieht und (trotzdem) mit ihnen weiterlebt« (ebd., S. 8). Ebenso könnte der Aufbau von Resilienz im Sinne einer »flexiblen Robustheit« (Reckwitz 2024b, S. 385) dazu beitragen, bis zu einem gewissen Grad die Entstehung von Verlusten zu mindern oder die Verlustbearbeitung unterstützen.

3.8 Polarisierung der Gegenwartsgesellschaft oder Konfliktarenen und Triggerpunkte?

Gegenwärtig wird in den Medien vielfach eine Polarisierung beschworen. Auch in einigen wissenschaftlichen Darstellungen werden Tendenzen einer Polarisierung der Gesellschaft nachgezeichnet (Münch 2023, Reckwitz 2019), während andere eine solche Entwicklung eher widerlegen (Kaube & Kieserling 2022, Mau et al. 2023).

3.8.1 Polarisierte Gesellschaft?

Als Vertreter der These einer polarisierten Gesellschaft konstatiert Richard Münch: »Wir befinden uns in einer Situation der Polarisierung der Gesellschaft, wie wir sie seit dem Ende des Zweiten Weltkriegs nicht erlebt haben, auch nicht in den Jahren nach 1968« (2023, S. 7). Er spricht von einer mehrfach gespaltenen Gesellschaft und beschreibt die im Folgenden kurz dargestellten sechs Spaltungslinien, die aus seiner Sicht herausstechen:

- Kosmopolitismus versus Kommunitarismus als globale oder nationale bzw. lokale Orte demokratischen Handelns
- Kulturelles versus ökonomisches Kapital, das Münch mit dem Gegensatz von Idealismus und Materialismus charakterisiert und dabei kulturelle Sinnfindung gegen ökonomische Nutzenmaximierung stellt
- Rechts versus links, prinzipiell der Konflikt zwischen marktwirtschaftlicher Freiheit und Umverteilung und Staatsvorsorge
- Ökonomie versus Ökologie, womit Münch den Konflikt zwischen dem (alten) Wachstumsprogramm und der (neuen) ökologischen Nachhaltigkeit, in der der Klimaschutz zentral ist, beschreibt
- Etablierte versus Außenseiter, die Anerkennung und Geltung von Gruppen- oder Individualrechten, die er als identitätspolitische Verteilungskonflikte fasst
- Herrschende und beherrschte Klassen und Gruppen, die industrielle Mittelstandsgesellschaft gegen eine postindustrielle Klassengesellschaft

Diese sechs Gegensätze, so Münch, »gilt es in ihrer kulturellen Bedeutung und sozialstrukturellen Verankerung, in ihrer Anerkennungs- und Verteilungsdimension zu verstehen« (2023, S. 19). Aus seiner Sicht gründen alle symbolischen Kämpfe um Anerkennung in materiellen Kämpfen um Verteilung von knappen Gütern. Neben der Untersuchung der Spaltungslinien geht es Münch auch darum, »die Frage zu klären, welche Möglichkeiten sich überhaupt bieten, um die Spaltungen und damit verbundenen Konflikte so in Grenzen zu halten, dass die Gesellschaft nicht auseinanderfällt« (ebd., S. 24).

In einer Rezension des Werks von Münch stellt Uwe Schimank (2024) die Polarisierungsthese von Münch in Frage und begründet seine Kritik folgendermaßen:

> »Macht es Sinn, das, was Münch beobachtet, als gesellschaftsweite Polarisierung und Spaltung zu begreifen? Man sollte, um einen inflationären Gebrauch des Begriffs zu vermeiden, Polarisierung als eine Konfliktdynamik begreifen, die eine multipolare Konstellation in eine bipolare transformiert, also eine komplizierte Gemengelage von Differenzen, die vielleicht auch bereits konflikthaft sind, in ein einfaches Ordnungsmuster überführt, das fortan die Gesellschaft als Ganze strukturiert: Die Konfliktbeteiligten sortieren sich selbst und einander wechselseitig in zwei und nur zwei Lager, die einander konfrontativ gegenüberstehen; und diese beiden Lager müssen zusammen das Gros derer inkludieren, die gesellschaftlich ›etwas zu sagen‹ haben. So besehen wendet Münch den Polarisierungsbegriff falsch auf die geschilderte Figuration seiner sechs Spannungslinien an, zeigt er doch selbst immer wieder auf, dass aus diesen Spannungen mehr als zwei Lager hervorgehen« (ebd., o. S.).

Es stellt sich also die Frage, wie der Polarisierungsbegriff verwendet wird, inwieweit Konflikte bereits als Spaltungslinien der Gesellschaft eingeordnet werden und ob oder bis wohin Konflikte und Dissens nicht als ›normale‹ Bestandteile einer Gesellschaft anzusehen sind.

Steffen Mau, Thomas Lux und Linus Westheuser gehen der Frage nach, ob sich die Polarisierungsthese empirisch nachweisen lässt, und setzen sich dabei zunächst mit dem Polarisierungsbegriff auseinander. Die Ergebnisse ihrer Untersuchung werden hier etwas ausführlicher vorgestellt, da die Studie auf einer umfangreichen empirischen Basis fußt und breiten Widerhall in der akademischen Welt sowie darüber hinaus gefunden hat.

3.8.2 Dromedar, nicht Kamel

In ihrer Studie zu Ungleichheitskonflikten untersuchen Mau, Lux und Westheuser (2023), ob sich die von verschiedenen Seiten aufgeworfene These einer Spaltung der Gesellschaft in Daten zu Einstellungen zeigt. Dabei werden die Figuren Dromedar und Kamel als Metapher für eine ein- oder zweigipflige Verteilung herangezogen: Das Dromedar hat einen Höcker und steht bildlich für den Kurvenverlauf von einem überwiegenden Konsens von Einstellungen in der breiten Mitte, während das Kamel mit zwei Höckern eine gespaltene Gesellschaft mit einer Häufung der Einstellungswerte an den Polen versinnbildlicht bzw. sich in dem Bild zwei gegensätzliche Gruppen zeigen würden. Eine zentrale Fragestellung ist also, ob sich die behauptete Polarisierung der Gesellschaft in empirischen Daten wiederfinden lässt.

In der Zusammenschau verweisen die Befunde von Mau und Kollegen nicht auf eine Polarisierung, sondern eher auf einen breiten Konsens in der Bevölkerung über viele grundsätzliche Themen hinweg. Metaphorisch gesprochen ist also das Dromedar ein passendes Bild für die Gegenwartsgesellschaft und nicht das Kamel. Darüber hinaus zeigen sich in den Daten allerdings auch stark konfliktbehaftete Themen und Triggerpunkte als Einzelthemen oder Begriffe, die aktuell von Menschen häufig stark emotional verhandelt werden.

Hintergrund und Fragestellung

Die Beschreibung der Gegenwartsgesellschaft als eine polarisierte, in Lager gespaltene Gesellschaft ist in den vergangenen Jahren deutlich ins Scheinwerferlicht getreten. Mau, Lux und Westheuser sprechen von einem ›Masternarrativ‹, über das aktuell auf politischer Ebene, in den Medien und auch in den Wissenschaften debattiert wird. »Im Bild einer Polarisierung ist die Gesellschaft in zwei Lager gespalten, die mit widerstreitenden Meinungen, Interessen und Werten aufeinanderprallen« (ebd., S. 7). Die Autoren gehen in ihrer Studie der Frage nach, ob sich diese Spaltungserzählung tatsächlich in den Haltungen der breiten Bevölkerung wiederfindet und ob sich auch Bezüge zur Sozialstruktur zeigen.

Bei der begrifflichen Definition von Polarisierung unterscheiden die Autoren zwischen einem dünnen Polarisierungsbegriff als »wachsende Diskrepanz zwischen Einstellungen« (ebd., S. 24) und einem dicken Polarisierungsbegriff als »Verbindung von Sozialstruktur und Einstellungen« (ebd.). Bei Letzterem würde sich die Spaltung auch in gegensätzlichen Gruppen oder Klassen der Gesellschaft wiederfinden. Für die erste, schwächere Form der Polarisierung würde die Erhebung von Daten zu Einstellungen ausreichen. Für die Bestimmung einer ›dicken Polarisierung‹ sind darüber hinaus Daten zur Sozialstruktur notwendig, um zu untersuchen, ob sich Einstellungswerte auch gesellschaftlichen Großgruppen bzw. Klassenstrukturen zuordnen lassen.

Wie sind die Autoren bei ihrer Untersuchung vorgegangen?

Die Befunde von Mau, Lux und Westheuser stützen sich auf eine Kombination unterschiedlicher Datenarten und methodischen Herangehensweisen. Hauptsächliche quantitative Datengrundlage ist ihr eigenes Survey ›Ungleichheit und Konflikt‹, eine repräsentative Umfrage im Frühsommer 2022 zu Einstellungen, Parteipräferenzen und Lebensumständen, ergänzt durch qualitative Daten aus Fokusgruppen, in denen vertiefte Informationen zu den Einstellungen in Form von Begründungen und Argumenten gewonnen wurden. Darüber hinaus wurden auch Sekundärdaten aus anderen sozialwissenschaftlichen Dauerbefragungen wie beispielsweise Allbus (Allgemeine Bevölkerungsumfrage der Sozialwissenschaften) herangezogen, um zeitliche Verläufe nachvollziehen zu können. Die eigenen Befragungen bezogen sich auf Deutschland, bei den Sekundärdaten wurden teilweise auch europäische Erhebungen einbezogen (ebd., S. 34 ff. und ausführlicher im Onlineanhang S.1 ff.).

Zur Bestimmung der Klassenzugehörigkeit wurde das Klassenschema von Daniel Oesch (Oesch 2006) eingesetzt. In dem Schema werden aus den Dimensionen

Selbstständigkeit bzw. abhängige Beschäftigung, Qualifikationsgrad und Arbeitslogik des jeweiligen Tätigkeitsfeldes die folgenden Gruppen unterschieden: Arbeitgeber, Kleinunternehmer, kulturelle Experten, Management, technische Experten, Bürokräfte, Dienstleistungsarbeiter und Produktionsarbeiter (Mau et al. 2023, S. 67).

Selbstständige:

- Unabhängige Arbeitslogik
  - Höhere Qualifikation: Arbeitgeber und freie Berufe (z. B. Notarin, Unternehmer, Zahnärztin)
  - Niedrigere Qualifikation: Kleinunternehmer (z. B. Kioskbesitzer, Solo-Selbstständige)

Abhängig Beschäftigte:

- Technische Arbeitslogik
  - Höhere Qualifikation: technische Experten (z. B. Architekt, Ingenieurin, Programmierer)
  - Niedrigere Qualifikation: Produktionsarbeiter (z. B. Industriemechanikerin, Tischler, Maurer)
- Organisationale Arbeitslogik
  - Höhere Qualifikation: mittleres/oberes Management (z. B. Controller, ECO, Unternehmensberater)
  - Niedrigere Qualifikation: einfache Bürokräfte (z. B. Sekretärin, Sachbearbeiter, Rezeptionistin)
- Interpersonelle Arbeitslogik
  - Höhere Qualifikation: soziokulturelle Experten (z. B. Lehrerin, Klinikärztin, Sozialarbeiter)
  - Niedrigere Qualifikation: Dienstleistungsanbieter (z. B. Verkäufer, Altenpflegerin, Reinigungskraft)

Zur Messung des Grades der Polarisierung wurde ein Polarisierungsindex zwischen 0 und 1 gebildet. Er zeigt die Verteilung der Einstellungen über folgende Antwortmöglichkeiten hinweg an: ›stimme voll und ganz zu‹, ›stimme eher zu‹, ›teils/teils‹, ›stimme eher nicht zu‹ und ›stimme überhaupt nicht zu‹. Ein Index von 1 beschreibt eine zweipolige Verteilung, eine Hälfte der Befragten würde einer Aussage voll und ganz zustimmen, die andere Hälfte würde überhaupt nicht zustimmen, es würde also eine vollständige Spaltung bestehen. Bei einem Indexwert von 0,5 würden sich die Antworten über alle Möglichkeiten hinweg gleichmäßig verteilen, bei einem Wert 0 würden alle Befragten die gleiche Antwortmöglichkeit wählen, es bestünde also vollständige Einigkeit. Das heißt, je höher der Indexwert, desto stärker ist der Polarisierungsgrad der Einstellungen ausgeprägt.

Die Daten der eigenen Befragung von 2022 sowie die Sekundärdaten wurden in thematischen Konfliktarenen mittels der Analysewerkzeuge ausgewertet. Unterschieden wurden vier Konfliktarenen der sozialen Ungleichheit: sozioökonomische

Verteilungskonflikte als »Oben-Unten-Ungleichheiten«, Konflikte im Bereich Migration, territorialer Zugang und Inklusion als »Innen-Außen-Ungleichheiten«, identitätspolitische Anerkennungskonflikte als »Wir-Sie-Ungleichheiten« und Konflikte im Bereich Klima und Umwelt als »Heute-Morgen-Ungleichheiten« (ebd., S. 25).

Übergreifende Ergebnisse

In der Analyse längsschnittlicher Daten in den verschiedenen Themenfeldern finden Mau und seine Kollegen keine Belege für eine zunehmende Polarisierung von Einstellungen in der Bundesrepublik seit den 1990er oder 2000er Jahren, lediglich das Thema Migration hat zunehmend an Sichtbarkeit und Relevanz zugelegt. Aber auch hier zeigt sich kein Polarisierungstrend, sondern vielfältige Aspekte des Themas werden deutlich (ebd., S. 18). Allerdings wurden bei dem Thema Migration im Zeitverlauf nur Daten bis 2016 einbezogen. Seit dieser Zeit, so scheint es, wird das Thema deutlich kontroverser und kritischer diskutiert, für einen aktuellen Blick auf die zeitliche Entwicklung von Einstellungen zu Migration wäre die Analyse neuerer Daten aufschlussreich.

Auch die Vorstellung von Gesinnungslagern oder -klassen, die die Gesellschaft als Ganzes durchziehen, bewerten die Autoren unter Rückbezug auf vorhergehende Studien als überzogen. Nach der These der Gesinnungslager

> »kämen bestimmte Haltungen immer im Paket: Wer also migrationsoffen und rassismuskritisch ist, sollte auch diverse Lebensformen und plurale sexuelle Identitäten schätzen, EU-freundlich gestimmt sein und der Umwelt zuliebe viel Gutes tun. Umgekehrt sollten Antigenderismus, Wohlstandschauvinismus, Ressentiments gegenüber Migranten und exzessiver Fleischkonsum irgendwie zusammengehören« (ebd., S. 18).

In den empirischen Daten kann diese These nicht bestätigt werden, hier zeigt sich ein anderes Bild.

> »Einzelne Meinungen sind viel loser verknüpft als in der Zwei-Welten-Theorie angenommen. Einen übergreifend progressiven ›kosmopolitischen Geist‹ findet man in der Breite der Gesellschaft ebenso selten wie ein umfassendes ›kommunitaristisches Wir‹ auf dem Weg ins Gestern« (ebd., 18 f.).

Insgesamt ist weder ein deutlicher Trend für eine dünne Polarisierung als Spaltung von Einstellungen noch für eine dicke Polarisierung, bei der Einstellungen verbunden mit Klassenzugehörigkeiten als polares Muster auftreten, auszumachen. Mau und Kollegen bringen das anschaulich auf den Punkt:

> »Eine Lagerbildung, wie in den gängigen Polarisierungsthesen unterstellt und medial immer wieder gern aufgegriffen, lässt sich an den empirischen Befunden bislang nicht ablesen. Die Zwei-Welten-Theorie erweist sich als überaus hüftsteif, wenn man mit ihr das soziale Gelände genauer erkundet. Man könnte sogar sagen: Die Selbstgewissheit, mit der sich diese These im öffentlichen Diskurs behauptet, steht in nur schwachem Zusammenhang zu ihrer Trittfestigkeit, wenn sie empirischen Boden berührt. Dass die Spannungsfelder der Öffnung und Schließung, der Liberalisierung und Rigidität, des Universalismus und Partikularismus an Bedeutung gewonnen haben, ist zwar offenkundig, ob sich aber tatsächlich zwei konturierte Lager herausgebildet haben, darf angezweifelt werden« (ebd., S. 19).

Die Wiederlegung der Polarisierungsthese sind für die Autoren jedoch nicht automatisch mit einem harmonischen Gesellschaftsbild verbunden, sondern die Autoren sehen zugleich auch neue konfliktreiche Entwicklungen bezüglich sozialer Ungleichheit, die sie auf Einstellungsebene genauer untersuchen. Dabei geht es darum, welche Ansprüche gerechtfertigt erscheinen und wie Ressourcen verteilt werden sollen, wer dazugehört und wer draußen bleiben soll, welche Maßnahmen zum Klimaschutz getroffen werden sollen oder nicht als dringend wahrgenommen werden. Neben Konflikten um materielle Güter und Zugänge richten sie dabei den »Blick auch auf symbolische Kämpfe, in denen um moralische Angemessenheit, soziale Geltung, Deutungsmacht und die statusmäßige Auf- und Abwertung von Lebensformen gerungen wird« (ebd., S. 42).

Die einzelnen Konfliktarenen werden im Folgenden kurz skizziert und ausgewählte Befunde, insbesondere zu Polarisierungstendenzen dargestellt.

Konfliktarena Oben – Unten

In der Oben-Unten-Arena geht es um die Spannung zwischen arm und reich, zwischen unterprivilegierten und wohlhabenden Menschen. Die Gesellschaft ist hierarchisch gegliedert – verschiedene Positionen im Schichtungsgefüge sind mit unterschiedlicher materieller Ausstattung, unterschiedlichem Einkommen und Vermögen verbunden. Konflikte beziehen sich auf die Verteilung von Ressourcen und damit einhergehende Lebenschancen in diesem abgeschlossenen sozialen Raum einer Gesellschaft.

Für die Bearbeitung der historisch bereits lange bestehenden Konflikte in dieser Arena stehen institutionalisierte Mechanismen zu Verfügung. Eine Umverteilung kann beispielsweise über Organisationen wie Gewerkschaften oder staatliche Steuerung wie gesetzliche Mindestlöhne und Steuern stattfinden. Die Spannung kann auch individuell durch Möglichkeiten des sozialen Aufstiegs verringert oder aufgelöst werden. Individuelle Statusgewinne können z.B. über Bildungserfolge erzielt werden, daher ist es für die soziale Mobilität bedeutsam, in welchem Umfang Aufstiegschancen über das Bildungssystem eröffnet werden. Für die Konfliktdynamik ist jedoch noch ein weiterer Punkt entscheidend. Bildungs- und Leistungsideale und postulierte Chancengleichheit können dazu beitragen, Ungleichheiten individuell zu verorten. »Allein der Glaube an ein Vorankommen aufgrund von Talent und Leistung kann Ungleichheiten legitimieren und die Formierung von Klasseninteressen bzw. Umverteilungsforderungen abschwächen« (ebd., S. 56).

Konsens gibt es überwiegend in Bezug auf eine kritische Haltung gegenüber ungleichen Vermögen und Einkommen. Stärker unterscheiden sich die Meinungen hinsichtlich Umverteilungsthemen wie Erbschaftssteuer und Erhöhung von Grundbezügen und ebenso zum Leistungsgedanken und der Zurechnung ökonomischen Scheiterns. »Paradoxerweise sind es dabei gerade Arbeiter und untere Schichten, die dem Leistungsversprechen kapitalistischer Märkte am stärksten anhängen« (ebd., S. 116). Kritisiert wird hier beispielsweise bei Transferempfängern das Ausruhen in der sozialen Hängematte, währenddessen eigene Anstrengungen und das ›Sich-etwas-verdient-Haben‹ (Deservingness-Unterscheidungen) hervorgehoben werden.

Ein Polarisierungstrend in Form von zunehmenden Klassenspannungen können die Autoren in dieser Konfliktarena nicht erkennen. Es findet sich eher eine entpolitisierte Klassenfrage. »In der ›demobilisierten Klassengesellschaft‹ zeigen sich Indizien für die Verschiebung hin zu horizontalen Konkurrenzkämpfen, individualisierten Statusstrategien und moralischen Abgrenzungen nach unten« (ebd., S. 116).

Konfliktarena Innen – Außen

Diese Konfliktarena ist bestimmt durch Innen-Außen-Verhältnisse, es geht also darum, wie die Grenzen einer nationalstaatlichen Gesellschaft bestimmt sind und wer sich außerhalb davon befindet. Die Grenzen betreffen territoriale Verhältnisse sowie Zugehörigkeiten und damit verbundene Rechte, Ansprüche auf Ressourcen und Schutz. Wer anspruchsberechtigtes Mitglied der Gesellschaft ist und wer nicht dazu gehört oder nur über Teilrechte verfügt, wird hier über die Staatsbürgerschaft und Aufenthaltstitel definiert und ist mit Innen-Außen-Ungleichheiten verbunden. Historischen und zeitgeschichtlichen Hintergrund dieser Konfliktarena bilden Ungleichheiten zwischen den Staaten, die für die Menschen mit unterschiedlichen Lebenschancen, Wohlstand und Sicherheit verbunden sind und zu Migrationsbewegungen zwischen Staaten führen. In dieser Arena drehen sich die Konflikte um den Grad der Offenheit oder Geschlossenheit der Gesellschaft. Debatten befassen sich mit Regeln und Steuerungsmöglichkeiten zu Fragen, wer unter welchen Bedingungen mit welchen Rechten kommen darf, wer nicht kommen oder nicht bleiben darf und wie die Grenzen zu verteidigen sind. Die Definitionsmacht liegt dabei überwiegend »bei denen, die schon da sind und sich als ›Eingesessene‹ betrachten. Als Mitglieder einer bestehenden Gemeinschaft legen sie die wesentlichen Ein- und Ausschlussregeln fest« (ebd., S. 58 f.).

Untersucht wurde in Bezug auf diese Konfliktarena, ob im Verlauf der vergangenen Jahrzehnte (Sekundärdaten von 1991 bis 2016) eine Tendenz zu mehr Offenheit oder zunehmender Abschottung deutlich wird und ob sich eine Polarisierung der Einstellungen zeigt. Wie schon oben dargestellt, finden sich in den Daten keine Hinweise auf eine zunehmende Polarisierung bis 2016. Mit Blick auf Entwicklungen und Ereignisse bis hin zum Wahlkampf 2025in Deutschland, in dem Migration stark thematisiert wurde, bedarf dies m. E. einer Überprüfung unter Einbezug neuerer Daten.

Die von den Autoren im Survey ›Ungleichheit und Konflikt‹ erhobenen Daten zeigen für das Jahr 2022, dass Zuwanderung 58 % der Befragten als wichtig für die Wirtschaft und 61 % als kulturelle Bereicherung ansehen. Zugleich gibt es aber Vorbehalte bezüglich der Menge der Zugewanderten, zu materiellen Zuwendungen im Vergleich zu Einheimischen sowie gegenüber bestimmten Zuwanderungsgruppen. Während 19 % eine Obergrenze für Flüchtlinge aus der Ukraine befürworten, stimmen 38 % für eine Obergrenze für Flüchtlinge aus dem arabischen oder afrikanischen Raum. Die Zustimmung von fast einem Drittel der Befragten zu der Einstellung, dass es zu viele Migrant:innen in Deutschland gibt, weisen auf »nennenswerte Schließungsinteressen in der Bevölkerung« (ebd., 128) hin. Mau, Lux und Westheuser sehen in Bezug auf Migration »ein gemischtes Bild:

Der bedingten Inklusionsbereitschaft der Mehrheit stehen die markanten Schließungsinteressen einer nennenswerten Minderheit gegenüber« (ebd., S. 126).

Konfliktarena Wir – Sie

Wir-Sie-Ungleichheiten hängen zusammen mit der Einteilung von Menschen in Gruppen durch Selbst- oder Fremdzuschreibungen, verbunden mit Auf- und Abwertungen und Ungleichbehandlung. Die Kategorien sind zumeist dichotom und Merkmale wie Herkunft, Geschlecht oder Hautfarbe spielen eine Rolle. Solche innerhalb der Bevölkerung eines Landes definierte Untergruppen sind beispielsweise »mit oder ohne Migrationshintergrund, heterosexuell oder homosexuell, Transgender oder Cisgender, Frau oder Mann, BIPoC (Black, Indigenous, People of Color) oder weiß, womöglich sogar westdeutsch und ostdeutsch« (ebd., S. 60). Entlang solcher sozial hergestellten Kategorien unterscheiden Menschen kognitiv und gefühlsgeleitet zwischen der Eigengruppe, mit der sie sich identifizieren, und den anderen, von denen sie sich abgrenzen. Konflikte entstehen, wenn aus Diskriminierungserfahrungen und mangelnden Teilhabechancen Forderungen nach Anerkennung und gleichberechtigter Teilhabe abgeleitet und an den bisher dominierenden Teil der Gesellschaft gestellt werden. Konfliktreich kann es beispielsweise sein, wenn durch Anerkennungen bisher privilegierte Lebensformen relativiert oder sogar abgewertet werden oder wenn Konkurrenzsituationen bei der Verteilung knapper Güter wie z. B. Stellenbesetzungen nach Diversitätskriterien auftauchen. Bei Konflikten um Anerkennung und Teilhabe kommt der Begriff Identitätspolitik ins Spiel.

> »›Identitätspolitik‹, so das gängige und nicht unproblematische Label, bezeichnet Formen der kollektiven Mobilisierung, bei denen aufgrund von Gruppenzugehörigkeit gemachte Abwertungs- oder Ausgrenzungserfahrungen zum Ausgangspunkt politischen Handelns werden« (ebd., S. 61).

Aus Sicht von Mau und Kollegen ist ›Identitätspolitik‹ ein ungenauer Begriff, denn in diesem Konfliktfeld geht es nicht nur um eine Anerkennung und Aufwertung von Identität, sondern weitere Aspekte wie Ressourcenverteilung und Zugang zu einflussreichen Positionen sind ebenfalls umkämpft (ebd., S. 163).

Im Zeitverlauf zeigt sich hinsichtlich der Anerkennung von Diversität eine starke Liberalisierung seit den 1980er Jahren, Polarisierungsgrade sind gering. Das Bild einer vielfältigen und bunten Gesellschaft wird von vielen akzeptiert, die Vorstellung, dass jeder so leben soll, wie er möchte, und Gleichheit herrscht, fußt auf einem breiten Konsens, Rassismus und Sexismus werden abgelehnt. Daneben finden sich jedoch auch weiterhin in Teilen der Gesellschaft diskriminierende und abwertende Haltungen. In den von den Autoren erhobenen Daten zeigt sich ebenfalls ein breiter Grundkonsens der Toleranz z. B. bezüglich sexueller Diversität. 84 % der Befragten finden, dass Transpersonen als normal anerkannt werden sollten, 81 % halten es für gut, dass gleichgeschlechtliche Ehen erlaubt sind. Demgegenüber stimmen aber auch 34 % der Aussage zu, dass es viele mit der Toleranz gegenüber LGBT übertreiben. Entgegen landläufigen Annahmen unterscheiden sich untere oder obere Bildungsgruppen kaum in einer grundsätzlichen Anerkennungsbereitschaft von Diversität, auch die Annahme, dass junge Menschen hier weltoffener wären als ältere bestätigt sich nicht (ebd., S. 196f.). »Die gesellschaftspolitische Liberalisierung ist ein Massenphänomen in Stadt und Land, in den oberen und unteren Schichten, in den verschiedenen Generationen« (ebd., S. 399). Zugleich sind Anerkennungskonflikte in dieser Arena offensichtlich und werden im öffentlichen Raum lautstark verhandelt. Dies mag zunächst gegensätzlich erscheinen, könnte aber auch mit dem ›Tocqueville-Paradoxon‹ erklärt werden, das besagt, dass, gerade weil Diskriminierungen abgebaut wurden und Gleichbehandlungsansprüche zunehmend die Norm darstellen, Ungleichbehandlungen sichtbarer und weniger tolerierbar sind und zu Widerstand und Gegenwehr führen.

Ein genauerer Blick in die Daten macht jedoch auch die Grenzen der durch Liberalisierungsprozesse erreichten Toleranz deutlich. Mau, Lux und Westheuser unterscheiden hier zwei Formen von Toleranz: eine Erlaubnistoleranz und eine Respektstoleranz. Erlaubnistoleranz meint, dass von einer (als normal gesetzten) Mehrheit ausgegangen wird, die eine abweichende Minderheit toleriert. Jeder soll prinzipiell leben, wie er will, allerdings ist die Duldungsbereitschaft begrenzt und eine lautstarke öffentliche Thematisierung und Präsentation des Andersseins wird in den Aussagen der Befragten eher abgelehnt.

> »Solange sexuelle Minderheiten ihre Präferenzen im Privaten ausleben und sich die öffentliche Zurschaustellung innerhalb konventioneller Grenzen bewegt, gibt es keinen legitimen Grund, Einspruch zu erheben. Gleiches gilt für kulturelle Praktiken ethnischer oder anderer Minderheiten, die im Privat-Persönlichen bleiben« (ebd., S. 173).

Bei der Respekttoleranz werden Andere moralisch und ethisch als Gleiche anerkannt, andere Lebensformen und Identitäten werden aufgrund ihrer Andersheit wertgeschätzt. Im Unterschied zur Erlaubnistoleranz wird Vielfalt hier nicht nur geduldet, sondern als positiver Wert in einer fortschrittlichen Gesellschaft angesehen. Mau und Kollegen formulieren darüber hinaus auch den Gedanken, dass in dieser Toleranzkonzeption Ansprüche auf Gleichbehandlung ein bedeutsamer Teil des eigenen Ethos werden können und über das Anerkennen hinaus diese Positionen mitgeteilt und andere ›reformiert‹ werden. Uneinigkeit zwischen den Toleranzformen besteht über den Grad der Diskriminierung und die Dringlichkeit dieses Problems sowie darüber, ob eine stillschweigende Eingemeindung oder eine öffentliche Umwertung die passende Antwort darstellt. Insbesondere bei der öffentlichen Problematisierung zeigen sich Klassenunterschiede und höhere Polarisierungswerte. Beispielsweise halten rund die Hälfte der Produktionsarbeiter die aktuelle Sexismus-Diskussion für übertrieben, gegenüber knapp einem Viertel in der Klasse der kulturellen Experten. Charakteristisch in dieser Arena ist ein Gefühl der Verunsicherung insbesondere in Bezug auf eine ›korrekte‹ Sprache. In Aussagen wie »Alles, was ich gelernt habe, ist jetzt auf einmal falsch?« (ebd., S. 190) kommt zudem die Sorge um eine Entwertung der eigenen Kompetenzen und eine Bedrohung des bisherigen Selbstverständnisses zum Ausdruck. Insgesamt finden sich große Vorbehalte gegenüber einer Antidiskriminierungspolitik, die auf Gendern und Tabuisierung rassistischer Begriffe ausgerichtet ist. »Am stärksten ist die Gegenwehr, wenn eigene Identitätsansprüche und Verhaltensgewohnheiten irritiert werden, was sich besonders im Konflikt um die ›richtige‹ Sprache zeigt« (ebd.,

S. 399). Triggerpunkte sind daher Auseinandersetzungen um das Gendersternchen oder die Umbenennung von Straßen und Ähnliches. Eine Lehre aus den Befunden zu Konsens und Konflikten in dieser Arena sehen die Autoren darin, »dass die Heftigkeit der Konflikte nicht zwingend als Wasserstandsanzeiger gruppenbezogener Intoleranz oder Ungerechtigkeit verstanden werden kann« (ebd., S. 204), da hier einerseits konfliktreiche Debatten an Triggerpunkten wie dem Gendersternchen geführt werden, andererseits der allgemeine Trend deutlich in Richtung einer kritischen Haltung gegenüber Diskriminierungen geht.

Konfliktarena Heute - Morgen

In der Heute-Morgen-Arena stehen umweltbezogene Themen im Vordergrund und die Frage, was heute getan werden muss, um morgen noch eine lebenswerte Umwelt vorzufinden. »Im Hinblick auf die Reichweite, das Tempo und die Tiefe gesellschaftlicher Veränderungen ist die Klimafrage von herausgehobener Bedeutung« (ebd., S. 62). Die Klimakrise wird unter Ungleichheitsgesichtspunkten diskutiert, da der Klimawandel wie auch die Bewältigung von Krisen und Maßnahmen der Anpassung mit Fragen der (Ungleich-)Verteilung von Lebenschancen in Verbindung stehen. Vom Klimawandel sind zwar im Prinzip alle betroffen, Auswirkungen wie Hitze, Krisen und Umweltkatastrophen treffen allerdings unterprivilegierte Menschen in stärkerem Maße. Statushöhere Menschen könnten sich den schlechten Lebensbedingungen aufgrund ihrer besseren Kapitalausstattung entziehen und für sich eine gesündere Umwelt z. B. mit viel Grün, Schatten, besserer Luft, sauberem Wasser usw. gestalten. Zugleich sind diese Gruppen deutlich stärker an der Produktion von Umweltbelastungen beteiligt. Durch ihre Lebensweise verbrauchen sie mehr Energie, produzieren mehr CO_2, tragen mehr zur Flächenversiegelung bei und konsumieren mehr Waren. Dies gilt sowohl für besser gestellte Menschen innerhalb einer Gesellschaft als auch in globaler Perspektive für wohlhabendere Nationen. Konflikte beziehen sich darauf, was wie schnell verändert werden muss und wie die Transformationskosten verteilt werden. Im Kontrast zu diesen Befunden unterstützen eher statushohe Gruppen eine progressive Klimapolitik, zudem wird von einem Generationenkonflikt ausgegangen, bei dem überwiegend junge Menschen Forderungen nach Veränderung erheben.

Der Klimawandel ist für den überwiegenden Teil der Bevölkerung ein Thema von hoher Relevanz, für rund 20 % ist es ein wichtiges, für über 70 % ein sehr wichtiges politisches Thema (ebd., S. 212). Die Einstellungen gegenüber einer bestehenden Umweltproblematik sind wenig polarisiert. Zugleich gibt es einen wahrgenommen Klimadissens, also den verbreiteten Eindruck, dass es sich um ein sehr konflikthaftes Thema handelt. In den Daten zeigt sich, dass es weniger einen Dissens darüber gibt, ob Umwelt- und Klimaschutz notwendig ist, sondern darüber, wie er umgesetzt, wo, bei wem und wie angesetzt werden sollte. Uneinigkeit zeigt sich in Hinblick auf die Geschwindigkeit und Reichweite der Maßnahmen, Konflikte entstehen hier über die Zeiträume der Transformation, nicht über das grundsätzliche Ziel des Klimaschutzes an sich. Stärker polarisiert sind die Meinungen darüber, ob Umstellungen weiter hier in Deutschland ansetzen oder erst einmal andere Länder nachziehen sollten. Die bei Umweltfragen bestehenden Klassenunterschiede sind im Zeitverlauf geringer geworden, aber noch vorhanden.

Sie treten insbesondere bei Punkten hervor, bei denen durch Transformationen zur Bewältigung des Umweltproblems ökonomische und soziale Einbußen erwartet und der Wohlstand gefährdet sein könnte.

Obwohl Studien bereits belegt haben, dass Klimafolgen benachteiligte Gruppen stärker treffen als Bessergestellte, ist diese Ungleichheit bei den Befragten insgesamt kaum präsent, es herrscht eher der Eindruck, dass Umweltrisiken potentiell jeden betreffen könnten. Jedoch bei dem Thema Transformationslasten und deren Verteilung werden klassenbezogene Unterschiede deutlich. Während über die Hälfte der Arbeiterschaft Wohlstandsverluste durch Klimaschutzmaßnahmen befürchten, teilen weniger als ein Viertel der akademischen Mitteklasse diese Sorge. »Vor allem die unteren Statusgruppen pochen auf einen Vorrang des Sozialen vor dem Ökologischen, indem sie die Erfüllung sozialer Bedürfnisse zur Voraussetzung des klimapolitischen Engagements machen« (ebd., S. 233). Auswirkungen von Klimaschutzmaßnahmen werden dann in erster Linie auf den derzeitigen Lebensstandard und die bestehenden ökonomischen Verhältnisse bezogen und weniger in Hinblick auf ihre in der Zukunft liegenden Ziele betrachtet. Eine häufig dargestellte Kluft zwischen den Generationen in Bezug auf das Klimabewusstsein findet sich hingegen nicht in den Daten wieder.

Ost-West-Unterschiede

Über die vier Konfliktarenen hinaus gibt es mit den Ost-West-Unterschieden ein weiteres Konfliktthema, das Mau (2024) ergänzend beschreibt. Die Vorannahme, dass die ostdeutsche Bevölkerung sich langfristig an die westdeutsche angleichen würde, hat sich nicht bestätigt. Im Gegensatz dazu bestehen Unterschiede in verschiedenen Bereichen weiter und es hat sich eine ostdeutsche Identität herausgebildet. Ost- und Westdeutschland sind heute »ungleich vereint«. Insbesondere die politische Kultur ist verschieden. Westdeutschland weist eine relative Stärke von Parteien auf Basis einer Mitgliederstruktur auf, während Ostdeutschland eher durch Wechselwähler charakterisiert ist, auch die populistische Ansprechbarkeit ist hier höher. Mau sieht die Gefahr von »Allmählichkeitsschäden« (ebd., S. 111) für die Demokratie, wenn von einem Teil der Bevölkerung der demokratische Grundkonsens verlassen wird und beispielsweise durch Tabubrüche und »die Entzivilisierung der gesellschaftlichen Auseinandersetzungen und die Verrohung der politischen Debatte« (ebd.) die Grenzen sukzessive verschoben werden.

Mau attestiert eine »Zweiheit in der Einheit« (ebd., S. 125), was allerdings nicht bedeutet,

> »dass wir in einer Art Zweigesellschaftlichkeit oder gespaltenen Gesellschaft angekommen sind, in der es gar kein inneres Band gibt oder zwei Großkollektive unverbunden nebeneinander existieren. Es bedeutet vielmehr, dass innerdeutsche Disparitäten und Ungleichzeitigkeiten fortbestehen, die sich entlang der Achse Ost-West ausgebildet haben« (ebd., S. 125).

Einstellungen in den Konfliktarenen nach Klassenzugehörigkeit

Für das Auftreten einer ›dicken Polarisierung‹ hatten Mau, Lux und Westheuser (2023) das Kriterium einer strukturellen Verortung von Konfliktpositionen benannt, die sich darin zeigen würde, dass verschiedene gesellschaftliche Großgruppen gegensätzliche Positionen einnehmen würden. Zur Betrachtung der Frage, ob sich in Hinblick auf gesellschaftliche Konfliktthemen klar verortbare Großgruppen identifizieren lassen, wurden daher in den vier Konfliktarenen die Einstellungen nach konservativer oder progressiver Orientierung auf einer Skala von -2 bis +2 zugeordnet und die Klassenzugehörigkeit dazu ins Verhältnis gesetzt.

Als Ergebnis zeigt sich in dieser Untersuchung über alle vier Konfliktarenen hinweg keine Polarisierung verschiedener Klassen gegeneinander, sondern eher eine breite Spannweite der Einstellungen innerhalb der Klassen. Darüber hinaus überlappen sich die Einstellungswerte der verschiedenen Klassen in erheblichem Ausmaß. Insbesondere in der Wir-Sie-Arena finden sich überall jeweils hohe progressive Werte, was eher als Konsens in Richtung Toleranz denn als eine Polarisierung gedeutet werden kann. Demgegenüber werden in der Heute-Morgen-Arena klassenspezifisch unterschiedliche Einstellungen deutlicher, die allerdings nicht als polar einzuordnen sind. Hier zeigen insbesondere die Gruppen der Arbeitgeber und der Industriearbeiter häufiger mittlere Werte auf der Skala von konservativer und progressiver Orientierung, während die Werte der anderen Klassen stärker in die progressive Richtung weisen. Die Autoren kommen hier zu dem Befund, dass die Konflikte in den Arenen zwar eine Klassenspezifik, aber keine Klassenpolarisierung aufweisen.

Triggerpunkte

Triggerpunkte sind nach Ansicht der Autoren deshalb so wirksam, weil sie moralische Grunderwartungen verletzen, die in einer Art implizitem Gesellschaftsvertrag vorausgesetzt werden. Als vier typische Trigger identifizieren sie Ungleichbehandlungen, Normalitätsverstöße, Entgrenzungsbefürchtungen und Verhaltenszumutungen.

Ungleichbehandlung: Hier wird von Gleichheitserwartungen ausgegangen, die nicht eingelöst werden. Dies wird als ungerecht empfunden und ist mit starken Emotionen verbunden. Beispiele dafür sind Queere, die diskriminiert werden, ungleicher Lohn bei gleicher Arbeit oder Cismänner, die mehr Rechte haben als Frauen oder Transmänner. Auch als überzogene wahrgenommene Forderungen nach Gleichbehandlung wie z. B. eine Frauenquote für DAX-Vorstände zählen hier dazu.

Normalitätsverstöße: Aus Perspektive der getriggerten Person wird gegen das, was diese als Normalität ansieht, verstoßen, Verhaltensregeln werden übertreten, andere halten sich nicht an die als gemeinsam vorausgesetzten Regeln, es droht ein Verlust der Ordnung und gemeinsamer Werte, was Gefühle von Angst auslösen kann. Die Abweichung kann das eigene Selbstverständnis bedrohen, das sich an der Norm orientiert. Beispiele dafür wären Aufregung über offen gezeigtes Begehren oder die Vorannahme, dass Angehörige einer bestimmten Region ihre eigene Gesetzgebung mitbringen würden.

Entgrenzungsbefürchtungen: Trigger ist hier die Annahme einer entgrenzten Steigerungsdynamik, etwas kommt ins Rutschen, ein Dammbruch droht. Dahinter steht häufig Angst vor Kontrollverlust. ›Wo kommen wir denn da hin?‹ ist in dem Zusammenhang eine typische Äußerung, z. B. bei diversen Geschlechterrollen oder Rechten für Zugewanderte. Ansprüche werden als inflationär und nicht mehr bewältigbar wahrgenommen.

Verhaltenszumutungen: Erwartungen an Verhalten verändern sich und werden als Zumutung erlebt, beispielsweise wenn sich Konventionen zum sprachlichen Ausdruck wie beim Gendern oder der Vermeidung von rassistischen Begriffen wandeln. Getriggerte erleben das als Bevormundung oder als Zwang, sie haben das Gefühl, die eigene Freiheit werde beschnitten, und lehnen sich dagegen auf.

Veränderungserschöpfung

Mau, Lux und Westerheuser identifizieren Wut und Veränderungserschöpfung als Reaktionen auf frustrierende Erfahrungen und Ohnmacht. Bei einer Veränderungserschöpfung gelingt eine aktive und positive Gestaltung im Umgang mit dem gesellschaftlichen Wandel nicht mehr, sondern er wird erlitten und als Zumutung erlebt. »Die Angst, den Anschluss zu verlieren, kann gewissermaßen als verallgemeinerte Beschreibung eines Weltverhältnisses verstanden werden, bei dem man mit den Veränderungen nicht mehr Schritt hält, sich überfordert fühlt« (ebd., S. 347 f.). In der Befragung geben 44 % an, es falle ihnen schwer, angesichts des sozialen Wandels den Anschluss zu halten, 30 % sehen das teilweise und 26 % explizit nicht so. Dies zeigt, dass die gesellschaftlichen Entwicklungen stark unterschiedlich erlebt werden. Deutlich häufiger als höhere Statusgruppen berichten Menschen aus einfachen Berufsklassen mit geringerer Ausstattung bezüglich Bildung und Einkommen von Schwierigkeiten, den Anschluss zu behalten. Ein Alterseffekt zeigt sich in den Daten hingegen nicht (ebd., S. 348 f.).

Polarisierung?

Mau, Lux und Westheuser warnen vor Polarisierungsdynamiken, die durch sogenannte Polarisierungsunternehmer ausgelöst werden könnten. Als Polarisierungsunternehmer bezeichnen sie »politische Akteure, deren Profilierung primär über die Erregung und Kapitalisierung polarisierter Auseinandersetzungen erfolgt« (ebd., S. 375). Polarisierungsunternehmer »verwandeln Erregungszustände in politische Schwungmasse« (ebd., S. 376), indem sie Triggerthemen und Unzufriedenheiten aufgreifen und nutzen, um Wahlerfolge zu erzielen. Dabei spitzen sie Konflikte zu und verstärken eine Frontbildung in Form eines Freund-Feind-Schemas.

Zusammenfassend beantworten die Autoren die Frage nach der Polarisierung der Gesellschaft folgendermaßen: »Konflikte: vorhanden, Polarisierung: kaum, politisierte und radikalisierte Ränder: ja« (ebd., S. 380). Einerseits widerlegen die Befunde also das Narrativ einer polarisierten Gesellschaft und können damit zu einer Beruhigung beitragen. Andererseits weisen die Autoren aber auch auf Polarisierungsunternehmer insbesondere auf politischer oder medialer Ebene hin, die durch stark zugespitzte und populistische Aussagen die tatsächliche Polarisierung in der Bevölkerung vorantreiben können. In dieser Reihenfolge wird eine Polarisierung erst durch die populistische Politisierung von Themen befördert und lässt sich nicht als eine vorhandene polarisierte Gesellschaft, deren Gespaltenheit dann von der Politik aufgegriffen wird, darstellen. Von den Autoren wird das Handeln dieser Polarisierungsunternehmer als Gefahr dahingehend gesehen, dass dadurch Spaltungstendenzen zunehmen könnten.

In Bezug auf die Frage einer Polarisierung der Gesellschaft zeigen sich derzeit in der Soziologie somit verschiedene Positionen (Kumkar & Schimank 2025). Es gibt Stimmen, die eine Polarisierung eher betonen und den Konflikt von gesellschaftlichen Gruppen in den Vordergrund stellen. Andere sehen dagegen stark gegensätzliche Einstellungen nur bei einem kleinen Teil der Bevölkerung. Sie sprechen daher nicht von einer Polarisierung der Gesellschaft insgesamt, sondern weisen eher auf einen relativen Konsens der Einstellungen zu vielen Themen über verschiedene gesellschaftliche Gruppen hinweg sowie verschiedene konflikthafte Themen hin. In ergänzender Sicht können mit Hilfe der verschiedenen Positionen Konflikte bzw. einzelne Konfliktthemen erkannt und Risiken einer Polarisierung antizipiert werden und zugleich Konsensthemen über verschiedene gesellschaftliche Gruppen hinweg, also verbindende Elemente im Blick bleiben. Auch Befunde zu aktuellen Problemstellungen wie beispielsweise die von Mau, Lux und Westheuser konstatierte Veränderungserschöpfung können zum Verständnis der Situation und Reaktionen von Menschen beitragen und eine relevante Information für die Ebene der personenbezogenen Bewältigung und damit auch für Fachkräfte im psychosozialen Bereich und ebenso für die Ebene der Politik sein.

4 Zentrale Linien und Herausforderungen für die Identität in der Spätmoderne

Die sich im Verlauf der Moderne zur Spätmoderne vollziehenden Prozesse und die sich daraus ergebenden Bedingungen werden hier noch einmal in zentralen Linien zusammengefasst und die damit verbundenen Herausforderungen dargestellt. Die Linien sollen als Denkwerkzeuge dienen, entlang derer einzelne Aspekte der komplexen gesellschaftlichen Entwicklungen nachvollzogen und in ihren Folgen für die Identitätsentwicklung analysiert werden können. Die einzelnen Linien sind nicht als trennscharf von einander abgegrenzt zu verstehen, denn sie sind in vielen Wechselwirkungen miteinander verbunden und fußen teilweise auf denselben Prozessen. Durch die Setzung von Schwerpunkten werden nur jeweils bestimmte Perspektiven herausgehoben, mit dem Ziel, dass diese so deutlicher sichtbar werden.

Die gesellschaftlichen Entwicklungen und Maßstäbe und die damit in Verbindung stehenden Herausforderungen werden dabei insbesondere mit Bezug auf den Einzelnen betrachtet. Gruppenbezogene und politische Herausforderungen lassen sich daraus natürlich ebenfalls ableiten, stehen hier aber durch den Fokus auf eine personenbezogene Identität nicht im Vordergrund.

Die zentralen Linien sind im Folgenden danach geordnet, welche Perspektive einen Schwerpunkt in der Beschreibung der Prozesse und Bedingungen bildet. Dargestellt werden Linien, in denen das Individuum als handelnde und entscheidende Person in den Vordergrund tritt, Linien, die den Wandel von Lebens- und Umweltbedingungen beschreiben, und Linien, die die Beziehungen zu sich, zu anderen und zur Umwelt in den Blick nehmen.

4.1 Linien, in denen das Individuum als handelnde und entscheidende Person in den Vordergrund rückt

4.1.1 Individualisierung

Modernisierungsprozesse im Verlauf der Entwicklung von der Agrar- zur Industriegesellschaft beinhalteten eine Freisetzung des Individuums aus traditionellen Bindungen und Kontrollen, in denen die Person über ihren Stand, die Geschlechtszugehörigkeit und Religion festgelegt war. Diese weitgehend durch Geburt zugewiesenen Merkmale bestimmten in der vormodernen Welt Lebensbahnen und Verhaltensregeln der Menschen und verlieren im Zuge der Modernisierung zunehmend ihre Gültigkeit. Damit gehen auch die Sicherheiten aus diesen Bindungen verloren, sowohl in Bezug auf materielle Absicherungen als auch die Sicherheit darüber, wer man ist und zu welcher Gruppe man dazugehört. Zugleich erweitert sich der Lebensradius des einzelnen Menschen.

Dieser von Beck und Beck-Gernsheim (1994) beschriebenen ersten Phase der Individualisierung folgte eine zweite seit den 1960er Jahren, in der sich der Individualisierungsprozess beschleunigt. Die Spätmoderne ist gekennzeichnet durch eine Pluralität an Lebenswegen und Identitätsvorstellungen und eine Vielzahl an Optionen. Der Prozess der Individualisierung eröffnet also Entscheidungsspielräume und macht eine Gestaltung des eigenen Lebenslaufes und der Identität in weiten Bereichen möglich. Zugleich sind damit aber Zwänge verbunden, denn Entscheidungen, z. B. über die Wahl der Ausbildung, des beruflichen Werdegangs oder eine Familiengründung, müssen vom Individuum getroffen und das Leben geplant werden. Hierfür sind Maßstäbe und Orientierungspunkte notwendig. Zudem ist die Gestaltbarkeit des eigenen Lebens in hohem Maße von der individuellen Ressourcenausstattung abhängig, zu der beispielsweise Bildung, finanzielle Mittel, soziale Kontakte oder Sprachkenntnisse gehören. Die individuelle Gestaltbarkeit ist ebenso von der jeweiligen Lage der Gesellschaft beispielsweise auf dem Arbeitsmarkt, von den Wohlstandsverhältnissen, der sozialen Absicherung oder der Gesundheitsversorgung bestimmt.

Identität, Lebensform und Lebensweg sind gegenwärtig also nicht mehr in engem Rahmen vorgegeben und kalkulierbar, sondern einerseits gestaltbar und andererseits auch unsicher. Die damit verbundenen Anforderungen müssen von Einzelnen und in Familien bewältigt werden und können Druck erzeugen. Wie die Gestaltung gelingt, hängt zudem ganz erheblich davon ab, über welche Kapitalien die Personen verfügen. Neben dem ›Erfolg‹ wird auch das ›Scheitern‹ bei der Gestaltung, beispielsweise durch Jobverlust und sozialen Abstieg, in hohem Maße der Verantwortung des Einzelnen zugeschrieben. Herausforderungen für das Individuum und seine Identität liegen hier also in den Bereichen der Orientierung, des Entscheidens, des Umgangs mit Unsicherheiten und Leistungsdruck sowie des Umgangs mit Selbst- und Fremdbildern in Zusammenhang mit Scheitern von Lebensplänen, Verlusten oder Nichterreichen von Zielen.

4.1.2 Singularisierung

Mit dem Phänomen der Singularisierung kommt nach Reckwitz (2019) in der Spätmoderne zu der Gestaltungsfreiheit und dem Gestaltungszwang der Individualisierung noch der Druck hinzu, die eigene Einzigartigkeit herauszustellen und sich von den anderen abheben zu müssen, um in der Masse sichtbar und im Sinne von Marktchancen attraktiv zu sein. Es geht also neben den mit der Individualisierung verbundenen Herausforderungen zusätzlich noch um die ›soziale Fabrikation‹ von Einzigartigkeiten, von besonderen Erfahrungen und Ereignissen, besonderen Räumen und Dingen. Besonderheit wird zum Bewertungsmaßstab dessen, was als gesellschaftlich wertvoll und erstrebenswert angesehen wird. Dieses Besonderungshandeln fordert dem Individuum einen erheblichen Arbeits- und Zeitaufwand ab. Das Gelingen der Besonderung ist ebenfalls davon abhängig, in welchem Umfang einer Person Ressourcen und damit Möglichkeiten der Umsetzung zur Verfügung stehen.

Das ständige Bemühen um Selbstdarstellung und eine intensive Beschäftigung mit sich selbst könnten im Verhaltensausdruck als narzisstische Züge interpretiert werden. Im gesellschaftlichen Kontext der Singularisierung deutet Cederström (2019) diese ausgeprägte Selbstbezüglichkeit jedoch nicht als Ergebnis individuumszentrierter psychischer Prozesse, sondern als Resultat der gesellschaftlichen Anforderungen, sich als besonders auszuweisen, um überhaupt wahrgenommen zu werden und gute gesellschaftliche Positionen zu erreichen. Das Besonderungshandeln wird damit zur Notwendigkeit im gesellschaftlichen Wettbewerb und nicht dem Einzelnen als individueller Ausdruck seiner Identität oder individuelles Problem zugeschrieben. Diese Deutung verändert die Sicht auf die Person, ihre Motive, ihr Handeln und ihre Identität. Dadurch kann es beispielsweise möglich werden, in Gesprächen zu Identitätsvorstellungen und -handeln durch entsprechende Nachfragen internalisierte gesellschaftliche Erfordernisse von individuellen Bedürfnissen und Wünschen zu unterscheiden und eventuell neu zu bewerten.

4.1.3 Selbstoptimierung

Ähnlich wie bei der Besonderung verhält es sich mit dem Streben nach Selbstoptimierung, das gegenwärtig in wettbewerbsorientierten Gesellschaften als orientierendes Muster erkennbar ist. Hierbei geht es darum, sich permanent zu verbessern, um eigene und von anderen gesetzte Normen zu erfüllen und die individuellen Chancen im Wettbewerb um Aufmerksamkeit und Anerkennung zu erhöhen. Neben dem Erhalt oder der Steigerung der Attraktivität in privaten Bezügen kann dies in der Außenwahrnehmung auch Professionalität verkörpern und Arbeitsmarktchancen verbessern. Die drei Varianten der Selbstoptimierung nach Bröckling (2013, 2021) – die Orientierung am Ideal, die Ausrichtung auf eine ständige Steigerung und die Wettbewerbsorientierung – erfordern fortwährende Anstrengungen, da sie keinen erreichbaren Endpunkt haben und so unabschließbar sind. Das Streben nach Selbstoptimierung findet sich als Orientierungsmuster in der Gestaltung des individuellen Lebens und in diversen Praktiken der alltäglichen Lebensführung und kann sich dabei auf verschiedene Bereiche richten: Es können beispielsweise positive Emotionen, Glück, körperliche Fitness, Schönheit, Gesundheit und kognitive Leistungsfähigkeit angestrebt und permanent bearbeitet werden. Herausforderungen für die Identität und Lebensführung bestehen daher in weiten Bereichen, die das Selbst- und Fremdbild betreffen. Welche Ideale verfolgt und welche Maßstäbe internalisiert werden, ist im Einzelnen von dem Umfeld abhängig, in dem man sich bewegt.

Wenn Menschen über andere als durch Optimierung hervorgebrachte Chancen zur ökonomischen Absicherung und zum Erwerb sozialer Anerkennung verfügen, können sie sich leichter von Anforderungen an eine Optimierung distanzieren. Das bedeutet, dass mit der Abnahme von sozialen und ökonomischen Abhängigkeiten die Freiheitsgrade im Umgang mit Optimierungsanforderungen wachsen (Schreiber 2021).

Beim Streben nach Optimierung wird Erfolg im Wesentlichen dem Individuum und seiner Anstrengungsbereitschaft zugerechnet. Ebenso wird ›Misserfolg‹ oder Scheitern am Ideal als individuelles Problem, als Charakterlosigkeit, Faulheit, Unprofessionalität oder Ähnliches gedeutet. Zentral zugehörige, aber nicht unbedingt wünschenswerte Aspekte des Lebens wie beispielsweise Trauer oder Krankheit sind häufig aus Normalitätsvorstellungen ausgegrenzt, gesellschaftliche Hintergründe z. B. für Wut oder Depression sind kaum bewusst und daher unsichtbar. Der ständige Druck, sich zu verbessern und im Wettbewerb zu stehen, kann Stress erzeugen und schließlich in Überforderung münden, die wiederum persönlich zugerechnet wird. Herausfordernd bei der Entwicklung und Aufrechterhaltung der Identität ist also die ständige Auseinandersetzung mit von außen, z. B. medial propagierten und internalisierten Idealvorstellungen. Der Einzelne ist herausgefordert, mit diesen Optimierungsansprüchen und dem dahinterstehenden Wettbewerb auf Basis der eigenen guten oder auch weniger guten Ressourcenausstattung umzugehen.

4.2 Linien, die den Wandel von Lebens- und Umweltbedingungen beschreiben

4.2.1 Risiken

Die aktuellen Lebensbedingungen sind von diversen Risiken gekennzeichnet, die in Verbindung mit Entwicklungen im Verlauf von Modernisierungsprozessen und deren Folgen stehen. Dazu gehören durch die industrielle Entwicklung verursachte ökologische Risiken wie beispielsweise Gefahren durch einen Klimawandel oder unkalkulierbare Folgen von genetischen oder anderen Eingriffen des Menschen in die Natur. Ebenso können die vielfältigen globalen Verflechtungen und die hohe Mobilität riskante Folgen haben und wie während der Coronapandemie zu einer schnellen Verbreitung von Krankheitserregern führen. Weitere Nebenfolgen des wissenschaftlich-technischen Fortschritts können in Folgen der Automatisierung oder auch in noch nicht absehbaren Risiken durch KI liegen. Schließlich besteht weiterhin eine Bedrohung durch die kriegerische oder friedliche Nutzung der Atomkraft, die auch bei friedlicher Verwendung wie in Fukushima durch ein Erdbeben und den dadurch ausgelösten Tsunami zu einer verheerenden Nuklearkatastrophe führen kann, die weit über die Nation hinausgeht, in der sie entstanden ist. Begleiterscheinungen eines durch Risiken charakterisierten Lebens sind Unvorhersehbarkeit und Unkalkulierbarkeit, es ist nur eine näherungsweise Vorbereitung auf antizipierte Risiken möglich, aus denen ein gewisses Maß an Sicherheit geschöpft werden kann. Diese Vorbereitung, Gegensteuerung oder Anpassung ist davon abhängig, inwieweit diese Risiken von machthabenden Kreisen bewertet werden. Beispielsweise ist das in Bezug auf den Klimawandel auch heute noch politisch umstritten, obgleich ein breiter wissenschaftlicher Konsens über eine erhebliche Bedrohung besteht, wenn keine ausreichenden Maßnahmen ergriffen werden. Wenn, wie aktuell in weltpolitisch bedeutsamen Ländern, Personen oder Gruppen in politische Verantwortung kommen, die den Klimawandel nicht als Risiko anerkennen, findet auch keine Vorbereitung oder Gegensteuerung statt. Inwieweit das Auswirkungen auf das Klima, die Lebensbedingungen und möglicherweise auch auf die Demokratie hat, wird sich erst noch zeigen.

Sorgen und Ängste in Zusammenhang mit dem Klimawandel werden inzwischen unter dem Begriff Klimaangst gefasst. Neben Besorgnis und Zukunftsangst schließt dies auch Wut, Verzweiflung und Frustration darüber ein, dass auf politischer Ebene nicht entsprechend der Risikoeinschätzung der von Klimaangst betroffenen Personen gehandelt wird. Daraus wiederum ergeben sich weitreichende Herausforderungen für die Identität und das Handeln im Alltag, die davon abhängig sind, wie eine Person die Lage bewertet.

Schließlich sind unter der Risikoperspektive auch biografische Risiken zu nennen, die durch entstandardisierte, brüchiger werdende Lebensläufe und fortschreitende Individualisierungsprozesse entstehen. Wie schon oben beschrieben stellen Unbestimmtheit und Unsicherheit über die Lebensplanung Anforderungen an die Fähigkeit zur Orientierung und Flexibilität. Entscheidungen müssen unter Bedingungen einer unsicheren Zukunftsperspektive getroffen und gegebenenfalls verworfen werden, das Individuum muss umdisponieren, sich an veränderte Gegebenheiten anpassen und den Einbruch von nicht vorgedachten Bedrohungen und Risiken in die Gestaltung des Lebens einbeziehen. Mit der Coronapandemie und dem Klimawandel wird deutlich, dass das Konzept der Risikogesellschaft von Beck (1986, 2007) weiterhin von ungebrochener Aktualität ist. Vor diesem riskanten und unsicheren Hintergrund sind die Menschen herausgefordert, eine kohärente Identität über die Zeit zu entwickeln, sie aufrechtzuerhalten oder zu verändern und handlungsfähig zu bleiben.

4.2.2 Beschleunigung und dynamische Stabilisierung

Beschleunigungsprozesse können in verschiedenen Bereichen der Gesellschaft beobachtet werden. Im technischen Bereich zeigt sie sich beispielsweise in zunehmender Geschwindigkeit in den Feldern von Transport, Kommunikation und Produktion, hinsichtlich des Lebenstempos in einer Zunahme von Handlungen und Erlebnissen pro Zeiteinheit und einem Gefühl der ständigen Zeitknappheit. Eine Beschleunigung des sozialen Wandels zeigt sich z.B. in einer schnelleren Veränderung von Einstellungsmustern und Werten, Lebensstilen und Beziehungsmustern, die das Zusammenleben von Menschen gestalten. Wenn diese Orientierungs- und Handlungsmuster immer schnelleren Veränderungen unterworfen sind, sind auch die Ausrichtungen, Planungen und Entscheidungen von Menschen weniger langfristig angelegt und weniger stabil.

Der Prozess der Beschleunigung wird maßgeblich von dem Steigerungszwang und der Steigerungslogik eines kapitalistischen Wirtschaftssystems angetrieben. Das bedeutet, dass die institutionelle Grundstruktur nur mittels fortlaufender Steigerung aufrechterhalten werden kann, was Rosa (2013) mit dem Begriff der dynamischen Stabilisierung beschreibt. Dies beinhaltet stetiges ökonomisches Wachstum, technische Beschleunigung und kulturelle Neuerungen. Im Zeitverlauf verwandelt sich die Steigerungsperspektive von einer Verheißung in eine Bedrohung, da sich moderne Gesellschaften nur durch ständige Steigerung, also dynamisch, stabilisieren können. Nach früheren Verheißungen von Wachstum und Innovation ist die Antriebskraft inzwischen nicht mehr die Verbesserung der Lebensqualität, sondern eher die Angst, sich nicht zu verschlechtern. Die in früheren Phasen der Industrialisierung aufwärts gerichtete Identitäts- und Lebensplanung steht nun unter dem Druck, den Status und Lebensstandard zu erhalten, und der Sorge, diese zu verlieren. Zudem besteht die Herausforderung, sich permanent an veränderte Bedingungen, Neuerungen etc. anzupassen. Ein Beispiel dafür ist der schnelle Wandel im Bereich der Digitalisierung. Ein Softwareprogramm, in das man sich gerade eingearbeitet hat, wird von einer aktualisierten Version abgelöst, in der vieles neu gesucht werden muss, oder es findet ein Wechsel zu einem anderen System statt. Auch das muss wieder neu erarbeitet werden. Dies betrifft inzwischen viele Bereiche des Arbeits- und Privatlebens, so dass hier fortlaufend eine erhebliche Arbeitsanforderung entsteht und mit Überforderung verbunden sein kann.

4.2.3 Flüchtigkeit und Ungewissheit

In seinem Konzept der fluiden Moderne betont Bauman (2008) die Flüchtigkeit und Ungewissheit der gegenwärtigen Lebensbedingungen, die mit den umfassenden Prozessen der Individualisierung und Globalisierung in Verbindung stehen. Die Prozesse sind bereits beschrieben oder in anderen Konzepten wie beispielsweise der Beschleunigung berührt worden. Flüchtigkeit und Ungewissheit kann auch in Zusammenhang mit dem Überlastungsphänomen gesehen werden, das Mau, Lux und Westheuser (2023) als Veränderungserschöpfung bezeichnet haben. Die Anforderungen durch einen permanenten oder drohenden Wandel in verschiedenen Lebensbereichen und durch die Unsicherheit und Unbeständigkeit in längerfristiger Perspektive verlangen den Menschen ab, fortlaufend für Veränderungen bereit zu sein oder sich an veränderte Bedingungen anzupassen. Dies beeinflusst kleinere Aspekte des Alltags, aber auch identitätsrelevante Überlegungen und Festlegungen. Als weiteren Aspekt dieser Entwicklungen hebt Bauman die Flüchtigkeit von Beziehungen und die Entwurzelung von Menschen hervor. Dieser Punkt wird unter der Linie ›Entbettung‹ unten weiter ausgeführt. Flüchtigkeit und Ungewissheit als Bedingungsgefüge gegenwärtiger Gesellschaften sowie die Folgen für die Lebensplanung und für die Beziehungen von Menschen sind zentrale Charakteristika der Gegenwartsgesellschaft und werden deshalb hier in einer eigenen Linie benannt.

4.2.4 Vielstimmigkeit

Mit den Modernisierungsprozessen ging auch die Pluralisierung in verschiedenen Bereichen, z. B. von Lebensformen, Erziehungsstilen, Identitätsvorstellungen etc., einher. Durch Globalisierungs- und Beschleunigungsprozesse in der Spätmoderne nimmt die Vielstimmigkeit noch einmal an Fahrt auf. Die schnellen technischen Entwicklungen im Bereich der Kommunikation mit Internet und Smartphone, die Vervielfältigung der Medienlandschaft und die Gleichzeitigkeit, in der Ereignisse stattfinden und über sie berichtet wird, treiben die Vielstimmigkeit an. Die technische Entwicklung führt dazu, dass die Rollen als Empfänger und Sender von Botschaften nicht mehr getrennt sind, sondern wechseln können und über das Internet Botschaften leicht und schnell verbreitet werden. Die Einordnung und Bewertung der Vielzahl an Stimmen, was auch das Erkennen und Einschätzen von Nachrichten als Fake News beinhaltet, ist eine zunehmende Herausforderung, die neben verschiedenen Kenntnissen auch Zeit erfordert. Die Gültigkeit verschiedener Orientierungs- und Deutungshorizonte nebeneinander stellt Anforderungen an das Orientierungsvermögen und kann mit Unsicherheiten über die Ausrichtung und Inhalte von Selbst- und Fremdbildern sowie das angemessene Handeln verbunden sein. Der Umgang mit dieser Komplexität kann Stress erzeugen. Gefordert ist hier ein ständiger Umgang mit Ambiguität, also Mehrdeutigkeit.

4.3 Linien, die insbesondere Beziehungen zu sich, zu anderen und zur Umwelt in den Blick nehmen

4.3.1 Entgrenzung

Mit den Prozessen der Individualisierung, Globalisierung und Digitalisierung ist eine weitreichende Entgrenzung verbunden, die verschiedene Bereiche des Lebens durchzieht und an vielen Stellen zu Positionierungen und Entscheidungen aufruft, die in früheren Zeiten durch andere Rahmenbedingungen nicht gefordert waren. Dies betrifft beispielsweise die persönliche Erreichbarkeit zu allen möglichen Zeiten und in diversen Situationen durch das Mobiltelefon, Internet, Satellitentechnik und Ähnliches. Ebenso betrifft es die Reichweitenvergrößerung in Bezug auf andere, die heute über technische Geräte potentiell jederzeit erreichbar sind oder deren Standort sich nachvollziehen lässt. Das Individuum ist nun herausgefordert, zu entscheiden, wann und wo es erreichbar sein möchte oder nicht, und entsprechend zu handeln. Grenzen zu anderen sind häufig Verhandlungsmasse zwischen Freunden, Paaren, Eltern und Kindern sowie zwischen Arbeitgebern und Arbeitnehmern. Hinzu kommen noch die erweiterten Möglichkeiten der absichtlichen Grenzüberschreitungen beispielsweise durch Stalking oder Veröffentlichung von privaten Aufnahmen, die abgewehrt oder in ihren Folgen bewältigt werden müssen. Darüber hinaus dringt auch Werbung über alle nur möglichen Kanäle in das Leben von Menschen ein. Die Verflüssigung und Entgrenzung von Information, Freizeit und kommerziellen Absichten ist hier Strategie, etwa bei Werbung in Computerspielen oder auf Informationsseiten.

Neben der potentiellen Erreichbarkeit ist auch die Flexibilisierung von Raum und Zeit im Arbeits- und Privatleben eine Herausforderung, die mit dem Verschwimmen der Grenzen verbunden sein kann und dazu herausfordert, Grenzen zu ziehen und Regeln für das Handeln im Umgang mit Grenzen zu entwickeln. Dieses Vermögen, Entgrenzungen zu ›managen‹, wird inzwischen in der Wirtschafts- und Sozialpsychologie mit dem Begriff ›Boundary-Management‹ bezeichnet und beforscht (Müller & Kempten 2023, Keupp 2012).

Ein weiterer Bereich, in dem Entgrenzung diskutiert wird und teilweise auch hoch umstritten ist, sind die fließenden Grenzen zwischen Natur und Kultur. Medizinisch-technische Entwicklungen, deren Eingriffsmöglichkeiten in Körper von Mensch und Tier oder in die Pflanzenwelt sowie damit in Zusammenhang stehende Vorstellungen von Identität, Geschlecht, Heilung oder Lebensgestaltung erfordern Orientierung und die Entwicklung von Maßstäben, die Entscheidungen unter diesen veränderten und erweiterten Bedingungen ermöglichen. Dies betrifft die Gentechnik in der Medizin und in der Landwirtschaft, medizinisches Handeln in Bezug auf Schönheit, Geschlecht und auf heilende sowie lebenserhaltende Maßnahmen insbesondere am Anfang und am Ende des Lebens sowie in Bereichen der Reproduktionsmedizin. Auch hier können Optimierungsideale zu Maßstäben werden, beispielsweise in Bezug auf Schönheitsvorstellungen oder auch im Bereich der Pränataldiagnostik. Wie gehen Menschen damit um, wenn sie die Nachricht bekommen, dass ihr ungeborenes Kind Trisomie 21 hat, davon abgesehen aber gesund ist? Welche Maßstäbe werden von wem angelegt, welche Entscheidungen auf Basis welcher Orientierungsfolien getroffen? Was gilt als verantwortlich, rational, sinnvoll? Nur zur Klarstellung: Hier wird keine wertende Haltung zu dem Thema bezogen, sondern es soll nur deutlich werden, in welchem Ausmaß die Individualisierung in Zusammenhang mit wissenschaftlich-technischen Entwicklungen die einzelne Person bzw. ein Paar zu Entscheidungen zwingt, denn auch die Ablehnung einer solchen Untersuchung ist eine Entscheidung. Und es soll überdies deutlich werden, dass unter Individualisierungsbedingungen die Verantwortung für die Folgen einer solchen, durch die erweiterten Möglichkeiten zwangsweise notwendig werdenden Entscheidung in hohem Maße dem Individuum zugewiesen wird, unabhängig davon, ob diese für oder gegen die Fortführung einer Schwangerschaft ausfällt. Durch neue technische Möglichkeiten können ethische Fragen entstehen, die individuell bewältigt werden müssen. Die Grenzen zwischen Natur und Kultur geraten in der flüchtigen oder fluiden Moderne zunehmend in Fluss und erfordern darauf bezogene Haltungen und Handlungen.

4.3.2 Entfremdung

Entfremdung bezeichnet eine zunehmende Distanz, eine Ablösung von Vertrautem, ein Fremdwerden von etwas, jemandem oder sich selbst. Im Gegensatz zur

Nähe oder Verbundenheit bedeutet Entfremdung auch Beziehungslosigkeit. Mit dem Gefühl von Entfremdung kann Sinnhaftigkeit und Wert und damit Orientierung verloren gehen. Entfremdung könnte man auch als Gegenbegriff zu Identität verstehen, wenn es um den Aspekt gelingender Identität im Sinne eines sich Identifizierens mit dem, was man arbeitet oder wie man lebt, geht.

Entfremdung als Ergebnis einer sich wandelnden Welt wurde bereits von Karl Marx in Zusammenhang mit Industrialisierungs- und Rationalisierungsprozessen herausgestellt. Die kapitalistische Arbeitswelt und Produktionsweise führen bei ihm zur Entfremdung in Bezug auf das Arbeitsprodukt, das nur noch in Teilschritten bearbeitet wird und nicht mehr als Ganzes Ausdruck von z.B. handwerklichen Fähigkeiten einer Person ist. Gleiches gilt für den Herstellungsprozess, der ausdifferenziert und damit ebenfalls bruchstückhaft ist. Von Entfremdung betroffen sind auch Beziehungen zu sich selbst und zu anderen. Arbeitskraft, Produkte und Beziehungen werden unter der Perspektive des Tauschwerts bewertet. Dieser ist in einen Geldwert umrechenbar. Andere Formen von Werten wie z.B. kulturelle, ästhetische oder ethische, treten zurück und werden indifferent im Sinne von austauschbar. Entfremdung entsteht also auch darüber, dass über die Umrechnung in einen Geldwert alles untereinander austauschbar wird (Marx 1971, Kron 2014, Zima 2014).

Bei Bauman bezieht sich die Entfremdung auf die mit der Individualisierung verbundenen Entscheidungen, die unter Bedingungen der Unsicherheit getroffen werden müssen und Individualität schwierig werden lassen. Verantwortung wird dem Einzelnen zugerechnet, obwohl die Individuen nur eine sehr eingeschränkte Gestaltungsmacht haben. Diese aufgezwungene Selbstverantwortung ist entfremdend, sie verhindert tatsächliche Individualität (Kron 2014).

Rosa beschreibt Entfremdung als problematische Form der Weltbeziehung, die im Zuge von Beschleunigungsprozessen entstehen kann. Entfremdung tritt ein, wenn es nicht mehr gelingt, in eine lebendige Austauschbeziehung mit der Welt zu treten, wenn die Welt verstummt (2013). Rosa bezeichnet Entfremdung als beziehungslose Beziehung und untersucht sie in Bezug auf Raum, Dinge, Handlungen, Zeit und den Selbstbezug. Als Gegenbegriff zu Entfremdung entwickelt er das Konzept der Resonanzbeziehung, die dadurch charakterisiert ist, dass ein Mensch mit sich und anderen bzw. der Umwelt in Beziehung ist und Resonanz erlebt. Die resonante Selbst- und Weltbeziehung nach Rosa ist dadurch gekennzeichnet, dass ein Austausch durch Zuhören und Antworten stattfindet. In dieser lebendigen Austauschbeziehung vollzieht sich auch eine Anverwandlung, eine Transformation, d.h. eine Veränderung durch den Austausch, indem das Gehörte oder Erlebte aufgenommen und in verarbeiteter Weise zum Teil des eigenen Selbst wird.

Es kann also entfremdend sein, wenn in einer schnelllebigen Zeit ständig Zeitdruck herrscht, Dinge oder Vorgehensweisen nicht mehr nachvollzogen oder verstanden werden, man kaum Einfluss hat, aber dauernd Entscheidungen treffen muss und das Gefühl entsteht, dass vieles mit einem selbst wenig zu tun hat oder es wenig steuerbar ist. Dabei können durchaus Ambivalenzen entstehen, beispielsweise wenn ein Mensch in einem Krankenhaus eine Behandlung auf technisch hohem Niveau mit positiven Effekten für seine Gesundheit erhält, aber dabei kaum Beziehungen erlebt und in Entscheidungsprozesse einbezogen wird, sondern eher als ›Nummer‹ einen rationalisierten Prozess durchläuft, der auf Basis von Vergütungsschlüsseln stattfindet.

In Bezug auf Entfremdung ergibt sich hier also für das Selbstgefühl und die Identität die Herausforderung, die Beziehung zu sich und zur Welt möglichst weitgehend als Austauschbeziehung erfahren zu können, Wert- und Sinnhaftigkeit zu erleben oder auch wenig resonante Erfahrungen so einordnen und verarbeiten zu können, dass keine dauerhaften Entfremdungserfahrungen entstehen bzw. diese begrenzt werden können.

4.3.3 Entbettung

Aus historischer Perspektive beschreibt Bauman in Zusammenhang mit der Auflösung ständischer Strukturen bereits die Entwurzelung von Bauern und Handwerkern durch eine Herauslösung aus gemeinschaftlichen Bindungen in lokalen Gemeinschaften. In der Spätmoderne ist das Thema der Zugehörigkeit durch Individualisierungs-, Singularisierungs- und Beschleunigungsprozesse sowie durch die starke Zunahme der Mobilität weiterhin und erneut von großer Aktualität. Die in der Moderne erfolgte Integration der Menschen in die Gesellschaft über Zugehörigkeiten zu nationalstaatlichen Organisationen verliert in der globalisierten Gesellschaft an Bedeutung. Soziale Identität wird in der Spätmoderne zunehmend über die Teilnahme an bestimmten milieugenerierenden Lebensstilen hergestellt. Identität wird damit wesentlich eine Frage des Konsums. Die Ökonomie fungiert als neue Integrationsinstanz, Markt und Konsum übernehmen nun eine maßgebliche Rolle im Zusammenhang mit Zugehörigkeit und Identität, was die Teilhabechancen verschiedener Gruppen und die Ungleichheitsverhältnisse in den Fokus rückt. Neben materieller Sicherheit sind auch emotionale und normative Sicherheit bedeutsame Aspekte in Gemeinschaften, z. B. in Form von Anerkennung, Wertschätzung und Sinnhaftigkeit. Die unsicheren und ungewissen Lebensbedingungen in der flüchtigen Moderne sind für eine erhebliche Zahl von Menschen mit Entwurzelung, Angst und Ausgrenzung verbunden, insbesondere dann, wenn die Teilhabe- und Gestaltungschancen aufgrund geringer Ressourcenausstattung begrenzt sind. Die Sehnsucht nach Sicherheit und Zugehörigkeit kann in Tribalismus münden, was Bauman mit »Zurück ans Stammesfeuer« (2017, S. 65) betitelt, zurück in die Sicherheit und Geborgenheit einer Gemeinschaft, der man angehört und die sich klar von anderen abgrenzt. Diese Sicherheitsbestrebungen können unter Bedingungen zunehmender Ungleichheit, drohendem Wohlstandsverlust und der Ungewissheit bezogen auf zukünftige Entwicklungen besonders ausgeprägt sein und dazu führen, dass Gruppierungen oder Parteien, die Sicherheit und Berechenbarkeit versprechen, einen großen Zulauf haben.

Für die Identitätsentwicklung sind Fragen der Zugehörigkeit und Stabilisierung bedeutsam, die beispielsweise über langfristige Beziehungen, aber auch über das Gefühl der Beheimatung an spezifischen Orten, in Regionen oder größeren Zusammenschlüssen erfahren werden können. Auch unter dieser Perspektive der Verbundenheit durch Beziehungen in persönlichen und übergeordneten Kontexten sind Unsicherheiten und Ungewissheiten zu bewältigen.

4.4 Individuelle Identitätsarbeit, politische Bezüge und professionelle Begleitung

Obwohl die beschriebenen Herausforderungen und Probleme in hohem Maße gesellschaftlich bedingt sind, ist zugleich jedes Individuum im Alltag herausgefordert, mit diesen Anforderungen umzugehen, eine kohärente Identität zu entwickeln und diese aufrechtzuerhalten. Das bedeutet für den einzelnen Menschen, fortlaufend an der eigenen Identität zu arbeiten (d.h., sie zu entwickeln, aufrechtzuerhalten oder zu verändern), sich in der Welt zu orientieren, Entscheidungen in Bezug auf umfassende biografische Prozesse wie Berufswahl oder Familiengründung und ebenso über die Ausformung von Rollenanforderungen und Teilidentitäten zu treffen, sich in bestimmten Bereichen als besonders herauszuheben oder zu optimieren, Beziehungen zu pflegen und in Zugehörigkeiten zu investieren, privat und beruflich Grenzen zu managen, sich in der Vielstimmigkeit einer komplexen Welt zurechtzufinden und sich dabei mit Bedingungen der Flüchtigkeit, schnellen Wandlungen, Risiko und Unbestimmtheit auseinanderzusetzen.

In Zusammenhang mit diesen Bedingungen und Prozessen müssen auch verschiedene Gefühlslagen verarbeitet werden. Die Bewältigung von Unsicherheitsgefühlen durch verschiedene Entwicklungen ist dabei eine zentrale Anforderung. Darüber hinaus thematisiert Reckwitz die Erfahrung von Verlusten und die Enttäuschungsproduktion, Mau, Lux und Westheuser beschreiben Wut und Veränderungserschöpfung, Rosa bringt mit den gegensätzlichen Konzepten der Resonanz und Entfremdung die erfüllende Beziehung mit Gefühlen von Berührtsein und Selbstwirksamkeit gegenüber dem Empfinden einer Nichtbeziehung, von Sinnleere ins Spiel. Cabernas und Illouz (2019) verweisen in Verbindung mit der Norm, Glück als zentrales Lebensziel zu anzustreben, darauf, dass negative Gefühle wie Wut, Angst, Trauer oder Schmerz nicht nur störend und unerwünscht seien, sondern auch fruchtlos und unnütz erscheinen können und Leid dadurch delegitimiert würde.

Diese komplexen und teilweise widersprüchlichen Gefühlszusammenhänge können Einfluss auf Prozesse der Identitätsbildung nehmen. Bei der Bewältigung der diversen Anforderungen ist die Handlungsfähigkeit des einzelnen Menschen über die Lebensspanne hinweg gefragt.

Für die Entwicklungsmöglichkeiten der Identität und Handlungsfähigkeit ist es dabei bedeutsam, über welche Ressourcen Menschen verfügen können. Neben bildungsbezogenen Kompetenzen und Abschlüssen hat hier auch die materielle Ausstattung einen großen Einfluss. Ob Menschen über Gestaltungsmöglichkeiten in ihrem Leben verfügen oder kaum Möglichkeiten für die eigene Lebensgestaltung oder die ihrer Kinder sehen, weil Gestaltbarkeit und Selbstverwirklichung bei knappen Ressourcen und existenziellen Problemen weit entfernt scheinen, kann sich auch politisch niederschlagen. Wenn bei Menschen Gefühle von ›ausgeliefert sein‹ und ›nichts ändern können, egal wie sehr man sich anstrengt‹ vorherrschen, ist es wenig wahrscheinlich, dass sie das aktuelle politische System unterstützen. Hier wäre die Politik gut beraten, sich funktionierende Maßnahmen zu überlegen, die tatsächlich die Ungleichheit mindern und mehr Chancengleichheit schaffen, um die Handlungsmöglichkeiten für weniger privilegierte Menschen zu verbessern.

Die Studie von Mau, Lux und Westheuser (2023) zeigt, dass die Einstellungen zu verschiedenen gesellschaftlich relevanten Themenfeldern der meisten Befragten überwiegend in mittleren Bereichen liegen und extremere Einstellungen an den Rändern in Deutschland nur von wenigen geteilt werden. Die Autoren warnen allerdings auch vor ›Polarisierungsunternehmern‹, zu denen auch (einige) politisch Verantwortliche gehören, die Gefühle über Extreme und Triggerpunkte anfachen würden und so Polarisierung vorantreiben könnten.

Für eine professionelle Unterstützung von Identitätsarbeit und guten Bedingungen für diese gibt es unterschiedliche Ansatzpunkte. Zunächst können gängige Arbeitsbereiche der Sozialen Arbeit auf der Mikroebene Einzelpersonen und Familien bei der Verbesserung ihrer Lage unterstützen. Das umfasst konkrete Hilfen im Alltag zur Verbesserung der Ressourcenausstattung, z.B. durch Hilfe bei der Beantragung von finanziellen Mitteln, Unterstützung durch Bildungs- und Beratungsangebote, Vernetzung zu Fachstellen oder -gruppen usw. mit dem Ziel, die Ungleichheit im Einzelfall zumindest ein wenig abzumildern und die Handlungsfähigkeit zu stärken. Ebenso können Angebote und Initiativen auf der Meso- und Makroebene, z.B. durch Verbesserung der Ressourcen im Sozialraum oder politisches Engagement, auf eine Verringerung der Ungleichheit abzielen. Diese Punkte werden hier aber nicht weiter ausgeführt, sondern nur auf Ansatzpunkte eingegangen, die auf eine professionelle Unterstützung von Einzelpersonen bei ihrer Identitätsarbeit abzielen. In psychosozialen, bildungsbezogenen und therapeutischen Kontexten steht dabei die Begleitung der individuellen Auseinandersetzung mit gegenwärtigen Bedingungen und die Unterstützung der Handlungsfähigkeit im Zentrum.

Im folgenden Kapitel finden sich konkrete Anregungen für die Identitätsarbeit, die in Form von Reflexionen und Übungen zur Auseinandersetzung mit der eigenen Identität einladen sowie in professionellen Kontexten spezifische Ansatzpunkte für die Identitätsarbeit bieten können.

5 Anregungen zur Identitätsarbeit

In den vorangegangenen Kapiteln ging es darum, die komplexen gesellschaftlichen Prozesse und deren Herausforderungen für die Identitätsentwicklung anhand verschiedener Beschreibungs- und Erklärungsansätze verständlich zu machen. Dieses Kapitel zielt darauf ab, Möglichkeiten anzubieten, über einzelne Themen und Herausforderungen und deren Folgen im eigenen Leben zu reflektieren und individuelle Umgangsmöglichkeiten zu entwickeln. Die gesellschaftlichen Hintergründe von Konflikten und belastenden Gefühlslagen zu erkennen, hilft, die gegenwärtige Situation nicht ausschließlich als in der Person liegendes Problem, sondern als gesellschaftliche Herausforderung unter den gegebenen Bedingungen zu verstehen und in Bezug auf Identitätsarbeit und Alltagsgestaltung handlungsfähig zu bleiben oder wieder zu werden.

Auf der Grundlage des hier konzipierten Identitätsmodells (► Abb. 4) können Reflexionen und Übungen zur Identitätsarbeit auf der Ebene der Identitätslandschaft und auf der Ebene der Handlungslandschaft ansetzen. Auf Ersterer können sie Fragen zu Aspekten der persönlichen und sozialen Identität betreffen und dabei übergeordnete Identitätsaspekte wie Werte, zentrale Orientierungen und Zugehörigkeiten thematisieren oder Teilbereiche, situationsspezifische Rollen und Bedürfnisse und situative Selbstthematisierungen ansteuern. Auf der Ebene der Handlungslandschaft geht es um konkrete Handlungen und Interaktionen, die mit den Identitätsaspekten in Verbindung stehen oder aus ihnen resultieren. Die Unterscheidung der Ebenen unterstützt dabei zum einen, Vorstellungen zu Identität, Motive, Werte oder Sinnfragen zu reflektieren und zum anderen Handlungen zu analysieren und deren Passung oder Widersprüchlichkeit zu bestehenden oder gewünschten Identitätsaspekten zu überprüfen sowie zukünftige identitätsrelevante Handlungen zu planen und umzusetzen. Mit Hilfe des Modells können verschiedene Aspekte von Identität erkundet, Stellung zu bestehenden Vorstellungen oder Handlungen bezogen, bisher unverbundene Erfahrungen integriert oder neue Erzähl- und Handlungslinien zur eigenen Identität entwickelt werden. Identität als Selbst- und Weltverhältnis im biografischen und zeitgeschichtlichen Verlauf kann ebenso in Bezug auf verschiedene Zeiten und Lebensphasen, mit Blick auf Vergangenheit, Gegenwart und Zukunft untersucht werden.

Die nachfolgenden Reflexionsfragen laden dazu ein, über wesentliche Aspekte auf den Ebenen der Identitätslandschaft und der Handlungslandschaft anhand der Fragen nachzudenken. Bei den Übungen geht es darum, sich über die Durchführung mit bestimmten Themen auseinanderzusetzen und identitätsrelevante Aspekte festzuhalten und zu visualisieren.

Die hier vorgestellten Ansatzpunkte sind eine Auswahl aus den zuvor dargestellten Themen und Zusammenhängen, sie behandeln nicht alle Linien gleichermaßen. Sie sind als Beispiele zu verstehen, wie eine Auseinandersetzung mit Identitätsaspekten aussehen könnte, und sind nach eigenem Ermessen und eigenem Bedarf oder dem spezifischen Bedarf einer Zielgruppe erweiter- und veränderbar.

5.1 Einfluss gesellschaftlicher Bedingungen im eigenen Leben

Individualisierungsprozesse gehen mit Gestaltungsmöglichkeiten und Freiheiten, aber auch mit Begrenzungen und Entscheidungszwängen einher. Die individuellen Gestaltungschancen hängen allerdings in hohem Maße von den verfügbaren Ressourcen ab und sind keineswegs für alle gleich. Beschleunigungsprozesse führen zu einem schnellen gesellschaftlichen Wandel und Flüchtigkeit der Rahmenbedingungen, was mit Unbestimmtheiten in Bezug auf die persönliche Zukunft verbunden ist. Risiken entstehen auch durch unkalkulierbare Umweltrisiken wie die Klimakrise, die Bedrohung durch auftretende Pandemien oder Kriege und deren Folgen sowie durch drohende politische und gesellschaftliche Umwälzungen aufgrund von Machtverschiebungen und wechselnden politischen Systemen. All diese Prozesse sind mit Unsicherheit und Unbestimmtheit verbunden, die im Alltag und bei biografisch relevanten Entscheidungen berücksichtigt und emotional verarbeitet werden müssen.

5.1.1 Reflexion: Individualisierung, Beschleunigung, Flüchtigkeit

Tab. 5: Reflexion von Individualisierung, Beschleunigung, Flüchtigkeit bezogen auf die eigene Person

Bezogen auf die eigene Person	
Identitätslandschaft	In welchen Lebensbereichen begegnen mir Aspekte der Individualisierung? Wo ist das mit Freiheiten und Gestaltungsmöglichkeiten, wo mit Druck verbunden? In welcher Weise erfahre ich Beschleunigungsprozesse in meinem Leben? In welchen Situationen macht sich Flüchtigkeit und schneller Wandel in meinem Leben bemerkbar? Wie wirkt sich das auf Vorstellungen von mir und auf relevante Lebensplanungen aus? Wie beeinflusst es meine Entscheidungen?
Handlungslandschaft	Welche Folgen ergeben sich daraus für meine Handlungen und Interaktionen in konkreten Situationen?

Tab. 5: Reflexion von Individualisierung, Beschleunigung, Flüchtigkeit bezogen auf die eigene Person – Fortsetzung

Bezogen auf die eigene Person	
	Welche Möglichkeiten habe ich, im Rahmen dieser Prozesse mein Leben zu gestalten? Was hilft mir, in verschiedenen Situationen handlungsfähig zu sein?

Tab. 6: Reflexion von Individualisierung, Beschleunigung, Flüchtigkeit bezogen auf andere Personen

Bezogen auf andere Personen	
Identitätslandschaft	In welchen Lebensbereichen sind andere Personen mit Aspekten der Individualisierung konfrontiert? Wo ist das bei ihnen mit Freiheiten und Gestaltungsmöglichkeiten, wo mit Druck verbunden? In welcher Weise erfahren andere Menschen Beschleunigungsprozesse in ihrem Leben? In welchen Lebenssituationen macht sich bei ihnen Flüchtigkeit und schneller Wandel bemerkbar? Wie wirkt sich das bei diesen Personen auf das Selbstbild und auf relevante Lebensplanungen aus? Wie beeinflusst es Entscheidungen?
Handlungslandschaft	Welche Folgen ergeben sich daraus für die Handlungen und Interaktionen der Personen in konkreten Situationen? Über welche Möglichkeiten verfügen sie, im Rahmen dieser Prozesse das eigene Leben zu gestalten?

5.1.2 Übung: Einfluss gesellschaftlicher Bedingungen

Durchführung bezogen auf die eigene Person:
Wählen Sie für die Analyse eine konkrete gesellschaftliche Bedingung aus (beispielsweise eine Risikobedingung wie Klimawandel oder die wissenschaftliche Entwicklung im Bereich der Gentechnik oder KI, oder eine Bedingung wie Beschleunigung, Flüchtigkeit, Unbestimmtheit, Vielstimmigkeit …). Analysieren Sie die Bedeutung und den Einfluss dieses Bedingungsgefüges in Ihrem Leben mit Hilfe der Fragen.

Durchführung bezogen auf andere Personen:
Passen Sie die Übung entsprechend an, wenn Sie andere Personen bei dieser Erfahrung begleiten.

Tab. 7: Übung zum Einfluss gesellschaftlicher Bedingungen

Einfluss gesellschaftlicher Bedingungen		
Gesellschaftliche Bedingung Ausgewähltes Thema als Überbegriff und die eigene Haltung dazu	Überbegriff: Haltung: Wie stehe ich dazu, wie schätze ich die Lage ein?	
Vorstellungen und Gefühle Welche positiven und negativen Vorstellungen habe ich zu dem Thema und welche Gefühle sind damit verbunden?	Eher positiv:	Eher negativ:
Anforderungen Welche Anforderungen werden durch diese Bedingung an mich gestellt?		
Lebensorientierung Wie wirkt sich das auf meine Lebensorientierung aus?		
Handlungsebene Wie handle ich bezogen auf dieses Thema? Welche Strategien habe ich im Umgang mit den Vorstellungen, Gefühlen und Anforderungen? • auf physischer Ebene • auf psychischer Ebene • auf sozialer Ebene • auf politischer Ebene Wo würde ich gerne mein Handlungsspektrum erweitern? Was könnte mich unterstützen?		

5.2 Identitätsrelevante Themen unter biografischer Perspektive

In verschiedenen Lebensphasen stehen andere Themen, Aufgaben, Ziele und Herausforderungen im Vordergrund. Während in der Jugend- und jungen Erwachsenenphase die Ablösung von den Eltern und der Aufbau eines eigenständigen Selbstverständnisses, die Herausbildung einer erwachsenen Geschlechtsidentität und die Orientierung über weitere Ausbildungs- oder Berufswege zentral sind, geht es in der Lebensphase danach um den Berufseinstieg, die Stabilisierung von Beziehungen, Familiengründung usw. Auch wenn es einige Menschen gibt, deren Identität aufgrund spezifischer Bedingungsgefüge und persönlicher Erfahrungen anders akzentuiert ist, sind die genannten Themen für viele hier durch gesellschaftliche (Orientierung am Normallebenslauf), zeitgeschichtliche (Frieden, relative Wohlstandsgesellschaft) und nicht zuletzt biologische Bedingungen (Geschlechtsreife, Familiengründung, Sterben) in den jeweiligen Lebensphasen identitätsrelevant.

Ebenso kann ein biografischer Blick auf die eigene Vergangenheit und Gegenwart zentrale persönliche Schwerpunkte in Bezug auf die eigene Identität deutlich machen, bei Zukunftsentwürfen helfen und das Empfinden von Kontinuität und Kohärenz unterstützen.

5.2.1 Reflexion: Derzeitige Lebensphase

Tab. 8: Reflexion über die derzeitige Lebensphase bezogen auf die eigene Person

Bezogen auf die eigene Person	
Identitätslandschaft	Was sind die zentralen Aufgaben, mit denen ich mich in meiner derzeitigen Lebensphase auseinandersetze? Welche Themen sind für mich aktuell besonders identitätsrelevant? Welche Rollenanforderungen im Privat- und Berufsleben stehen gerade im Vordergrund und welche Vorstellungen zu den Rollen habe ich? Gibt es Bereiche, die miteinander in Konflikt stehen? Wie sieht meine Ressourcenausstattung aktuell aus und wie wirkt sich das auf die für mich relevanten Themen aus?
Handlungslandschaft	Welche Handlungen sind mit den zentralen Themen verbunden? Welche Interaktionen stehen im Vordergrund? Gibt es Bereiche, die ich gerne mehr in Handlungen umsetzen würde?

Tab. 9: Reflexion über die derzeitige Lebensphase bezogen auf andere Personen

Bezogen auf andere Personen	
Identitätslandschaft	Wählen Sie zwei, drei Personen, die verschieden alt sind, zur Betrachtung aus. Wo stehen die Personen jeweils in ihrem Lebenslauf? Welche Aufgaben stehen in ihrer Lebensphase im Mittelpunkt? Mit welchen Identitätsthemen setzten sie sich jeweils auseinander? Über welche Ressourcen verfügen die Personen und welche Rolle spielt das in der Auseinandersetzung?
Handlungslandschaft	Wie zeigen sich die jeweiligen zentralen Themen in den Handlungen der Personen? Welche Interaktionen stehen dabei im Vordergrund?

5.2.2 Übung: Blick auf die Biografie

Durchführung bezogen auf die eigene Person:
Zeichnen Sie eine Linie als Symbol für ihre Biografie mit Abschnitten für die Vergangenheit, Gegenwart und Zukunft. Suchen Sie anhand der Fragen typische Erfahrungen, Situationen oder Ereignisse, die Sie besonders ausmachen, und markieren Sie diese mit Zeichen oder Worten auf ihrer persönlichen Zeitlinie.

Durchführung bezogen auf andere Personen:
Passen Sie die Übung entsprechend an, wenn Sie andere Personen bei dieser Erfahrung begleiten.

Tab. 10: Übung mit Blick auf die Biografie

Biografie	
Vergangenheit	Welche Situationen fallen mir als erstes über mich als Kind und in der Jugend ein? Was für zentrale Geschichten kann ich über mich in der Vergangenheit erzählen? Welche typischen Geschichten erzählen andere über mich? Welche Ereignisse und Erfahrungen sind für mich im Rückblick besonders prägend? Mit welchen Werten und Vorstellungen habe ich mich in meiner Vergangenheit besonders identifiziert? Für was habe ich mich eingesetzt? Was war mir immer wichtig? Was möchte ich weiterführen, was zurücklassen?
Gegenwart	Welche Aspekte meiner Identität stehen aktuell in meinem Privatleben im Vordergrund? Was sind dafür typische Beispiele? Was ist beruflich oder in Bezug auf Schule/Ausbildung für mich wichtig? Was macht mich heute aus? Wie würde ich mich heute beschreiben? Was hat für mich aktuell eine hohe Bedeutung?
Zukunft	Was ist mir in meinem zukünftigen Leben wichtig? Für welche Aspekte möchte ich mich weiter engagieren? Was möchte ich weiterentwickeln? Welche Situationen und Rollen möchte ich in meiner Zukunft erfahren? Welche Möglichkeiten habe ich, mit den unsicheren Aspekten in der Zukunft umzugehen? Was könnte hier noch hilfreich sein?

5.3 Selbstoptimierung und Singularisierung

Weite Bereiche des Lebens sind heute von äußeren und verinnerlichten Optimierungsanforderungen und darauf bezogenen Handlungsweisen durchzogen. Dies betrifft den Bereich kognitiver Leistungen ebenso wie körperbezogene Optimierungsbestrebungen, die sich auf Fitness, Gesundheit und Schönheitsvorstellungen beziehen können. Ebenso zählen Optimierungsanforderungen im emotionalen Bereich dazu, beobachtbar beispielsweise in der Vorstellung, das Streben nach Glück sei das zentrale Lebensziel.

Mit dem Begriff der Singularisierung beschreibt Reckwitz (2019) die Anforderung, sich von den anderen abzuheben, sich herauszuheben, besonders zu sein. Je nachdem, wie gut oder weniger gut das gelingt, können daraus Auf- und Abwertungen und bessere oder schlechtere Chancen resultieren. Mit dem Streben nach Optimierung und Singularisierung ist ein erheblicher Arbeitsaufwand verbunden, ebenso sind zeitliche und häufig auch materielle Ressourcen erforderlich.

5.3.1 Reflexion: Selbstoptimierung

Tab. 11: Reflexion Selbstoptimierung bezogen auf die eigene Person

Bezogen auf die eigene Person	
Identitätslandschaft	Wo sehe ich bei mir, in meinem Umfeld bzw. bei meiner Arbeit konstruktive Möglichkeiten durch Selbstoptimierung? In welchem Umfang, welchen Situationen bin ich aus mir heraus motiviert, erlebe z. B. Freude an Bewegung, ein Wohlgefühl danach, genieße glückliche Momente? Inwieweit kann ich negative Emotionen als zum Leben gehörig akzeptieren? Wo verspüre ich einen Selbstverbesserungsdruck? Bezogen auf • kognitive Leistungen • physische Aspekte wie Fitness, Gesundheit, Schönheit • emotionale Bereiche wie das Streben nach Glück Wo ist Optimierung für mich kein Thema, wo bestehen für mich Freiräume von dem Anspruch?
Handlungslandschaft	Wie viel Arbeit und Zeit investiere ich in Optimierungsbemühungen? Bezogen auf • kognitive Leistungen • physische Aspekte wie Fitness, Gesundheit, Schönheit • emotionale Bereiche wie dem Streben nach Glück Wie bin ich möglicherweise daran beteiligt, Druck auf mich und andere durch einen Verbesserungsimperativ und entsprechende Zuschreibungen auszuüben? Wie kann ich diesen Druck mildern? Was könnte im Umfeld diesen Druck mindern? Welche Möglichkeiten von gegenseitiger Unterstützung wären hier vorstellbar?

Tab. 12: Reflexion Selbstoptimierung bezogen auf andere Personen

Bezogen auf andere Personen	
Identitätslandschaft	Wo ist eine andere Person einem Selbstverbesserungsdruck ausgesetzt? Bezogen auf • kognitive Leistungen • physische Aspekte wie Fitness, Gesundheit, Schönheit • emotionale Bereiche wie das Streben nach Glück Wo bestehen für die andere Person Freiräume?
Handlungslandschaft	Wie viel Arbeit und Zeit investiert sie in Optimierungsbemühungen? Bezogen auf • kognitive Leistungen • physische Aspekte wie Fitness, Gesundheit, Schönheit • emotionale Bereiche wie dem Streben nach Glück Wie kann der Verbesserungsdruck bei anderen gemildert werden? Wer ist möglicherweise daran beteiligt, Druck auf andere durch Verbesserungsansprüche auszuüben? Welche Möglichkeiten von gegenseitiger Unterstützung wären hier denkbar?

5.3.2 Reflexion: ›normal‹ sein – ›besonders‹ sein

Tab. 13: Reflexion ›normal‹ und ›besonders‹ sein bezogen auf die eigene Person

Bezogen auf die eigene Person	
Identitätslandschaft	In welchen privaten oder beruflichen Bereichen stehe ich unter Druck, mich herausheben zu müssen, besonders zu sein oder Besonderes leisten zu müssen? In welchen Bereichen im Privat- und Berufsleben möchte ich mich herausheben? In welchen Bereichen bin ich frei davon, mich herauszuheben und in irgendeiner Weise besonders sein zu müssen? In welchen Situationen macht es mich zufrieden, wenn ich ›normal‹ (im Sinne von: so wie die anderen, nicht besonders) sein kann?
Handlungslandschaft	Wie zeigt es sich auf der Handlungsebene, wenn Druck besteht, sich herausheben zu müssen? Welche Unterschiede gibt es im Handeln, wenn es nicht wichtig ist, besonders zu sein?

Tab. 14: Reflexion ›normal‹ und ›besonders‹ sein bezogen auf andere Personen

Bezogen auf andere Personen	
Identitätslandschaft	In welchen privaten oder beruflichen Bereichen besteht bei einer anderen Person Druck, sich herausheben zu müssen, besonders zu sein oder Besonderes leisten zu müssen? In welchen Bereichen ist die Person frei davon, sich herauszuheben und in irgendeiner Weise besonders sein zu müssen? In welchen Situationen ist sie zufrieden, ›normal‹ (im Sinne von nicht besonders) zu sein?
Handlungslandschaft	Wie zeigt es sich auf der Handlungsebene, wenn Druck besteht, sich herausheben zu müssen? Welche Unterschiede gibt es im Handeln, wenn es nicht wichtig ist, besonders zu sein?

5.4 Entgrenzung und Boundary-Management

Verschwimmende Grenzen und vielfache Erreichbarkeit zeigen sich in verschiedenen Bereichen. Dies betrifft sowohl Informationen über globale Ereignisse, die nahezu in Echtzeit als Nachrichten beim Einzelnen ankommen, als auch vielfache, insbesondere digitale Kommunikationsmöglichkeiten im privaten Umfeld. Damit sind häufig verschiedenartige Einflüsse auf die eigene Gefühlslage, das eigene Selbstbild sowie Anforderungen und Erwartungen verbunden. Im beruflichen Bereich zeigen sich ebenfalls viele Facetten von Entgrenzungen durch Informationstechnologie und Digitalisierung. Das kann an einigen Punkten und für einige Menschen vorteilhaft sein, aber auch mit Belastung und Stress einhergehen. In einer entgrenzten Arbeitswelt entsteht die Anforderung, die Grenzen individuell zu gestalten. Auch im Privatbereich können beispielsweise durch die technischen Entwicklungen viele Situationen entstehen, die Grenzen überschreiten und Grenzklärungen erfordern. Darüber hinaus können, je nach Arbeitsfeld, eigenen Rollenvorstellungen und persönlicher Lebenssituation, Überlappungen von Arbeits- und Privatleben positive und negative Aspekte beinhalten. Sie können wünschenswerte Rollenvorstellungen unterstützen oder diesen entgegenstehen. Je nach Situation ist dann auch hier Boundary-Management erforderlich.

Für den Umgang mit Grenzen zwischen Arbeits- und Privatleben beschreiben Müller und Kempten (2023) physische, zeitliche, verhaltensbezogene, kommunikative und kognitiv-emotionale Strategien, die beim Boundary-Management eingesetzt werden. Grenzmanagement auf physischer Ebene kann beispielsweise beinhalten, dass ein abgegrenzter Arbeitsplatz im Zuhause eingerichtet oder typische Arbeitskleidung während der Homeoffice-Zeiten getragen wird. Zeitliche Strategien beinhalten Tagesplanungen oder das Einplanen von Freizeit und Pausen, verhaltensbezogene Strategien können bestimmte Routinen oder Übergangsrituale sein. Auf der kommunikativen Ebene werden Erwartungen und Wünsche privat und beruflich kommuniziert und auf kognitiv-emotionaler Ebene können Techniken der Achtsamkeit oder des gedanklichen Abschaltens zur Grenzziehung eingesetzt werden.

5.4.1 Reflexion: Grenzen in Bezug auf Arbeits- und Privatleben gestalten

Tab. 15: Reflexion Grenzen in Bezug auf Arbeits- und Privatleben bezogen auf die eigene Person

Bezogen auf die eigene Person	
Identitätslandschaft	Wie erlebe ich die Entgrenzung von Arbeits- und Privatleben in Bezug auf meine Lebenssituation und meine Rollenvorstellungen? Entspricht die derzeitige Balance meinen Werten und meinen Bedürfnissen? Wo ergeben sich eher unerwünschte, wo positive Effekte?
Handlungslandschaft	Wie beeinflusst die Entgrenzung meine Handlungen und Interaktionen in konkreten Situationen? • Welche Möglichkeiten habe ich, Grenzen zu gestalten? • Welche Strategien habe ich auf der physischen Ebene? • Welche Strategien habe ich auf der zeitlichen Ebene? • Welche Strategien habe ich auf der verhaltensbezogenen Ebene? • Welche Strategien habe ich auf der kommunikativen Ebene? • Welche Strategien habe ich auf der kognitiv-emotionalen Ebene? Gibt es Handlungsbedarf? Wenn ja, in Bezug auf was? Welche Strategien könnte ich neu ausprobieren?

Tab. 16: Reflexion Grenzen in Bezug auf Arbeits- und Privatleben bezogen auf andere Personen

Bezogen auf andere Personen	
Identitätslandschaft	Wie zeigt sich die entgrenzte Arbeitswelt bei anderen Personen? Wo führt die Entgrenzung eher zu Problemen in Bezug auf Werte, Rollenvorstellungen oder Bedürfnisse? Wo ergeben sich aus der Entgrenzung ressourcenvolle Erfahrungen?
Handlungslandschaft	Wie beeinflusst die Entgrenzung das Handeln von anderen Personen in konkreten Situationen? Welche Möglichkeiten/Strategien haben sie, Grenzen zu gestalten? Welche Handlungen würden sie in ihren Werten, Vorstellungen und Bedürfnissen unterstützen?

5.4.2 Reflexion: Kommunikation und Nachrichtenfluss an eigene Bedürfnisse anpassen

Tab. 17: Reflexion Kommunikation und Nachrichtenfluss bezogen auf die eigene Person

Bezogen auf die eigene Person	
Identitätslandschaft	Analyse von Kommunikationsdichte und Nachrichtenfluss in privaten Bereichen: • Wie erlebe ich die Kommunikation und den Nachrichtenfluss • im familiären Umfeld (Familie, Partner:in), • Im nahen privaten Umfeld (engere Freunde), • im weiteren Bekanntenkreis, • mit der Öffentlichkeit (z. B. mediale Nachrichten)? Wie sieht die aktuelle Taktung der einströmenden Informationen bzw. Nachrichten in den verschiedenen Bereichen und mit den verschiedenen Personen aus? Wie oft erreichen mich Nachrichten? Wo empfinde ich die Erwartung, antworten zu müssen? In welcher Zeit? Gibt es Situationen, in denen durch eine Nachricht mein Selbstbild beeinflusst wird? In welcher Weise? In welchen Momenten erlebe ich einen direkten Einfluss auf meine Gefühlslage? An welchen Punkten entsprechen die gegenwärtigen Bedingungen meinen Bedürfnissen, wo ist dies nicht der Fall?
Handlungslandschaft	Wie beeinflussen die Taktung und die Erwartungen meine Handlungen und Interaktionen in konkreten Situationen? Gibt es Veränderungsbedarf? Wenn ja, in Bezug auf was? Welche Möglichkeiten habe ich, die Kommunikation und den Nachrichtenfluss in den verschiedenen Bereichen/mit einzelnen Menschen so zu gestalten, dass meine Bedürfnisse besser berücksichtigt werden? Welche Strategien könnte ich neu ausprobieren?

Tab. 18: Reflexion Kommunikation und Nachrichtenfluss bezogen auf andere Personen

Bezogen auf andere Personen	
Identitätslandschaft	Wie erleben andere die Kommunikation und den Nachrichtenfluss • im familiären Umfeld (Familie, Partner:in), • im nahen privaten Umfeld (engere Freunde), • im weiteren Bekanntenkreis, • mit der Öffentlichkeit (z. B. mediale Nachrichten)? Wie sieht bei diesen die aktuelle Taktung der einströmenden Informationen bzw. Nachrichten (je nach Bereich und Person) aus? Wo erleben diese, dass Erwartungen an sie gerichtet sind? Finden sich Einflüsse auf das Selbstbild und auf die Gefühlslage?

Tab. 18: Reflexion Kommunikation und Nachrichtenfluss bezogen auf andere Personen – Fortsetzung

Bezogen auf andere Personen	
	An welchen Punkten entsprechen die gegenwärtigen Bedingungen den Bedürfnissen der Personen, wo nicht?
Handlungslandschaft	Wie beeinflussen die Taktung und die Erwartungen das Handeln der Personen in konkreten Situationen? Welche Möglichkeiten haben sie, in Bereichen mit Veränderungsbedarf die Kommunikation und den Nachrichtenfluss in den verschiedenen Bereichen so zu gestalten, dass die eigenen Bedürfnisse besser berücksichtigt werden?

5.5 Stummes oder resonantes Selbst- und Weltverhältnis

Die Beziehung zu sich selbst und zur Welt kann durch Entfremdung oder durch Resonanz gekennzeichnet sein. Rosa (2019) beschreibt die Entfremdung als ein Verstummen der Welt, als eine beziehungslose Beziehung. Demgegenüber ist mit einem resonanten Selbst- und Weltverhältnis die Erfahrung des Berührtseins und der Selbstwirksamkeit verbunden, was für Rosa ein menschliches Grundbedürfnis darstellt. In Resonanz, also in einer lebendigen Austauschbeziehung mit etwas oder jemandem zu sein, ist in hohem Maße identitätsstiftend. Gefühle der Entfremdung und des Unverbunden-Seins hingegen sind nicht mit einem positiven Identitätsgefühl, sondern mit Isolation und Sinnleere verbunden.

5.5.1 Reflexion: Entfremdung

Tab. 19: Reflexion Entfremdung bezogen auf die eigene Person

Bezogen auf die eigene Person	
Identitätslandschaft	Wann verspüre ich Entfremdung? Bei welchen • Themen, • Tätigkeiten, • Menschen, • Orten? Unter welchen Bedingungen fällt es mir schwer, mich mit mir oder der Umwelt verbunden zu fühlen? Wann verstummt die Welt? In welchen Momenten fühle ich mich eher entfremdet von der Situation?
Handlungslandschaft	Welche Handlungen führen eher dazu, dass ich mich entfremdet fühle?

Tab. 19: Reflexion Entfremdung bezogen auf die eigene Person – Fortsetzung

Bezogen auf die eigene Person	
	Was hindert mich, in eine lebendige Beziehung mit mir oder anderen zu gelangen? Was könnte die Beziehungslosigkeit noch verstärken?

Tab. 20: Reflexion Entfremdung bezogen auf andere Personen

Bezogen auf andere Personen	
Identitätslandschaft	Bei welchen Themen, Tätigkeiten, Menschen, Orten verspüren andere Entfremdung? Unter welchen Bedingungen fällt es ihnen schwer, sich mit sich selbst oder der Umwelt verbunden zu fühlen? In welchen Situationen fühlen diese sich eher entfremdet von sich oder anderen?
Handlungslandschaft	Welche Handlungen führen bei den Personen dazu, sich entfremdet zu fühlen? Was hindert sie, in eine lebendige Beziehung zu sich oder anderen zu gelangen? Was könnte die Beziehungslosigkeit noch verstärken?

5.5.2 Reflexion: Resonanz

Tab. 21: Reflexion Resonanz bezogen auf die eigene Person

Bezogen auf die eigene Person	
Identitätslandschaft	Mit welchen • Themen, • Menschen, • Tätigkeiten, • Orten fühle ich mich verbunden? Wann habe ich das Gefühl, in einem lebendigen Austausch zu sein? Woran erkenne ich, dass eine Resonanzbeziehung da ist? Wie spüre ich diese Verbindung? Welche Gedanken über mich, andere, die Welt sind in diesen Momenten da? Welche Werte verbinde ich damit?
Handlungslandschaft	Welche Handlungen bringen mich in Resonanz mit mir selbst? Welche Handlungen bringen mich in Resonanz mit meiner Umwelt (mit bestimmten Personen, Orten, Dingen ...)? Was kann mich dabei unterstützen, in eine lebendige Beziehung mit mir oder anderen zu gelangen?

Tab. 22: Reflexion Resonanz bezogen auf andere Personen

Bezogen auf andere Personen	
Identitätslandschaft	Mit welchen Themen, Menschen, Tätigkeiten, Orten fühlen sich diese Personen verbunden? Wann haben sie das Gefühl, in einer lebendigen Austauschbeziehung zu sein? Woran erkennen sie diese? Welche Gedanken, Vorstellungen, Werte sind damit verbunden?
Handlungslandschaft	Bei welchen Handlungen kommen die Personen in Resonanz mit sich? Welche Handlungen bringen sie in Resonanz mit der Umwelt (mit bestimmten Personen, Orten ...)? Was unterstützt sie, in eine lebendige Beziehung zu sich oder anderen zu gelangen?

5.6 Zugehörigkeiten

Die Lebensbedingungen in der flüchtigen Moderne gehen mit Mobilität und einer Herauslösung aus langfristigen Beziehungsstrukturen einher. Diese Prozesse des Disembedding (Bauman 2000, Giddens 1991) können zu Entwurzelung führen und die Sehnsucht nach Sicherheit und Zugehörigkeit wecken. Zugehörigkeit zu anderen im nahen Umfeld oder zu einem größeren kollektiven Verbund kann Gemeinsamkeitsempfinden erzeugen, Stabilität vermitteln, mit persönlichem Sinnempfinden und mit der Einbindung in einen übergeordneten Bedeutungszusammenhang verbunden sein. In den folgenden Anregungen werden Zugehörigkeiten im persönlichen Netzwerk, über die Zeit hinweg und in kollektiven Bezügen in den Blick genommen.

In einer Karte über das persönliche Netzwerk werden die relevanten Beziehungen einer Person visualisiert. Die einzelnen Beziehungen können unter der Perspektive betrachtet werden, welche Identitätsaspekte mit den jeweiligen Personen eher im Vordergrund stehen, und ebenso, welche Facetten der Identität in den einzelnen Beziehungen vielleicht weniger möglich oder einfach nicht präsent sind. Ebenso können die Beziehungen daraufhin überprüft werden, ob sie mehrheitlich unterstützend oder eher als belastend empfunden werden. Um Zugehörigkeit und Verbundenheit über die Zeit hinweg zu spüren, ist die Vorstellung hilfreich, in einer Tradition zu stehen und ein Teil einer Gruppe von Menschen zu sein. Mit dem Bild einer Ahnenreihe können Vorstellungen, Werte, Fähigkeiten über die Zeit hinweg weitergereicht werden und relevant für die eigene Identität in der Gegenwart sein. Auch in früheren Zeiten haben sich bereits viele Personen für etwas eingesetzt, das heute als wichtig bewertet, weitergegeben und weiterentwickelt wird. Mit der Reflexion über die Zugehörigkeit zu einer thematischen Ahnenreihe, zu der man gehört, kann eine Beziehung zu Menschen, die in früheren Zeiten gelebt haben, und deren Ideen hergestellt werden. Das kann hilfreich sein, um Resonanz, Orientierung und Zugehörigkeit zu empfinden und Isolations- und Überforderungsgefühle zu mindern. Schließlich ist die Zugehörigkeit zu kollektiven Verbünden ebenfalls häufig bedeutsam für die Ausprägung von Identitätsanteilen.

5.6.1 Übung: Persönliche Netzwerkkarte

Durchführung bezogen auf die eigene Person:
Zeichnen Sie in die Mitte eines Blattes einen Kreis als Symbol für sich selbst. Setzen Sie weitere Kreise für relevante Personen und Gruppen, mit denen Sie in Beziehung stehen. Die Entfernung zu Ihrem Kreis in der Mitte kann dabei symbolisieren, ob es sich um eine nahe, intensivere Beziehung wie bei engen Freunden handelt oder entferntere, eher lockere Bindungen z. B. in beruflichen Kontexten dargestellt werden. Schreiben Sie jeweils die Namen und relevante Informationen dazu.

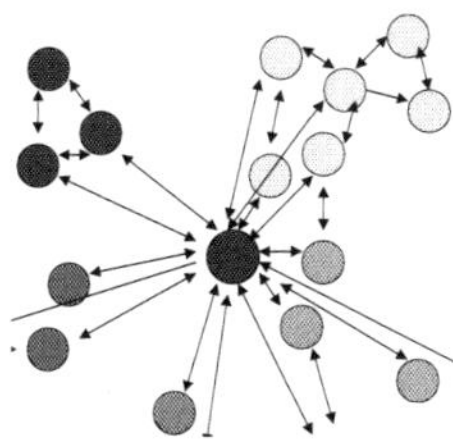

Durchführung bezogen auf andere Personen:
Passen Sie die Übung entsprechend an, wenn Sie andere Personen bei dieser Erfahrung begleiten.

Tab. 23: Übung zu einer persönlichen Netzwerkkarte

Persönliche Netzwerkkarte	
Themen der Beziehungen	Welche Themen teile ich jeweils mit den anderen? Welche Identitätsaspekte von mir stehen mit den einzelnen Personen im Vordergrund? Welche Aspekte meiner Identität befinden sich jeweils mit den einzelnen Personen im Hintergrund?
Qualität der Beziehungen	Von welchen Personen im Netzwerk fühle ich mich eher unterstützt? In Bezug auf was insbesondere? Welche Beziehungen sind für mich eher mit Belastungen verbunden? Was sind das für Belastungen?
Blick in die Zukunft	Welche Beziehungen sind für mich in meinem zukünftigen Leben wichtig? Welche relevanten Aspekte meiner Identität möchte ich in Beziehungen mit anderen (mehr) realisieren, mit anderen teilen? Was möchte ich weiterentwickeln?

5.6.2 Reflexion: Ahnenreihe

Bezogen auf die eigene Person:

- In welche ›Ahnenreihe‹ in einem inhaltlichen Sinn stelle ich mich?
- Wer ist mir vorausgegangen, der schon etwas, das mir heute wichtig ist, vorausgedacht und in die Welt gebracht hat, z. B. in der eigenen Familie oder über Bücher, Filme, Musik, Wissenschaft?
- Wofür empfinde ich Dankbarkeit, dass es das schon gibt?

Beispiele dafür könnten sein:

- Menschen aus der eigenen Familie, die schon Wege gebahnt und für etwas gearbeitet haben, das für mich heute bedeutsam ist, oder
- mit bestimmten Themen/Fähigkeiten in der Öffentlichkeit bekannt gewordene Personen wie z. B.
  - Simone de Beauvoir, Martin Luther King – Gedanken zur Gleichstellung von Menschen, Engagement für Menschenrechte
  - Johann Sebastian Bach, Marla Glen – identitätsrelevante Texte, musikalisches Zuhause, lebensphasenspezifische Musik
  - William Turner, Gabriele Münter – Kunststile, malerisch umgesetzte Sicht auf die Welt

Tab. 24: Reflexion Ahnenreihe bezogen auf die eigene Person

Bezogen auf die eigene Person	
Identitätslandschaft	Welche Werte haben die Personen vertreten, die auch für mich heute in meinem Leben wichtig sind? Welche Themen haben sie verfolgt, welche Ideen haben sie weitergetragen? Wofür haben sie sich engagiert?
Handlungslandschaft	Wie hat sich das in ihrem Handeln gezeigt? Wie haben sie die Ideen in die Welt gebracht?

Bezogen auf andere Personen:

- Welche Personen haben in der Vergangenheit Wesentliches vorausgedacht und in die Welt gebracht, was für Ihr Leben heute von Bedeutung ist?
- In welche ›Ahnenreihe‹ in einem inhaltlichen Sinn möchten Sie sich stellen?
- Für was haben sich andere vor Ihnen schon eingesetzt, für das Sie dankbar sind?
  - Personen aus der eigenen Familiengeschichte oder
  - öffentliche Personen

Tab. 25: Reflexion Ahnenreihe bezogen auf andere Personen

Bezogen auf andere Personen	
Identitätslandschaft	Welche Werte haben die Personen vertreten, die Ihnen auch heute wichtig sind? Wie haben sie inspiriert, welche Ideen haben sie gehabt? Wofür haben sie sich engagiert?
Handlungslandschaft	Wie hat sich das im Handeln der Personen gezeigt? Wie haben diese Menschen ihre Ideen in die Welt gebracht?

5.6.3 Übung: Teilidentitäten mit kollektiven Bezügen

Durchführung bezogen auf die eigene Person:

- Welche Gruppen, kollektive Zugehörigkeiten sind für mich wichtige Bereiche meiner Identität?
- Zu welchen Aspekten, welchen Formen kollektiver Identität fühle ich mich zugehörig (z.B. in den Bereichen Kultur, Region, Geschlecht, Ethnie, Nation, Religion ...)?

Finden Sie für relevante Teilidentitäten einen Überbegriff und beantworten Sie jeweils dazu die Fragen in der Tabelle.

Durchführung bezogen auf andere Personen:
Passen Sie die Übung entsprechend an, wenn Sie andere Personen bei dieser Erfahrung begleiten.

Tab. 26: Übung zu Teilidentitäten mit kollektiven Bezügen

Teilidentitäten mit kollektiven Bezügen	
Bereich Überbegriff	
Konkrete Ausformung Mit welchen Aspekten der Gruppe, welchen Formen des Kollektivs identifiziere ich mich?	
Emotionen Mit welchen Gefühlen ist diese Zugehörigkeit verbunden?	
Werte Welche Werte sind hier zentral?	
Handlungsebene Wie spiegelt sich dieser Teil meiner Identität in meinen Handlungen wider?	

Tab. 26: Übung zu Teilidentitäten mit kollektiven Bezügen – Fortsetzung

Teilidentitäten mit kollektiven Bezügen
z. B. • physisch • emotional • sozial • politisch

Literatur

Abels, Heinz (2001): Einführung in die Soziologie. Band 2. Wiesbaden: VS.

Abels, Heinz (2017): Identität. Wiesbaden: VS.

Abels, Heinz (2014): Identität. In: Günter Endruweit, Gisela Trommelsdorf & Nicole Burzan (Hg.): Wörterbuch der Soziologie. Konstanz, München: UVK, S. 172–175.

Assmann, Jan (1992): Das kulturelle Gedächtnis. Schrift, Erinnerung und politische Identität in frühen Hochkulturen. München: Beck.

Badura, Bernhard, Ducki, Antje, Schröder, Helmut, Klose, Joachim & Meyer, Markus (Hg.) (2013): Fehlzeiten-Report 2013. Verdammt zum Erfolg – die süchtige Arbeitsgesellschaft? Berlin: Springer.

Bauman, Zygmunt (2000): Liquid modernity. Cambridge: Polity Press.

Bauman, Zygmunt (2008): Flüchtige Zeiten. Leben in der Ungewissheit. Hamburg: Hamburger Edition.

Bauman, Zygmunt (2014): Gemeinschaften. Auf der Suche nach Sicherheit in einer bedrohlichen Welt. Frankfurt a. M.: Suhrkamp.

Bauman, Zygmunt (2017): Retrotopia. Frankfurt a. M.: Suhrkamp.

Bauman, Zygmunt & Leoncini, Thomas (2018): Die Entwurzelten. Köln: Batei Lübbe.

Beck, Ulrich (1983): Jenseits von Klasse und Stand? In: Reinhard Kreckel (Hg.): Soziale Ungleichheiten. Soziale Welt. Sonderband 2. Göttingen: Schwartz, S. 35–74.

Beck, Ulrich (1986): Risikogesellschaft. Auf dem Weg in eine andere Moderne. Frankfurt a. M.: Suhrkamp.

Beck, Ulrich (2007): Weltrisikogesellschaft. Bonn: bpb.

Beck, Ulrich & Beck-Gernsheim, Elisabeth (Hg.) (1994): Riskante Freiheiten. Individualisierung in modernen Gesellschaften. Frankfurt a. M.: Suhrkamp.

Beck-Gernsheim, Elisabeth (1994): Individualisierungstheorie. Veränderungen des Lebenslaufs in der Moderne. In: Heiner Keupp (Hg.): Zugänge zum Subjekt. Frankfurt a. M.: Suhrkamp, S. 125–146.

Black, Monica (2021): Deutsche Dämonen. Hexen, Wunderheiler und die Geister der Vergangenheit im Nachkriegsdeutschland. Stuttgart: Klett-Cotta.

Blum, Sabine, Endreß, Martin, Kaufmann, Stefan & Rampp, Benjamin (2016): Soziologische Perspektiven. In: Rüdiger Wink (Hg.): Multidisziplinäre Perspektiven der Resilienzforschung. Wiesbaden: Springer VS, S. 151–177.

Bogner, Alexander (2018): Gesellschaftsdiagnosen. Ein Überblick. Weinheim: Beltz Juventa.

Bonacker, Thorsten (2014): Moderne und postmoderne Gemeinschaften. Baumans Beitrag zu einer Theorie symbolischer Integration. In: Matthias Junge & Thomas Kron (Hg.): Zygmunt Bauman. Soziologie zwischen Postmoderne, Ethik und Gegenwartsdiagnose. Wiesbaden: Springer VS, S. 153–186.

Borkenhagen, Ada (2021): Optimierte Körper: Todesabwehr mittels Schönheitsmedizin. In: Vera King, Benigna Gerisch & Hartmut Rosa (Hg.): Lost in Perfection. Berlin: Suhrkamp, S. 261–269.

Bourdieu, Pierre (1985): Sozialer Raum und »Klassen«. Leçon sur la Leçon. Zwei Vorlesungen. Frankfurt a. M.: Suhrkamp.

Bourdieu, Pierre (1987): Sozialer Sinn. Kritik der theoretischen Vernunft. Frankfurt a. M.: Suhrkamp.

Bourdieu, Pierre (1993) Soziologische Fragen. Frankfurt a. M.: Suhrkamp.

Bröckling, Ulrich (2007): Das unternehmerische Selbst. Soziologie einer Subjektivierungsform. Frankfurt a. M.: Suhrkamp.

Bröckling, Ulrich (2013): In der Optimierungsfalle. In: Supervision. Mensch Arbeit Organisation, 31. Jg., 4/2013, S. 4–11.

Bröckling, Ulrich (2020): Optimierung, Preparedness, Priorisierung. Soziologische Bemerkungen zu drei Schlüsselbegriffen der Gegenwart. https://www.soziopolis.de/optimierung-preparedness-priorisierung.html (17.05.2021).

Bröckling, Ulrich (2021): Das Subjekt auf dem Marktplatz, das Subjekt als ein Marktplatz. In: Vera King, Benigna Gerisch & Hartmut Rosa (Hg.): Lost in Perfection. Berlin: Suhrkamp, S. 43–61.

Bundesministerium des Innern und für Heimat (BMI) (Hg.) (2022): Deutsche Strategie zur Stärkung von Resilienz gegenüber Katastrophen. Berlin. https://www.bbk.bund.de/DE/Themen/Nationale-Kontaktstelle-Sendai-Rahmenwerk/Resilienzstrategie/resilienz-strategie_node.html (30.01.2025).

Cabanas, Edgar & Illouz, Eva (2019): Das Glücksdiktat und wie es unser Leben beherrscht. Berlin: Suhrkamp.

Cederström, Carl (2019): Die Phantasie vom Glück. Berlin: edition Tiamat.

Deutsche Gesellschaft für Ästhetisch-Plastische Chirurgie (DGÄPC) (2024): DGÄPC Statistik 2023–2024. Zahlen, Fakten und Trends der Ästhetisch-Plastischen Chirurgie. https://www.dgaepc.de/aktuelles/dgaepc-statistik/dgaepc-statistik-2024/ (18.11.2024).

Deutsches Referenzzentrum für Ethik in den Biowissenschaften (2020): Im Blickpunkt: Enhancement. http://www.drze.de/im-blickpunkt/enhancement (01.03.2021).

Dimbath, Oliver (2016): Soziologische Zeitdiagnostik. Generation – Gesellschaft – Prozess. Paderborn: Wilhelm Fink.

Eickelpasch, Rolf & Rademacher, Claudia (2004): Identität. Bielefeld: transcript.

Erikson, Erik H. (1979): Identität und Lebenszyklus. Drei Aufsätze. Frankfurt a. M.: Suhrkamp.

Fenner, Dagmar (2019): Selbstoptimierung und Enhancement. Ein ethischer Grundriss. Tübingen: Narr Francke Attempto.

Fortune Business Insights (2024) https://www.fortunebusinessinsights.com/de/industrie-berichte/botulinumtoxin-markt-100996 (16.11.2024).

Friedrichs, Jürgen, Lepsius, M. Rainer & Mayer, Karl Ulrich (1998): Diagnose und Prognose in der Soziologie. In: Jürgen Friedrichs, M. Rainer Lepsius, Karl Ulrich Mayer (Hg.): Die Diagnosefähigkeit der Soziologie. Opladen: Westdeutscher Verlag, S. 9–31.

Giddens, Anthony (1991): Modernity and Self-Identity. Self and Society in the Late Modern Age. Cambridge: Polity.

Goffman, Erving (1973): Wir alle spielen Theater. Die Selbstdarstellung im Alltag. München: Piper.

Gorzka, Robert-Jacek & Hanssen, Niels (2021): Resilienzkonzept für spezialisierte Kräfte und Spezialkräfte der Polizei und Bundeswehr. Kommando Feldjäger und Kommando Streitkräftebasis der Bundeswehr. https://www.bundeswehr.de/de/suche?typeahead=Resilienzkonzept (18.11.2024).

Graefe, Stefanie (2019): Resilienz im Krisenkapitalismus. Wider das Lob der Anpassungsfähigkeit. Bielefeld: transcript.

Hanisch, Michael (2016): Was ist Resilienz? Unschärfen eines Schlüsselbegriffs. Bundesakademie für Sicherheitspolitik, Arbeitspapiere 19/2016. https://www.baks.bund.de/de/arbeitspapiere/2016/was-ist-resilienz-unschaerfen-eines-schluesselbegriffs (18.11.2024).

Hastedt, Heiner (2019): Deutungsmacht von Zeitdiagnosen. Interdisziplinäre Perspektiven. Bielefeld: transcript.

Haußer, Karl (1995): Identitätspsychologie. Berlin: Springer.

Hildt, Elisabeth (2018): Neuroenhancement, Individuum und Gesellschaft. Vom Umgang mit einem gesellschaftlichen Phänomen. In: Nicola Erny, Matthias Herrgen & Jan C. Schmidt (Hg.): Die Leistungssteigerung des menschlichen Gehirns. Neuro-Enhancement im interdisziplinären Diskurs. Wiesbaden: Springer VS, S. 19–35.

Höfer, Renate (2010): Kohärenzgefühl und Identitätsentwicklung. Überlegungen zur Verknüpfung salutogenetischer und identitätstheoretischer Konzepte. In: Hans Wydler, Petra

Kolip & Thomas Abel (Hg.): Salutogenese und Kohärenzgefühl. Grundlagen, Empirie und Praxis eines gesundheitswissenschaftlichen Konzepts. Weinheim: Juventa, S. 57–69.
Höfer, Renate & Straus, Florian (2019): Identität und Gesundheit. In: Robin Haring (Hg.): Gesundheitswissenschaften. Berlin: Springer, S. 217–228.
Huntington, Samuel P. (1996): Kampf der Kulturen. Die Neugestaltung der Weltpolitik im 21. Jahrhundert. München/Wien: Europa.
Illouz, Eva (2006): Gefühle in Zeiten des Kapitalismus. Adorno-Vorlesungen 2004. Frankfurt a. M.: Suhrkamp.
Illouz, Eva (2024): Explosive Moderne. Berlin: Suhrkamp.
ISAPS – International Society of Aesthetik Plastic Surgery (2024a): ISAPS International Survey on Aesthetic/Cosmetic Procedures performed in 2019. https://www.isaps.org/discover/about-isaps/global-statistics/global-survey-2019-full-report-and-press-releases-english/ (11.09.2024).
ISAPS – International Society of Aesthetik Plastic Surgery (2024b): ISAPS International Survey on Aesthetic/Cosmetic Procedures performed in 2023. https://www.isaps.org/discover/about-isaps/global-statistics/global-survey-2019-full-report-and-press-releases-english/ (11.09.2024).
Jähner, Harald (2022): Höhenrausch. Berlin: Rowohlt.
Jörissen, Benjamin (2000): Identität und Selbst. Systematische, begriffsgeschichtliche und kritische Aspekte. Berlin: Logos.
Jörissen, Benjamin & Zirfas, Jörg (Hg.) (2010): Schlüsselwerke der Identitätsforschung. Wiesbaden: VS.
Keupp, Heiner (1988): Riskante Chancen. Das Subjekt zwischen Psychokultur und Selbstorganisation. Heidelberg: Asanger.
Keupp, Heiner (2009): Identitätskonstruktionen in der spätmodernen Gesellschaft. In: Theunert, Helga (Hg.): Jugend – Medien – Identität. Identitätsarbeit Jugendlicher mit und in den Medien. München: kopaed, S. 53–77.
Keupp, Heiner (2012): Alltägliche Lebensführung in der fluiden Gesellschaft. In: Silke Gahleitner & Gernot Hahn (Hg.): Übergänge gestalten – Lebenskrisen begleiten. Bonn: Psychiatrie Verlag, S. 34–51.
Keupp, Heiner (2013): Handlungsfähigkeit als zentrale Ressource. Von der Notwendigkeit der Integration von Subjekt- und Strukturkategorien. In: Johannes Schaller & Heike Schemmel (Hg.): Ressourcen. Ein Hand- und Lesebuch zur psychotherapeutischen Arbeit. Tübingen: dgvt, S. 735–767.
Keupp Heiner, Ahbe, Thomas, Gmür, Wolfgang, Höfer, Renate, Mitzscherlich, Beate, Kraus, Wolfgang & Straus, Florian (1999): Identitätskonstruktionen. Das Patchwork der Identitäten in der Spätmoderne. Reinbek: Rowohlt.
Keupp, Heiner & Höfer, Renate (Hg.) (1997): Identitätsarbeit heute. Klassische und aktuelle Perspektiven der Identitätsforschung. Frankfurt a. M.: Suhrkamp.
Köhler, Ingo & Schulze, Benjamin W. (2016): Resilienz. Unternehmenshistorische Dimensionen der Krisenrobustheit am Beispiel deutscher Brauereien in den 1970er Jahren. In: Jahrbuch für Wirtschaftsgeschichte 57. Jg., 2/2016, S. 455–491.
Krappmann, Lothar (1978): Soziologische Dimensionen der Identität. Strukturelle Bedingungen für die Teilnahme an Interaktionsprozessen. Stuttgart: Klett-Cotta.
Kraus, Wolfgang (2000): Das erzählte Selbst. Die narrative Konstruktion von Identität in der Spätmoderne. Herbolzheim: Centaurus.
Kron, Thomas (2014): Individualisierung und Entfremdung: Hoffnung oder Verhängnis für ethisches Handeln? In: Matthias Junge & Thomas Kron (Hg.): Zygmunt Baumann. Wiesbaden: Springer VS, S. 297–325.
Kuhlicke, Christian (2024): Resilienz und Risiko. In: Marco Sonnberger, Alena Bleicher & Matthias Groß (Hg.): Handbuch Umweltsoziologie. Wiesbaden: Springer VS, S. 711–723.
Kumkar, Niels & Schimank, Uwe (2025): Gesellschaftliche Polarisierungen und soziologische Positionierungen. In: Soziologie, 54. Jg., 1/2025, S. 7–33.
Liebsch, Katharina (2002): Identität und Habitus. In: Hermann Korte & Bernhard Schäfers (Hg.): Einführung in die Hauptbegriffe der Soziologie. Opladen: Leske + Budrich, S. 65–82.
Lifton, Robert Jay (2023): Surviving our Catastrophes. New York: The New Press.

Lucius-Hoene, Gabriele & Deppermann, Arnulf (2004): Rekonstruktion narrativer Identität. Ein Arbeitsbuch zur Analyse narrativer Interviews. Wiesbaden: VS.

Marcia, James E. (1993): The ego identity status approach to ego identity. In: James E. Marcia, Alan S. Wateman, David R. Matteson, Sally I. Archer & Jacob L. Orlofsky (Hg.): Ego identity. A handbook for psychosozial research. New York: Springer, S. 3–21.

Martschukat, Jürgen (2022). Fitness. In: Anja Herrmann, Tae Jun Kim, Evangelia Kindinger, Nina Mackert, Lotte Rose, Friedrich Schorb, Eva Tolasch, Paula-Irene Villa (Hg.): Fat Studies. Ein Glossar. Bielefeld: transcript, S. 121–123.

Marx, Karl (1971): Die Frühschriften. Stuttgart: Kröner.

Mau, Steffen, Lux, Thomas & Westheuser, Linus (2023): Triggerpunkte. Konsens und Konflikt in der Gegenwartsgesellschaft. Berlin: Suhrkamp.

Mayer, Ralf & Thompson, Christiane (2013): Inszenierung und Optimierung des Selbst. Eine Einführung. In: Ralf Mayer, Christiane Thompson & Michael Wimmer (Hg.): Inszenierung und Optimierung des Selbst. Wiesbaden: VS, S. 7–28.

Mead, George Herbert (1975): Geist, Identität und Gesellschaft aus der Sicht des Sozialbehaviorismus. Frankfurt a. M.: Suhrkamp.

Menden, Alexander (2024): Der Traum vom perfekten Männerkiefer. In: Süddeutsche Zeitung, 13.09.2024, S. 8.

Müller, Nicolas & Kempen, Regina (2023): Boundary Management. Wie wir Grenzen in einer grenzenlosen Arbeitswelt gestalten. In: Report Psychologie, 48. Jg., 7 + 8/2023, S. 12–15.

Münch, Richard (2023): Polarisierte Gesellschaft. Die postmodernen Kämpfe um Identität und Teilhabe. Frankfurt a. M.: Campus.

Münkler, Herfried (2025a): Es regiert der reine Tumult. Interview mit Moritz Baumsrieger und Alexander Gorkow. In: Süddeutsche Zeitung, Nr. 56, 08./09.03.2025, S. 10f.

Münkler, Herfried (2025b): Macht im Umbruch. Berlin: Rowohlt.

Nassehi, Armin (2025): »Die Leute stellen Trump immer als Deppen dar. Aber das ist er nicht«. Interview mit Lisa Nienhaus. In: Süddeutsche Zeitung, Nr. 26, 01./02.02.2025, S. 23.

Nunner-Winkler, Gertrud (1989): Identität: Das Ich im Lebenslauf. In: Psychologie heute (Hg.): Das Ich im Lebenslauf. Thema Lebensphasen. Weinheim: Beltz, S. 83–105.

Oesch, Daniel (2006): Redrawing the Class Map. Stratifikation and Intitutions in Britain, Germany, Sweden and Switzerland. Basingstoke: Palgrave Macmillan.

Osrecki, Fran (2011): Die Diagnosegesellschaft. Zeitdiagnostik zwischen Soziologie und medialer Popularität. Bielefeld: transcript.

Osrecki, Fran (2020): Die Geschichte der Gegenwartsdiagnostik in der deutschsprachigen Soziologie. In: Stephan Moebius & Andrea Ploder (Hg.). Handbuch Geschichte der deutschsprachigen Soziologie. Bd. 1. Wiesbaden: Springer VS. https://doi.org/10.1007/978-3-658-07998-7 (30.01.2025)

Pfeffer, Simone (2019): Krankheit und Biografie – Herausforderungen für die Lebensorientierung und Lebensführung. In: Robin Haring (Hg.): Gesundheitswissenschaften. Berlin: Springer, S. 165–176.

Pirker, Viera (2013): fluide und fragil. Identität als Grundoption zeitsensibler Pastoralpsychologie. Ostfildern: Grünewald.

Posch, Waltraud (2009): Projekt Körper. Wie der Kult um die Schönheit unser Leben prägt. Frankfurt a. M.: Campus.

Prisching, Manfred (2018): Zeitdiagnose. Methoden, Modelle, Motive. Weinheim: Beltz Juventa.

Reckwitz, Andreas (2017): Die Gesellschaft der Singularitäten. Zum Strukturwandel der Moderne. Frankfurt a. M.: Suhrkamp.

Reckwitz, Andreas (2019): Das Ende der Illusionen. Politik, Ökonomie und Kultur in der Spätmoderne. Frankfurt a. M.: Suhrkamp.

Reckwitz, Andreas (2020): Das hybride Subjekt. Eine Theorie der Subjektkulturen von der bürgerlichen Moderne zur Postmoderne. Berlin: Suhrkamp.

Reckwitz, Andreas (2021): Die neue Politik des Negativen. In: Der Spiegel, 10/2021, S. 42.

Reckwitz, Andreas (2024a): Was heißt hier Fortschritt? In: Die Zeit, 24/2024, S. 8.

Reckwitz, Andreas (2024b): Verlust: Ein Grundproblem der Moderne. Berlin: Suhrkamp.

Rifkin, Jeremy (2022): Das Zeitalter der Resilienz. Frankfurt a. M.: Campus.

Rosa, Hartmut (2005): Beschleunigung. Die Veränderung der Zeitstrukturen in der Moderne. Frankfurt a.M.: Suhrkamp.

Rosa, Hartmut (2012): Weltbeziehungen im Zeitalter der Beschleunigung. Berlin: Suhrkamp.

Rosa, Hartmut (2013): Beschleunigung und Entfremdung. Entwurf einer Kritischen Theorie spätmoderner Zeitlichkeit. Berlin: Suhrkamp.

Rosa, Hartmut (2016): Resonanz: Eine Soziologie der Weltbeziehung. Berlin: Suhrkamp.

Rosa, Hartmut (2019): Unverfügbarkeit. Wien: Residenz.

Rosanvallon, Pierre (2013): Die Gesellschaft der Gleichen. Hamburg: Hamburger Edition.

Rungius, Charlotte & Weller, Christoph (2016): Die verheißungsvolle Schönheit der Resilienz: Zur Epistemologie eines Begriffs. https://resilienz.hypotheses.org/611 (18.11.2024)

Rungius, Charlotte, Schneider, Elke & Weller, Christoph (2018): Resilienz – Macht – Hoffnung. Der Resilienzbegriff als diskursive Verarbeitung einer verunsicherten Moderne. In: Maria Karidi, Martin Schneider & Rebecca Gutwald (Hg.): Resilienz. Interdisziplinäre Perspektiven zu Wandel und Transformation. Wiesbaden: Springer, S. 33–59.

Schelsky, Helmut (1965): Die Bedeutung des Schichtungsbegriffs für die Analyse der gegenwärtigen deutschen Gesellschaft. In: Helmut Schelsky (Hg.): Auf der Suche nach der Wirklichkeit. Gesammelte Aufsätze. Düsseldorf: Diederichs, S. 331–336.

Schimank, Uwe (2007): Soziologische Gegenwartsdiagnosen – Zur Einführung. In: Uwe Schimank & Ute Volkmann (Hg.): Soziologische Gegenwartsdiagnosen I. Eine Bestandsaufnahme. Wiesbaden: VS, S. 9–22.

Schimank, Uwe (2024): »Viel Lärm um nichts«. In: Soziologische Revue, 47, 3/2024, Berlin: De Gruyter, S. 264–272. https://doi.org/10.1515/srsr-2024-2028 (30.01.2025).

Schimank, Uwe & Volkmann, Ute (Hg.) (2007): Soziologische Gegenwartsdiagnosen I. Eine Bestandsaufnahme. Wiesbaden: VS.

Schreiber, Julia (2021): Körperoptimierung. Wiesbaden: Springer VS.

Schroer, Markus (2005): Zur Soziologie des Körpers. In: Markus Schroer (Hg.): Soziologie des Körpers. Frankfurt a.M.: Suhrkamp, S. 7–47.

Schuppert, Gunnar Folke (2024): Krisen, Bedrohte Ordnungen, Zeitenwenden, Resilienz. Regierbarkeitsprobleme in gestressten Gesellschaften. Baden-Baden: Nomos.

Schuppert, Gunnar Folke & Repohl, Martin (Hg.) (2023): Resilienz. Beiträge zu einem Schlüsselbegriff postmoderner Gesellschaften. Baden-Baden: Nomos.

Seibel, Marc-Ansgar (2018): Wieviel Zeitdiagnostik verträgt Soziale Arbeit? Soziologische Zeitdiagnostik, fachwissenschaftliches Urteil und die gesellschaftsverändernde Praxis Sozialer Arbeit. Der pädagogische Blick, 26. Jg., 1/2018, S. 8–17.

Sen, Amartya (2020): Identität und Gewalt. München: C. H. Beck.

Solga, Heike (2017): Bildungsarmut und Ausbildungslosigkeit in der Bildungs- und Wissensgesellschaft. In: Rolf Becker (Hg.): Lehrbuch der Bildungssoziologie. Wiesbaden: Springer VS, S. 443–485.

Staab, Philipp (2022): Anpassung. Leitmotiv der nächsten Gesellschaft. Berlin: Suhrkamp.

Statistisches Bundesamt (2024): Studienanfängerquote. https://www.destatis.de/DE/Themen/Gesellschaft-Umwelt/Bildung-Forschung-Kultur/Bildungsindikatoren/studienanfaenger quote.html (26.08.24).

Straub, Jürgen (2019a): Das erzählte Selbst. Konturen einer interdisziplinären Theorie narrativer Identität. Ausgewählte Schriften. Band 1. Historische und aktuelle Sondierungen autobiografischer Selbstartikulation. Gießen: Psychosozial.

Straub, Jürgen (2019b): Das erzählte Selbst. Konturen einer interdisziplinären Theorie narrativer Identität. Ausgewählte Schriften. Band 2. Begriffsanalysen und pragma-semantische Verortungen der Identität. Gießen: Psychosozial.

Straub, Jürgen (2019c): Das erzählte Selbst. Konturen einer interdisziplinären Theorie narrativer Identität. Ausgewählte Schriften. Band 3. Zeitdiagnostische Klärungen und Korrekturen postmoderner Kritik. Gießen: Psychosozial.

Storck, Christina & Pfeffer, Simone (2022): Grundlagen der Resilienzforschung und ihre Bezüge zu erlebnispädagogischen Lernprozessen. In: erleben und lernen 2/2022, S. 4–8.

Tugendhat, Ernst (1979): Selbstbewußtsein und Selbstbestimmung. Frankfurt a. M: Suhrkamp.

Veith, Hermann (2010): Das Konzept der balancierenden Identität von Lothar Krappmann. In: Benjamin Jörissen & Jörg Zirfas (Hg.): Schlüsselwerke der Identitätsforschung. Wiesbaden: VS, S. 179–202.

Villa, Paula-Irene (2008a): Einleitung: Wieder die Rede vom Äußerlichen. In: Paula-Irene Villa (Hg.): schön normal. Manipulationen am Körper als Technologien des Selbst. Bielefeld: Transkript, S. 7–19.

Villa, Paula-Irene (2008b): Habe den Mut, Dich Deines Körpers zu bedienen! Thesen zur Körperarbeit in der Gegenwart zwischen Selbstermächtigung und Selbstunterwerfung. In: Paula-Irene Villa (Hg.). schön normal. Manipulationen am Körper als Technologien des Selbst. Bielefeld: transcript, S. 254–272.

Villa, Paula-Irene (2013): Prekäre Körper in prekären Zeiten – Ambivalenzen gegenwärtiger somatischer Technologien des Selbst. In: Ralf Mayer, Christiane Thompson & Michael Wimmer (Hg.): Inszenierung und Optimierung des Selbst. Wiesbaden: VS, S. 57–73.

Volkmann, Ute (2015): Soziologische Zeitdiagnostik. Eine wissenssoziologische Ortsbestimmung. In: Soziologie, 44. Jg., 2/2015, S. 139–152.

Wagner, Greta (2017). Selbstoptimierung. Praxis und Kritik von Neuroenhancement. Frankfurt a. M.: Campus.

Wagner, Greta (2019): Neuroenhancement. Diffusionen zwischen Drogen und Medikament. In: Robert Feustel, Henning Schmidt-Semisch & Ulrich Bröckling (Hg.): Handbuch Drogen in sozial- und kulturwissenschaftlicher Perspektive. Wiesbaden: Springer VS.

Wagner, Peter (1995): Soziologie der Moderne. Frankfurt a. M.: Campus.

Weiß, Matthias, Hartmann, Silja & Högl, Martin (2018): Resilienz als Trendkonzept. Über die Diffusion von Resilienz in Gesellschaft und Wissenschaft. In: Maria Karidi, Martin Schneider & Rebecca Gutwald (Hg.): Resilienz. Interdisziplinäre Perspektiven zu Wandel und Transformation. Wiesbaden: Springer, S. 13–32.

White, Michael (2010): Landkarten der narrativen Therapie. Heidelberg: Carl Auer.

White, Michael & Epston, David (2009): Die Zähmung der Monster. Der narrative Ansatz in der Familientherapie. Heidelberg: Carl Auer.

Zima, Peter V. (2014): Entfremdung. Pathologien der postmodernen Gesellschaft. Tübingen: A. Francke.